Der Einfluss der Erstsprache
auf den Erwerb der Zweitsprache

AF211282

Waxmann Verlag GmbH
Steinfurter Straße 555, 48159 Münster
info@waxmann.com

Seda Tunç

Der Einfluss der Erstsprache auf den Erwerb der Zweitsprache

Eine empirische Untersuchung zum Einfluss
erstsprachlicher Strukturen bei zweisprachig
türkisch-deutschen, kroatisch-deutschen und
griechisch-deutschen Hauptschülern
und Gymnasiasten

Waxmann 2012
Münster / New York / München / Berlin

Bibliografische Informationen der Deutschen Nationalbibliothek
Die Deutsche Nationalbibliothek verzeichnet diese Publikation in der
Deutschen Nationalbibliografie; detaillierte bibliografische Daten sind
im Internet über http://dnb.d-nb.de abrufbar.

D 93

Internationale Hochschulschriften, Bd. 573
Die Reihe für Habilitationen und sehr gute
und ausgezeichnete Dissertationen.

ISSN 0932-4763
ISBN 978-3-8309-2714-3

© Waxmann Verlag GmbH, Münster 2012

www.waxmann.com
info@waxmann.com

Umschlaggestaltung: Christian Averbeck, Münster
Umschlagabbildung: Arthur Bodemer
Satz: Stoddart Satz- und Layoutservice, Münster

Gedruckt auf alterungsbeständigem Papier,
säurefrei gemäß ISO 9706

Anneme ve babama

Bir lisan, bir insan. Iki lisan, iki insan.
(Eine Sprache, ein Mensch. Zwei Sprachen, zwei Menschen.)

Meinen Eltern Semiha und Sabahattin Tunç,
die mir gezeigt haben, wie eine zweisprachige Erziehung
auch unter schwierigen Bedingungen gelingen kann.

Danksagung

An dieser Stelle möchte ich all denjenigen danken, die mich bei der Verwirklichung dieses Forschungsprojektes unterstützend begleitet haben. Mein ganz besonderer Dank gilt Frau Prof. Dr. Artemis Alexiadou. Ihrer außerordentlichen, fachlich präzisen, aber auch motivierenden Betreuung ist es zu verdanken, dass diese Forschungsarbeit zustande gekommen ist. Ebenfalls danke ich meiner Zweitgutachterin Frau Prof. Dr. Maria E. Brunner, die mir auch in sehr schwierigen Zeiten zur Seite stand.

Großer Dank geht auch an alle Schülerinnen und Schüler, die sich bereit erklärt haben, an dieser Studie mitzuwirken. Danken möchte ich auch den Lehrern und Rektoren der Schulen im In- und Ausland: Ohne ihre Unterstützung wäre die logistisch-organisatorische Umsetzung dieser sehr umfangreichen Datenerhebung nicht möglich gewesen.

Ebenfalls großen Dank möchte ich dem griechischen Erziehungsattaché und dem kroatischen Generalkonsulat in Stuttgart aussprechen. Des Weiteren danke ich den muttersprachlichen Assistenten dieses Projektes, Suzana Derk und Veranna Kyprioti, deren Auswertung der muttersprachlichen Texte einer der wichtigsten Bestandteile dieser Arbeit ist.

Nikola Koch und Dr. Kerstin Metz danke ich zum einen für die technische Unterstützung, zum anderen für all die konstruktiven Gespräche und die motivierenden Worte beim Verfassen dieser Arbeit. Weiterer großer Dank für die technische Hilfe geht an Arthur Bodemer und Robin Füchtner.

Für die finanzielle Unterstützung danke ich der Pädagogischen Hochschule Schwäbisch Gmünd und der Landesgraduiertenförderung der Universität Stuttgart.

Besonderen Dank gilt es meiner Familie auszusprechen, die mich bei allen Höhen und Tiefen mit stetiger Geduld, Verständnis und Zuspruch begleitet hat.

Inhalt

TEIL B: EMPIRISCHER TEIL

TEIL C: ZUSAMMENFÜHRUNG VON THEORIE, EMPIRIE UND PRAXIS

Abkürzungen

Abl.	Ablativ
Akk.	Akkusativ
Ausl.	Auslassung
BICS	basic interpersonal communicative skills
bil.	bilingual
Bsp.	Beispiel
bspw.	beispielsweise
bzgl.	bezüglich
bzw.	beziehungsweise
ca.	circa
CALP	cognitive academic language proficiency
Dat.	Dativ
DaZ	Deutsch als Zweitsprache
d.h.	das heißt
Doppelk.	Doppelkonsonant/z
dt./dtsch.	deutsch
EA	error analysis
ebd.	ebenda
engl.	englisch
etc.	et cetera
Gen.	Genitiv
ggf.	gegebenenfalls
griech.	griechisch(e)
GuK	Groß- und Kleinschreibung
GYM	Gymnasium
HS	Hauptschule
i. d. R.	in der Regel
insbes.	insbesondere
Instr.	Instrumental
J.	Jahre
jew.	jeweilig(en)
Kap.	Kapitel
Kons.	Konsonant
Korresp.	Korrespondenz
kroat.	kroatisch(e)
L1	Erstsprache

L2	Zweitsprache(n)
Lok.	Lokativ
monol.	monolingual
MW	Mittelwert
Nom.	Nominativ
o. Ä.	oder ähnlich (e/s)
o. g.	oben genannt
PISA	Programme for International Student Assessment
S.	Seite
s. o.	siehe oben
sog.	so genannte(n)
s. u.	siehe unten
SuS	Schülerinnen und Schüler
türk.	türkisch(e)
u.	und
u. a.	unter anderem
unbest.	unbestimmter
UNESCO	United Nations Educational, Scientific and Cultural Organization
u. S.	unten stehend(e)
usw.	und so weiter
u. U.	unter Umständen
v. a.	vor allem
vgl.	vergleiche
Vok.	Vokativ
vs.	versus
Wiederh.	Wiederholung(sfehler)
z. B.	zum Beispiel
ZSE	Zweitspracherwerb
Zusammenschr.	Zusammenschreibung

1. Einleitung

Unmittelbarer Anlass für dieses Forschungsprojekt ist die persönliche Identifizierung und jahrelange Auseinandersetzung mit der Thematik der Zweisprachigkeit. Selbst aus einer türkischen Gastarbeiterfamilie stammend sah ich mich in meiner Kindheit und Jugend mit einigen in dieser Arbeit diskutierten Aspekten durch persönliche Erfahrungen konfrontiert.

Eigene (anfängliche) Schwierigkeiten beim Erwerb des Deutschen als Zweitsprache machten es mir während meiner langjährigen Tätigkeit als (Sprachförder-)Lehrerin möglich, die Komplexität einer bilingualen Existenz auf eine Weise nachzuvollziehen, wie sie aus einer monolingualen Sicht nur sehr schwer eingeschätzt werden kann.

Die jahrelange Beobachtung zweisprachig aufwachsender Schülerinnen und Schülern ließ nicht zuletzt die Frage aufkommen, warum Schülerinnen und Schüler mit unterschiedlichen Herkunfts- bzw. Erstsprachen in der Zweitsprache Deutsch verschiedene Schwierigkeiten aufweisen. Gibt es einen Zusammenhang zwischen den unterschiedlichen Fehlerphänomenen in der Zweitsprache Deutsch und der Struktur der jeweiligen Erstsprache der Schülerinnen und Schüler? Falls ja, wie kann man diesem Aspekt im Rahmen sprachfördernder Maßnahmen gerecht werden?

Eine weitere interessante Beobachtung konnte bei der näheren Betrachtung der erstsprachlichen Kompetenzen der Schülerinnen und Schüler gemacht werden.[1] So verfügt in der Regel nur ein sehr geringer Teil der zweisprachig aufwachsenden Schülerschaft über ausgeprägte erstsprachliche Kenntnisse, unabhängig sowohl vom sprachlichen Niveau in der Zweitsprache als auch von der besuchten Schulform.

Welche Rolle kommt demnach dem erstsprachlichen Niveau beim Erwerb der Zweitsprache zu? Inwieweit beeinflussen gute bzw. schlechte erstsprachliche Kompetenzen den Zweitspracherwerb und folglich den schulischen Bildungsweg?

Durch die Beantwortung dieser Fragen erhoffe ich mir, einen Beitrag für die weitere Entwicklung geeigneter, auf die sprachlichen Bedürfnisse der zweisprachig aufwachsenden Schülerschaft ausgerichteten Sprachförderkonzepte leisten zu können.

---

1   Diese Beobachtungen beziehen sich in erster Linie auf die Ergebnisse meiner wissenschaftlichen Zulassungsarbeit zum Thema „Die Sprachkompetenz zweisprachiger Schüler mit Migrationshintergrund – Sprache als Schlüssel für schulischen Erfolg" (2004), bei der das sprachliche Niveau in Erst- und Zweitsprache zweisprachig aufwachsender Schülerinnen und Schüler in unterschiedlichen Schularten erfasst wurde.

1.1 Gegenstand, Fragestellungen und Ziele der Untersuchung

Der Einfluss bereits erworbener bzw. gelernter Sprachen auf den Erwerbsprozess einer zweiten Sprache wird heute als offensichtlich betrachtet. Einigkeit herrscht jedoch immer noch nicht darüber, wie weit der Zweitspracherwerbsprozess vom jeweiligen Sprachkontrast der beteiligten Sprachen abhängig ist. Bereits Ende der fünfziger Jahre wurde angenommen, dass gleiche Strukturen und Regeln in den beiden Sprachen den Zweitspracherwerb begünstigen (positiver Transfer), wohingegen unterschiedliche Elemente und Regeln Lernschwierigkeiten verursachen (negativer Transfer) (Lado 1957). Diese im Rahmen der Zweitspracherwerbsforschung entstandene „Kontrastivhypothese" zur Erklärung des Erwerbs und der Entwicklung einer zweiten Sprache erfuhr große Kritik und konnte in ihrer starken Version empirisch nicht belegt werden (vgl. hierzu Kap. 2.5.1). So entstand eine „schwache" Variante des Kontrastivansatzes, die nicht mehr den Anspruch erhebt, Lernschwierigkeiten von Zweitsprachenlernern aufgrund großer struktureller Unterschiede zwischen den beteiligten Sprachen vorauszusagen, sondern die kontrastive Gegenüberstellung der Sprachen zur nachträglichen Erklärung negativer bzw. positiver sprachlicher Übertragungen von der einen in die andere Sprache zu nutzen.

Diese Vorgehensweise ist insbesondere für die schulische Arbeit mit zweisprachig aufwachsenden Schülerinnen und Schülern von großem Interesse, zumal die Fachliteratur in der Verzahnung von sprachwissenschaftlichen Erkenntnissen aus der Zweitspracherwerbsforschung und der Ableitung konkreter didaktischer Umsetzungsmöglichkeiten für einen Deutsch als Zweitsprache-Unterricht immer noch eine große Lücke aufweist.

Die langjährige Arbeit mit zweisprachigen Schülerinnen und Schülern hat gezeigt, dass Kinder unterschiedlicher Herkunftssprachen unterschiedliche Fehlerphänomene aufweisen.[2] Während beispielsweise die Flexion des Deutschen für türkischstämmige Kinder eine große Hürde darstellt, da das Türkische als agglutinierende Sprache diesem flektierenden Sprachbau nicht entspricht, scheinen griechisch-deutsch aufwachsende Kinder aufgrund der freien Wortstellung im Griechischen Schwierigkeiten im syntaktischen Bereich des Deutschen zu haben. Diese Beobachtungen basieren jedoch auf Annahmen und nicht auf wissenschaftlichen Erkenntnissen und empirischen Grundlagen.

Das vorliegende Forschungsvorhaben geht daher zum einen der Frage nach, inwieweit die strukturellen Merkmale dreier sprachtypologisch betrachtet un-

---

2   Diese Erfahrungswerte stützen sich auf die mehrjährige Sprachförderarbeit der Verfasserin mit zweisprachigen Schülerschaften.

terschiedlicher Sprachen (Türkisch, Kroatisch, Griechisch) für den Erwerb des Deutschen als Zweitsprache förderlich sind bzw. diesen hinderlich beeinflussen. Zum anderen setzt sich diese Studie zum Ziel, die sprachliche Kompetenz zweisprachig türkisch-deutscher, kroatisch-deutscher und griechisch-deutscher Schülerinnen und Schüler in der jeweiligen Erst- und Zweitsprache zu erfassen, um einen möglichen Zusammenhang zwischen den erstsprachlichen Fähigkeiten und dem Grad der Beherrschung der Zweitsprache Deutsch zu untersuchen. Folgende Fragestellungen stehen dabei im Zentrum der Untersuchung:

1. Welchen Einfluss hat die linguistische Struktur der jeweiligen Herkunftssprache auf den Erwerb der Zweitsprache Deutsch?
2. In welchem Zusammenhang stehen die sprachlichen Fehlerphänomene in der Zweitsprache zu den verschiedenen typologischen Merkmalen der Erstsprache?
3. Welchen Einfluss haben schlechte bzw. gute erstsprachliche Kompetenzen auf den Zweitspracherwerb und folglich auf schulischen Erfolg?
4. Wie kann dieses kontrastive Wissen um strukturelle Ähnlichkeiten und Unterschiede zwischen Erst- und Zweitsprache im Schulunterricht effizient umgesetzt werden?

In einem ersten Schritt werden in Form einer Kontrastivanalyse die typologischen Merkmale des Türkischen, Kroatischen und Griechischen der Struktur des Deutschen gegenübergestellt.

Dabei sollen sprachtypische Ähnlichkeiten bzw. Unterschiede im Bereich der Orthographie, Morphologie, Syntax und Semantik analysiert werden.

Zur Erfassung der Schülerdaten werden jeweils rund 30 zweisprachige Schülerinnen und Schüler[3] ausgewählt, die unterschiedliche Schuleinrichtungen besuchen. Dabei handelt es sich um folgende zweisprachige Probandengruppen:

30 türkisch-deutsche, 28 kroatisch-deutsche und 30 griechisch-deutsche Hauptschüler/innen sowie 27 türkisch-deutsche, 30 kroatisch-deutsche und 31 griechisch-deutsche Gymnasiasten/-innen, die alle zum Zeitpunkt der Erhebung die Klassenstufen 6-8 besuchen (vgl. Kap. 4.1).

Das Heranziehen von Schülerschaften unterschiedlicher Schulniveaus soll der Beantwortung von Frage 3 (s.o.) gerecht werden und Aufschluss darüber geben, in welchem Zusammenhang gute bzw. schlechte erstsprachliche Kompetenzen und schulischer Erfolg bzw. Misserfolg stehen.

---

3 Da im Rahmen dieses Forschungsvorhabens gewährleistet sein muss, dass der Spracherwerbsprozess der jeweiligen Probanden in weiten Teilen abgeschlossen ist, werden die Schülerdaten sich auf zwölf- bis vierzehnjährige Schülerinnen und Schüler konzentrieren.

Grundlage zur Erfassung der sprachlichen Kompetenz wird die Vorgabe einer Bildergeschichte sein, zu der alle Schülerinnen und Schüler einen Text verfassen sollen (s. Kap. 4.3, Abb. 5). Um einen Maßstab für das Sprachniveau in der Zweitsprache zu erhalten, wird monolingual deutschen Schülerinnen und Schülern in beiden Schultypen die gleiche Aufgabe gestellt. Der jeweilige monolinguale Entwicklungsstand der Schülerinnen und Schüler wird durch einen Vergleich der Texte mit einsprachigen Schülerinnen und Schülern aus dem jeweiligen Herkunftsland erfasst werden, die ebenfalls den gleichen Schreibauftrag erhalten.

Die Schülertexte werden auf orthographische, morphologische, syntaktische und semantische Aspekte hin analysiert und statistisch ausgewertet. Inhaltliche und textlinguistische Aspekte (Textkohärenz, Textkohäsion) werden nicht untersucht.

Die analysierten sprachlichen Fehlerphänomene werden den typologischen Merkmalen der jeweiligen Erstsprache der Schülerinnen und Schüler gegenübergestellt und auf einen möglichen Zusammenhang hin überprüft (vgl. Frage 2).

Ausgehend von den Ergebnissen dieser Untersuchung, primär der Beantwortung der Frage, welchen Einfluss die Erstsprache auf den Zweitspracherwerb hat, sollen Möglichkeiten der sprachlichen Förderung zweisprachiger Schülerinnen und Schüler unter Berücksichtigung der Herkunftssprachen vorgestellt werden (vgl. Frage 4).

Diese Studie konzentriert sich vorrangig auf den Ist-Zustand der sprachlichen Kompetenz. Entwicklungsverläufe des Zweitspracherwerbs werden im Rahmen dieser Arbeit nicht analysiert. Die Erfassung des Einflusses sozialpsychologischer und kultureller Faktoren auf den Zweitspracherwerbsprozess wird ebenfalls nicht angestrebt. Mögliche nichtlinguistische Einflussgrößen werden im ersten theoretischen Teil diskutiert (vgl. Kap. 2.7), finden jedoch im Rahmen der dieser Arbeit zugrunde liegenden empirischen Untersuchung keine weitere Berücksichtigung.

Die vorliegende Arbeit erhebt nicht den Anspruch, der Komplexität des Zweitspracherwerbs allein aufgrund der Erklärung möglicher Einflüsse der jeweiligen Herkunftssprache gerecht zu werden. Vielmehr sollen die Ergebnisse dieser Forschungsarbeit dazu dienen, Aussagen darüber treffen zu können, ob und inwieweit das erstsprachliche Wissen zweisprachiger Schülerinnen und Schüler im Rahmen einer angemessenen zweitsprachlichen Förderung Berücksichtigung finden sollte.

In Anlehnung an die obigen Fragestellungen werden folgende Hypothesen zur Überprüfung aufgestellt:

1. Es wird angenommen, dass die linguistische Struktur der Erstsprache den Erwerb der Zweitsprache beeinflusst und dass die sprachlichen Abweichungen in der Zweitsprache in einem Zusammenhang zu den typologischen Merkmalen der Erstsprache stehen.

2. Es wird angenommen, dass sprachstrukturelle Gemeinsamkeiten in Erst- und Zweitsprache den Zweitspracherwerb begünstigen, größere sprachtypologische Unterschiede hingegen zu deutlich stärkeren sprachlichen Abweichungen in der Zweitsprache führen.

3. Es wird vermutet, dass sich die Fähigkeiten in Erst- und Zweitsprache gegenseitig beeinflussen.

4. Es wird angenommen, dass sich gute erstsprachliche Fähigkeiten positiv auf den Zweitspracherwerb und folglich auch auf den schulischen Erfolg auswirken.

Die Überprüfung von Hypothese (2) stellt somit den Versuch der Verifizierung der Kontrastivhypothese (siehe Kap. 2.5.1) dar. Hypothese (4) basiert auf Cummins' Interdependenzhypothese (siehe Kap. 2.5.4) und soll durch die Ergebnisse dieser Untersuchung verifiziert bzw. falsifiziert werden.

1.2 Stand der Forschung

Der Zweitspracherwerb von Kindern mit Migrationshintergrund[4] wird bereits seit den siebziger Jahren erforscht.[5] Der Schwerpunkt dieser Untersuchungen lag in erster Linie auf der Untersuchung des Einflusses sozialer Faktoren auf den Zweitspracherwerb (vgl. Baur/Meder 1989: 121). Insbesondere in den achtziger Jahren entwickelte sich die Tendenz, „die Existenz von Interferenzfehlern – oder jedenfalls die Nachweisbarkeit eines Einflusses der Muttersprache als Fehlerquelle – zu bezweifeln" (Meyer-Ingwersen et al. 1981: 149).

So wurden bereits sehr früh die Motivationsstrukturen und Intentionen dieser Zweifel hinterfragt:

---

4   Migrationshintergrund meint, dass mindestens ein Elternteil des Kindes nach 1949 zugewandert ist, eingebürgert wurde oder eine ausländische Staatsangehörigkeit besitzt (vgl. Statistisches Bundesamt).

5   Vgl. u. a. Heidelberger Forschungsprojekt 1976, 1977; Clahsen/Meisel/Pienemann 1983; Meyer-Ingwersen et al. 1977 und Schrader/Nikles/Griese 1976.

Deutlich ist, dass die Bestreitung eines Einflusses der Muttersprache als „überflüssig" erscheinen lässt, diese zur Kenntnis zu nehmen bzw. sie den Lehrern zur Kenntnis zu bringen. Im übrigen impliziert natürlich jeder weitgehende Verzicht auf Stoff- und Lernzielanalyse auf jeden Fall auch den Verzicht auf kontrastives Arbeiten. Es könnte sich daher bei den genannten Zweifeln um eine sekundär entstandene Rechtfertigungsstrategie handeln (ebd.).

Obgleich es in den Jahrzehnten dazwischen unzählige Untersuchungen auf diesem Gebiet gab, weist die Forschungslage insbesondere bei der Verzahnung von Theorie und Praxis eine große Lücke auf. In der Diskussion um die sprachliche Förderung zweisprachiger Kinder mit Migrationshintergrund ist das Verhältnis der jeweiligen Erstsprache zur Zweitsprache Deutsch immer noch eine umstrittene Frage, von deren Beantwortung folglich auch das Förderangebot in den Erstsprachen und im Bereich Deutsch als Zweitsprache abhängt.

Es sind nur wenige Untersuchungen durchgeführt worden, die die Rolle der erstsprachlichen Entwicklung im Zusammenhang mit der zweitsprachlichen und der allgemein-kognitiven Entwicklung betrachten (vgl. Baur/Meder 1989: 121). Dies setzt u. a. voraus, dass Schülerinnen und Schüler unterschiedlicher Schularten in ihren sprachlichen Kompetenzen miteinander verglichen werden, um nicht zuletzt einen möglichen Zusammenhang zwischen erst- und zweitsprachlichen Kompetenzen und dem Bildungserfolg dieser Schülerschaft aufzuzeigen. Hierzu liegen bisher keine größeren Studien vor.

Bei der Frage, welchen Einfluss die Erstsprache auf den Zweitspracherwerbsprozess hat, konzentrieren sich die meisten Arbeiten auf den Verlauf und die Entwicklung einzelner Strukturen während des frühen Zweitspracherwerbs.

So führt Tracy (1996, 2002) an, dass Kinder, wenn sie von frühester Kindheit an mit zwei Sprachen aufwachsen, die Sprachen früh trennen (können) und der Erwerbsverlauf in beiden Sprachen in weiten Teilen den „Meilensteinen der entsprechenden monolingualen Entwicklung folgen" (Tracy 2002: 12)[6]. Ferner konstatiert Tracy (2002), dass die Fähigkeit, die beteiligten Sprachen zu differenzieren, auch von der Struktur der jeweiligen Sprachen abhängt:

> Kindern, die mit den eng verwandten Sprachen Deutsch und Englisch oder sogar mit Deutsch und Niederländisch aufwachsen, fällt es sicher aufgrund vieler struktureller und lexikalischer Überlappungen schwerer, die Strukturen und den Wortschatz der beiden Sprachen auseinander zu halten als Kindern, die es mit Japanisch und Französisch zu tun haben. (ebd.)

---

6   Vgl. hierzu auch Oksaar (1984), der auf bereits Anfang des 20. Jahrhunderts durchgeführte Langzeituntersuchungen zum frühen Zweitspracherwerb verweist.

Jeuk (2003) kommt zu dem Schluss, dass bei Kindern mit türkischer Erstsprache, die bereits im Kindergarten Deutsch lernen, grammatische Interferenzen nur selten beobachtet werden können. Allerdings führt Jeuk (2010) an, dass mit zunehmendem Alter auch Interferenzen auf grammatischer Ebene zunehmen, zumal ein gewisses Sprachbewusstsein erst einmal entwickelt sein muss, „um Strukturen überhaupt übertragen zu können" (Jeuk 2010: 44).

Da die vorliegende Forschungsarbeit die Sprachkompetenz zweisprachiger Sekundarschüler untersucht, deren Sprachbewustein bereits in weiten Teilen ausgebildet ist, wird im Folgenden auch hauptsächlich auf diejenigen Studien verwiesen, die einen engeren Zusammenhang mit der vorliegenden Studie aufweisen. Diese beziehen sich zum einen auf Arbeiten, die sich mit möglichen Interferenzen zwischen Erst- und Zweitsprache auseinandersetzen, und zum anderen auf Studien, die den Zusammenhang zwischen den Fähigkeiten in Erst- und Zweitsprache untersuchen.

Eine der ersten Untersuchungen, die sich ausführlich mit dem Zusammenhang zwischen erst- und zweitsprachlichen Kompetenzen beschäftigt, stammt von Schwenk (1987 und 1988).

Anhand von schriftlichen Nacherzählungen in den Sprachen Türkisch und Deutsch soll das Sprachvermögen zweisprachig türkisch-deutsch aufwachsender Schülerinnen und Schüler erfasst werden. Schwenks Untersuchung ermittelt die sprachliche Kompetenz der Probanden aufgrund von Fehlerhäufigkeiten durch einen statistischen Querschnitt.

Schwenk (1987/88) kommt zu dem Schluss, dass der Erstsprache beim Zweitspracherwerbsprozess eine entscheidende Rolle zukommt: Schülerinnen und Schüler, die über eine gute sprachliche Kompetenz in der Erstsprache verfügen, weisen auch gute zweitsprachliche Kompetenzen auf. Die Ergebnisse der Untersuchung von Schwenk geben zudem Aufschluss darüber, dass Abweichungen in der Zweitsprache Deutsch zum Teil auf Einflüsse der Erstsprache Türkisch und andersherum zurückzuführen sind. Erst- und Zweitsprache beeinflussen sich folglich gegenseitig und die Beeinflussungen machen sich in grammatikalisch komplexen Bereichen bemerkbar. Zu diesem Ergebnis kommen auch die Untersuchungen von Meyer-Ingwersen (1977), Yakut (1981), Tekinay (1982), Keim (1984), Johanson (1985), Rückert (1985), Gökçe (1990) und Aytemiz (1990).

Auch Steinmüller (1987), dessen Untersuchung sich auf 70 türkische Gesamtschüler der siebten Jahrgangsstufe in Berlin erstreckt, kommt zu einem nahezu identischen Ergebnis: Gute sprachliche Kompetenzen in der Erstsprache Türkisch und in der Zweitsprache Deutsch korrelieren positiv miteinander.

Schüler, die über gute erstsprachliche Kompetenzen verfügen, weisen weniger Defizite in der Zweitsprache Deutsch auf (vgl. Baur/Meder 1989: 121).

Zu einem ähnlichen Ergebnis kommen auch Baur/Meder (1989). Anhand eines standardisierten Testverfahrens (C-Test)[7] werden die sprachlichen Kompetenzen von 440 jugoslawischen[8] und 400 türkischen Schülerinnen und Schülern der Jahrgangsstufen 5-10 in der jeweiligen Erstsprache und in der Zweitsprache Deutsch untersucht.

Ziel der Studie ist die Überprüfung des Zusammenhangs zwischen der Beherrschung der Erstsprache und der Zweitsprache Deutsch und der Richtigkeit der Interdependenzhypothese[9]. Sie kommen zu dem Ergebnis, dass erstens „in allen drei Nationalitäten bessere Muttersprachenkenntnisse mit besseren Deutschkenntnissen einhergehen, was eindeutig für die Gültigkeit der Interdependenzhypothese spricht" (Baur/Meder 1989: 130) und zweitens, dass „gute Kenntnisse in der Muttersprache [...] offensichtlich nicht nur keine Behinderung für den Erwerb des Deutschen als Zweitsprache dar[stellen], sondern [...] als ein den Zweitsprachenerwerb begünstigender Faktor in Rechnung zu stellen [sind]" (ebd.: 131).

Nicht zuletzt aufgrund dieser eindeutigen Ergebnisse kommen sie zu dem Schluss, dass die Erstsprache der Schüler mit Migrationshintergrund „im Rahmen eines bilingualen Beschulungskonzeptes gefördert werden muß" (ebd.: 132). Auf die unterschiedlichen typologischen Merkmale der jeweiligen Erstsprachen der Schüler und auf deren möglichen Einfluss beim Zweitspracherwerb wird in Baur/Meders Studie (1989) nicht eingegangen.[10]

---

7 Der C-Test ist ein standardisiertes Testinstrument, das aus der Modifikation des Cloze-Tests entstanden ist und als ein globales Messinstrument zur Erfassung der allgemeinen Sprachbeherrschung betrachtet wird. Dieses Testverfahren besteht aus einer Zusammenstellung verschiedener kurzer Texte, bei denen jedes zweite Wort zur Hälfte getilgt wird. Zur Lösung des Tests müssen sowohl Kenntnisse aus unterschiedlichen sprachlichen Wissensbereichen als auch ein entsprechendes Sachwissen aktiviert werden (vgl. hierzu im Detail Baur/Meder 1989: 122-124). Da der Einsatz von formellen Testverfahren für sprachdiagnostische Zwecke auf große Kritik gestoßen ist (vgl. Boss-Nünning/Gogolin/Vollerthun 1985), betonen Baur/Meder (1989), dass in ihrer Untersuchung „der Test ausschließlich dazu [diene], die Sprachkenntnisse einer größeren Schülerpopulation differenzierend zu erfassen. Sprachdiagnostische oder andere weiterführende Ziele werden nicht verfolgt" (ebd.: 122).

8 Der Begriff „jugoslawisch" wird seit dem Zerfall des ehemaligen Jugoslawiens in verschiedene Nationalstaaten nicht mehr verwendet. Serbisch, Kroatisch und Bosnisch wurden ursprünglich als unterschiedliche Dialekte des Jugoslawischen betrachtet und unter der Bezeichnung „serbokroatisch" zusammengefasst. Seit 1990 werden sie als offizielle und eigenständige Sprachen angesehen (vgl. hierzu auch Kap. 3.2.1).

9 Zur Interdependenzhypothese s. Kap. 2.5.4

10 Baur/Meders Forschungsergebnisse (1989) lassen erkennen, dass die „jugoslawischen" Schülerinnen und Schüler im Vergleich zu den türkischen und griechischen Probandengruppen in ihrer Erstsprache eine niedrigere Fehlerquote aufweisen. Allerdings

Neben den o.g. größeren Studien wurde bereits sehr früh in einzelnen Fallstudien wie von Rehbein (1982a, b) und Fritsche (1982) die Bedeutung der erstsprachlichen Kompetenzen auf die kognitive Entwicklung bei zweisprachigen Kindern hervorgehoben und versucht, diese durch sprachlich-qualitative Analysen zu belegen (Baur/Meder 1989: 121).

Preibusch/Kröner (1987) untersuchen anhand von Hörverstehenstests und Tests zur Schriftproduktion (cloze-Tests) die erst- und zweitsprachlichen Kompetenzen von rund 700 zweisprachig türkisch-deutschen Fünftklässlern in Berlin. Die Autoren kommen zu dem Ergebnis, dass die Leistungen in Türkisch und Deutsch signifikante Korrelationen aufweisen und sehen eine „»gleichsinnige Wirkung« der jeweiligen Lernbedingungen auf beide Sprachen" (Reich et al. 2002: 29).

Pfaff und Portz (1989) untersuchen die mündlichen Ausdrucksfähigkeiten griechischer und türkischer 8- bis 15-jähriger Gastarbeiterkinder in der Zweitsprache Deutsch. Im Mittelpunkt ihrer Untersuchung steht zum einen die Frage, inwieweit sprachtypologische Unterschiede beider Sprachsysteme den Erwerb des Deutschen als Zweitsprache beeinflussen. Zum anderen werden auch soziologische und kulturelle Faktoren zur Erklärung eines erfolgreichen vs. erfolglosen Zweitspracherwerbs herangezogen.

Pfaff und Portz (1989) kommen zu dem Ergebnis, dass trotz großer sprachtypologischer Differenzen in beiden Sprachen bei einem Großteil der untersuchten linguistischen Kategorien (Wortstellung, unregelmäßige Konjugation der Verben, Person-Numerus-Kongruenz, Hilfsverben) keine größeren Unterschiede zwischen der zweisprachig griechisch-deutschen und türkisch-deutschen Schülerschaft zu erkennen ist.

Im Bereich der Wortstellung halten sie gewisse Abweichungen in den sprachlichen Äußerungen türkischer und griechischer Schüler fest: „In the case of word order, however, we find some evidence of apparent negative interference, as more Turkish than Greek speakers avoid verb-last" (Pfaff/Portz 1980: 156).

Die Vergleichbarkeit der Daten erscheint problematisch, da die an dieser Studie beteiligten Schüler große Altersunterschiede (8- bis 15-Jährige) aufweisen und die jeweilige Aufenthaltsdauer der Probanden in Deutschland zum Teil stark voneinander abweicht: Ein Teil der Schüler ist in Deutschland geboren,

---

verweisen sie auch darauf, dass „solange keine Testvergleiche mit denselben Alters- bzw. Jahrgangsstufen in den Heimatländern vorliegen", diese Ergebnisse nicht weiter interpretiert werden können. Des Weiteren konnten sie feststellen, dass die türkischsprachigen Schülerinnen und Schüler in der Zweitsprache Deutsch ein deutlich niedrigeres Niveau als die jugoslawischen und griechischen Probanden erreichen.

manche leben seit etwa zwei Jahren in Deutschland und die Mehrheit befindet sich dazwischen. Das heißt, die Probanden weisen jeweils völlig unterschiedliche Sprachentwicklungsstadien auf, die nicht ohne Weiteres miteinander verglichen werden können.

Kuhberg (1990) untersucht den Zweitspracherwerb zweier elfjähriger Kinder mit Türkisch und Polnisch als Ausgangssprachen während eines Zeitraums von 12-18 Monaten. In Anlehnung an die Kontrastivhypothese soll der Frage nachgegangen werden, inwieweit die erstsprachlichen Interferenzen zweier sprachtypologisch unterschiedlicher Sprachen den Zweitspracherwerb im Deutschen steuern. Obgleich der L2-Erwerb beider Kinder einige Parallelen erkennen lässt, zeigen sich jedoch auch deutliche „Entwicklungsunterschiede zwischen den beiden Probanden vor dem Hintergrund ihrer Ausgangssprachen" (Kuhberg 1990: 28). So kommt Kuhberg zu dem Ergebnis, dass der türkische Proband aufgrund seiner Herkunftssprache hinsichtlich grammatischer Funktionswörter (insbesondere Präpositionen) größere Schwierigkeiten aufweist als das polnische Kind. Auch im Bereich der Verbwortschatzentwicklung und der Verbstellung beobachtet der Autor jeweils unterschiedliche Interferenzen.

Abschließend hält Kuhberg fest, dass „bei türkischen Deutschlernern (im Unterschied zu polnischen) im Bereich des Verbwortschatzes (bestimmte Verben!), der Präpositionen, der unterordnenden Konjunktionen, des bestimmten Artikels und bei der Genusunterscheidung der Personalpronomina, wo zielsprachlich vorhanden, mit größeren Schwierigkeiten zu rechnen und hier besondere Akzente in der Vermittlung zu setzen" (Kuhberg 1990: 43) seien.

Turgut (1996) untersucht schriftliche Texte türkischer Gymnasiasten (Acht-, Neun- und Zehntklässler) in der Erst- und Zweitsprache im Hinblick auf lexikalische, syntaktische und inhaltliche Aspekte. Ziel seiner Untersuchung ist die Überprüfung der wechselseitigen Abhängigkeit zwischen Erst- und Zweitsprache und der damit einhergehenden Verifizierung der „Interdependenzhypothese". Turgut kommt zu dem Ergebnis, dass die Schülerinnen und Schüler in der Erst- und Zweitsprache einen vergleichbaren Leistungsstand aufweisen und die erst- und zweitsprachlichen Kompetenzen somit in positiver Hinsicht korrelieren. Turgut interpretiert dies als ein deutliches Indiz für die Richtigkeit der Interdependenzhypothese (Turgut 1996: 179).

Knapp (1997) untersucht die schriftliche Erzählfähigkeit zweisprachig aufwachsender Schülerinnen und Schüler mit unterschiedlichem Migrationshintergrund[11]. Das zentrale Ziel seiner Untersuchung besteht in der Überprüfung

---

11 Herkunftsländer der Probanden: Bulgarien, Griechenland, Jugoslawien, Portugal, Türkei, Italien, Pakistan. Des Weiteren nehmen auch „Aussiedler"-Kinder an Knapps Untersuchung teil.

von Cummins' Interdependenzhypothese, indem die schriftliche Erzählfähigkeit der Schülerinnen und Schüler in Zusammenhang zu ihrer Aufenthaltsdauer in Deutschland gesetzt wird. Hierfür werden 48 Phantasieerzählungen analysiert, die sowohl von deutschen (monolinguale Vergleichsgruppe) als auch von nichtdeutschen Fünft- und Sechstklässlern mit unterschiedlicher Aufenthaltsdauer in Deutschland geschrieben wurden.

Knapp kommt zu dem Ergebnis, dass Kinder mit Migrationshintergrund, die in Deutschland aufgewachsen sind und durchgehend die deutsche Schule besucht haben, keine besseren Leistungen erzielen als die Kinder, die erst seit zwei Jahren in Deutschland leben, wodurch Knapp die Interdependenzhypothese als verifiziert betrachtet. Zudem macht er in Anlehnung an seine Untersuchungsergebnisse darauf aufmerksam, „daß es in vier bis fünf Jahren Schulunterricht nicht gelang, die Defizite der Migrantenkinder auszugleichen" (Knapp 1997: 226). Knapp verweist durch die Ergebnisse seiner Studie zudem auf „grundlegende Sprachdefizite" in der Hauptschule, zumal „eine Reihe von Aufsätzen den Mindestansprüchen eines fünften oder sechsten Schuljahres nicht entsprechen" und dass Kinder am Deutschunterricht teilnehmen, „welche die im Bildungsplan der Grundschule angegebenen Ziele zum Teil nicht mal in Ansätzen erreicht haben" (ebd.: 220). Dabei bezieht sich Knapp neben der Verständlichkeit der Texte und der Realisierung der Erzählschemata auch auf lexikalische, syntaktische, morphologische und orthographische Kompetenzen (ebd.).

Rapti (2004) untersucht die Schreibkompetenz griechischer Viert-, Sechst- und Achtklässler. Anhand schriftlicher Aufsätze werden die schriftsprachlichen Fähigkeiten der Schüler in der Erstsprache Griechisch und der Zweitsprache Deutsch im Hinblick auf textstrukturelle bzw. argumentationsspezifische, syntaktische und lexikalische Merkmale hin analysiert.

Ziel der Untersuchung ist es, herauszufinden, wie sich die Schreibkompetenz bei zweisprachig griechisch-deutsch aufwachsenden Kindern entwickelt und in welcher der beiden Sprachen die schriftsprachlichen Kompetenzen der Schüler stärker ausgeprägt sind. Ferner soll geprüft werden, „ob sich die Schreib- bzw. Textkompetenz in einer Sprache zu Lasten der anderen entwickelt oder ob die eine Entwicklung eventuell die andere fördert" (Rapti 2004: 15). Die Autorin kommt zu folgendem Ergebnis: Während sich die Textkompetenz der jüngeren Schüler in beiden Sprachen auf einem ähnlichen sprachlichen Niveau befindet, entwickelt sich diese Kompetenz mit zunehmendem Alter zu Gunsten der Zweitsprache Deutsch. Dies führt die Autorin u. a. auf „die Überlegenheit der deutschen Sprache in Bereichen wie Medien- oder Lektüresprache, die höhere Inanspruchnahme der Schüler durch die deutsche Schule sowie das Fehlen konkreter Methoden zum Erlernen des Aufsatzschreibens im Griechischunterricht" zurück. Ob sich die schriftsprachlichen Fähigkeiten in der Erst- und Zweitsprache gegenseitig unterstützen bzw. behindern, bleibt im Rahmen dieser Studie weitgehend unbeantwortet.

Müller (1998) erforscht die Ursachen für den schulischen Misserfolg zweisprachig aufwachsender Schülerinnen und Schüler, indem er die Leistungen monolingualer und bilingualer (italienisch, türkisch) Schülerinnen und Schüler in unterschiedlichen Schulfächern (Mathematik, Deutsch und Fremdsprache) in der schweizerischen Ober-, Sekundar- und Bezirksschule analysiert. Müllers Ergebnisse widerlegen den „bildungssoziologischen Reduktionismus", nach dem die besondere Situation der Kinder mit Migrationshintergrund allein auf den sozioökonomischen Status reduziert wird (Müller 1998: 49). Müller kommt zu dem Schluss, dass die Zugehörigkeit zu einer bestimmten Sprachgruppe entscheidender sei als die Zugehörigkeit zu einer bestimmten sozialen Schicht (ebd.: 51; vgl. auch Caprez-Krompàk 2007: 72). Die Ursache für das überproportionale Schulversagen der Schülerinnen und Schüler mit Migrationshintergrund führt Müller auf das assimilative Prinzip des schweizerischen Bildungssystems zurück, das durch die Nichtbeachtung und Nichtförderung der Erstsprache gekennzeichnet sei (vgl. auch Caprez-Krompàk 2007: 73):

> Es ist nicht die Zweisprachigkeit als solche, die zu den hohen Anteilen von schulischem Misserfolg führt, sondern die Art und Weise, wie die Schule der Mehrheitsgesellschaft mit der Zweisprachigkeit der Schüler umgeht. (ebd.: 56)

Müller betont, dass zweisprachige Schülerinnen und Schüler „nicht nur die „Hürde" ihrer sozialen Schicht überwinden" (ebd.: 49) müssen, „sondern auch noch diejenige ihrer sprachlichen (ethnolinguistischen) Zugehörigkeit" (ebd.).

Eine weitere interessante und aktuelle Studie ist das Forschungsprojekt von Caprez-Krompàk (2010), das die Entwicklung der erst- und zweitsprachlichen Kompetenzen bei albanisch und türkisch sprechenden Schülerinnen und Schülern im Kanton Zürich untersucht. Dabei soll aufgezeigt werden, inwieweit sich der herkunftssprachliche Unterricht positiv auf die Entwicklung der Erst- und Zweitsprache auswirkt. Im Rahmen einer Langzeituntersuchung werden die Sprachleistungen in albanischer, türkischer und deutscher Sprache individuell und gruppenspezifisch verglichen. Caprez-Krompàk kommt zu dem Ergebnis, dass Albanisch und Türkisch sprechende Schülerinnen und Schüler, die den HSK[12]-Unterricht besuchen, signifikant bessere Leistungen in der Erstspra-

---

12 HSK steht für Unterricht in heimatlicher Sprache und Kultur, der seit 1992 im Zürcher Schulsystem fest verankert ist (vgl. Caprez-Krompàk 2007: 74).

che aufweisen als diejenigen Kinder, die den HSK-Unterricht nicht besuchen (Caprez-Krompàk 2010: 237). Es wird ebenfalls konstatiert, dass Schülerinnen und Schüler, die am muttersprachlichen Unterricht teilnehmen, auch im deutschen Sprachtest signifikant bessere Leistungen erreichen als Kinder, die nicht am HSK-Unterricht teilnehmen (ebd.: 224). Caprez-Krompàk sieht dies als Bestätigung der empirischen Befunde von Baur und Meder (1989, 1992) (s.o.), wonach „die institutionalisierte Förderung der Erstsprache die Entwicklung der Zweitsprache (Deutsch) nicht beeinträchtigt" (ebd.).

Zusammenfassend kann festgehalten werden, dass einige Arbeiten (s.o.) zur Überprüfung des Zusammenhanges und des wechselseitigen Einflusses zwischen den Fähigkeiten in Erst- und Zweitsprache (insbesondere zur Überprüfung der „Interdependenzhypothese") vorliegen.

So konstatieren Reich et al. (2002: 35)[13]: „Was das Verhältnis der einzelsprachlichen Kompetenzen zueinander betrifft, so kann als einigermaßen gesichert gelten, dass positive Korrelationen den Normalfall darstellen".

Umfangreichere linguistische Studien, die die zweitsprachlichen „Fehlerphänomene" von Schülerinnen und Schülern mit jeweils **unterschiedlichen** Erstsprachen untersuchen und diese auf einen möglichen Einfluss erstsprachlicher Strukturen hin überprüfen, liegen (noch) nicht vor. Die vorliegende Forschungsarbeit unternimmt daher den Versuch, „die ungeklärte Rolle der Ausgangssprache(n)" (Ahrenholz 2010: 52) zu erforschen und anhand der Ergebnisse dieser Untersuchung einen Beitrag zur (längst fälligen) Entwicklung angemessener, den sprachlichen Bedürfnissen der zweisprachigen Schülerschaft angepassten Lehr- und Lernmaterialien zu leisten.

1.3   Aufbau der Arbeit

Die vorliegende Arbeit setzt sich aus drei Teilen zusammen. TEIL A bildet den theoretischen Rahmen der Arbeit. In Kapitel 2 wird zunächst der Begriff *Zweisprachigkeit* geklärt, gefolgt von einer kurzen Diskussion über den Umgang mit Zweisprachigkeit im deutschen Bildungswesen (Kap. 2.2). Im Anschluss werden die unterschiedlichen Formen von Zweisprachigkeit und die Bedingungen, unter denen der Erwerb einer zweiten Sprache erfolgen kann, vorgestellt (Kap. 2.4). Danach folgt die Darstellung der in der Forschungsliteratur vertre-

---

13   Vgl. hierzu den Überblick über den Stand der nationalen und internationalen Forschung von Reich et al. (2002).

tenen zentralen Ansätze zum Zweitspracherwerb (Kap. 2.5). Anschließend werden mögliche Einflussfaktoren auf den Zweitspracherwerb diskutiert, wobei das besondere Augenmerk dabei auf den Einfluss erstsprachlicher Strukturen und auf mögliche daraus resultierende Konsequenzen für die schulische Sozialisation zweisprachig aufwachsender Schülerinnen und Schüler gerichtet sein wird (Kap. 2.7).

Kapitel 3 stellt in Form einer Kontrastivanalyse die typologischen Merkmale der für diese Studie relevanten Sprachen Türkisch, Kroatisch und Griechisch den Strukturmustern des Deutschen gegenüber. Dabei werden sprachtypische Ähnlichkeiten bzw. Unterschiede im Bereich der Orthographie, Morphologie und Syntax analysiert.

TEIL B umfasst den empirischen Teil dieser Arbeit. In Kapitel 4 wird zunächst die Anlage und Vorgehensweise der dieser Arbeit zugrunde liegenden empirischen Untersuchung erläutert (Kap. 4.1). Danach werden die an dieser Untersuchung teilnehmenden Probandengruppen vorgestellt (Kap. 4.2), gefolgt von der Erläuterung des Untersuchungsmaterials (Kap. 4.3).

In einem weiteren Schritt erfolgt die Beschreibung und exemplarische Veranschaulichung des Analyseverfahrens, das im Rahmen dieser Untersuchung die Grundlage zur Erfassung der sprachlichen Leistung der Probanden bildet (Kap. 4.4).

In Kapitel 5 werden die statistisch ermittelten Mittelwertsergebnisse der Probandengruppen vorgestellt (Kap. 5.1 bis Kap. 5.7). Im Anschluss wird der Versuch unternommen, die ermittelten Fehleranteile im Hinblick auf einen möglichen Einfluss erstsprachlicher Strukturen hin zu überprüfen und zu erklären (Kap. 5.8). Abschließend folgen die Zusammenfassung der Ergebnisse und die Überprüfung der eingangs formulierten, dieser Arbeit zugrundeliegenden Hypothesen (Kap. 5.9).

Im letzten und abschließenden TEIL C dieser Arbeit wird der Versuch unternommen, die durch diese Arbeit gewonnenen theoretischen (TEIL A) und empirischen Erkenntnisse (TEIL B) zusammenzuführen und in Anlehnung an diese Vorschläge für die Förderung zweitsprachlicher Kompetenzen unter Berücksichtigung herkunftssprachlicher Fähigkeiten für die schulische Praxis abzuleiten (Kap. 6).

TEIL A: THEORETISCHER TEIL

2. Zweisprachigkeit

Obwohl es weltweit ca. 7000 Sprachen, aber weniger als 200 Staaten gibt, erklärt sich über die Hälfte der Staaten offiziell als einsprachig (Belke 2008: 8). Dieses Zahlenverhältnis macht deutlich, dass über 70 Prozent der Weltbevölkerung mehr als eine Sprache im täglichen Leben verwenden (Oksaar 2003: 27). „Monolinguale Länder mit einer homogenen Bevölkerung wie Island oder die Mongolei gehören zweifellos zu den Ausnahmen" (Apeltauer 2001: 633).

Demographisch betrachtet ist somit nicht der Bilingualismus, sondern der Monolingualismus die Ausnahme. „Bilingualism or multilingualism is therefore present in practically every nation in the world, whether officially recognized or not" (Romaine 2009: 374). Die Mehrheit aller Kinder kommt bereits in frühen Jahren mit mehr als einer Sprache in Berührung (Tracy 1996: 72 f.).[14]

Erst durch die Herausbildung von einsprachigen Nationalstaaten in Europa hat sich eine Position durchgesetzt, die Einsprachigkeit als den Normalfall und Mehrsprachigkeit[15] hingegen als Ausnahme betrachtet (Christ 2009: 38). Diese Vorstellung spiegelt sich auch heute noch im Bewusstsein vieler Handlungs- und Entscheidungsträger unseres Bildungswesens wider.

So hat nicht zuletzt Ingrid Gogolin in vielen Studien deutlich gemacht, dass unser Bildungswesen an seinem sog. „monolingualen Habitus" festhält und Mehrsprachigkeit lediglich subsidiär akzeptiert (Krumm 2000: 99).

Das folgende Kapitel setzt sich zum Ziel, in einem ersten Schritt den Begriff Zweisprachigkeit zu klären, gefolgt von einer Diskussion über die Bedeutung von Zweisprachigkeit im deutschen Schulsystem. Anschließend folgt eine Darstellung der unterschiedlichen Formen von Zweisprachigkeit und des Zweitspracherwerbs.

---

14 Vgl. auch Tracy (2009: 165): „Mehrsprachigkeit ist kein kognitiver Ausnahmezustand. Aus demographischem Blickwinkel ist sie längst der Normalfall."

15 Die Termini Mehrsprachigkeit und Zweisprachigkeit werden in der Fachliteratur nicht einheitlich verwendet. So erklärt Weinreich (1953): „Unless otherwise specified, all remarks about bilingualism apply as well to multilingualism, the practice of using three or more languages". Für Haugen (1956) hingegen ist ein Zweisprachiger auch derjenige, „who knows more than two languages". In der englischsprachigen Forschung (insbesondere in den USA) wird *bilingualism* häufig auf mehr als zwei Sprachen bezogen. In europäischen Untersuchungen wird der Begriff *Mehrsprachigkeit* auch dann verwendet, wenn es sich um zwei Sprachen handelt. Vgl. hierzu Oksaar 2003: 26. Im Rahmen dieser Arbeit werden die Begriffe *Zweisprachigkeit* und *Mehrsprachigkeit* in Anlehnung an den europäischen Usus synonym verwendet.

In einem weiteren Schritt werden die theoretischen Annahmen zum Zweitspracherwerb vorgestellt und zusammenfassend in Beziehung zu den für diese Arbeit relevanten Fragestellungen gesetzt.

2.1 Begriffsklärung *Zweisprachigkeit*

Die Frage, (ab) wann man ein Individuum als *zweisprachig* bezeichnen kann, wird in der Forschung schon seit einigen Jahrzehnten sehr kontrovers diskutiert. So herrscht in der Fachliteratur auch Uneinigkeit bezüglich der Grenzziehung zwischen „monolingual" und „bilingual" (Tracy 1996: 73). Einige Wissenschaftler vertreten die Ansicht, dass man von *Zweisprachigkeit* nur dann sprechen könne, wenn beide beteiligten Sprachen auf muttersprachlichem Niveau beherrscht würden (Bloomfield 1933). Andere wiederum akzeptieren bereits grundlegende Kenntnisse einer weiteren Sprache als Anzeichen von Zweisprachigkeit (Haugen 1953; MacNamara 1967). „Die über zwei Dutzend Definitionen sind heterogen und reichen von einer beinahe sicheren Beherrschung der Sprachen zu geringeren aktiven und passiven Kenntnissen in der einen Sprache" (Oksaar 2003: 27).

Einen Überblick über die verschiedenen Definitionen von Zweisprachigkeit liefern Fthenakis, Sonner, Thrul und Walbiner (1985: 15), die sich primär am Kriterium der linguistischen Kompetenz orientieren, in Anlehnung an den Grad der Beherrschung beider Sprachen.

MacNamara (1969) versteht unter Zweisprachigkeit die Fähigkeit, eine zweite Sprache in einem nur minimalen Ausmaß zu sprechen, zu schreiben, zu verstehen oder zu lesen. Diebold (1964) und Pohl (1965) betrachten bereits die Kompetenz in nur einem Sprachbereich (das bloße Verstehen einer weiteren Sprache) als Zweisprachigkeit. Andere Autoren wiederum fordern ausgeprägtere Sprachkenntnisse, wie z.B. grammatikalische Kenntnisse in der Zweitsprache (Hall 1952) oder zumindest die Fähigkeit, vollständige und sinnvolle Äußerungen in der anderen Sprache machen zu können (Haugen 1953) (vgl. Fthenakis et al. 1985: 15).

Die anspruchsvollste Definition von Zweisprachigkeit beinhaltet die Forderung der aktiven und vollständig gleichberechtigten Beherrschung zweier Sprachen (Braun 1937) bzw. die Beherrschung beider Sprachen auf muttersprachlichem Niveau (Bloomfield 1933) (vgl. ebd.).

Weitere Definitionen berücksichtigen die funktionale Verwendung zweier Sprachen. So definiert Mackey (1968) Zweisprachigkeit als „die wahlweise Verwendung von zwei oder mehr Sprachen durch eine Person" (ebd.: 16).

Oksaar (1971) schreibt in diesem Zusammenhang zweisprachigen Individuen die Fähigkeit zu, beide Sprachen in der Mehrzahl von unterschiedlichen Situationen verwenden bzw. zwischen ihnen automatisch wechseln zu können (ebd.).

Eine weitere Definition von Zweisprachigkeit berücksichtigt zudem den engen und untrennbaren Zusammenhang von Bilingualismus[16] mit Bikulturalismus. So unterstreicht Malmberg (1973) die Fähigkeit zweisprachiger Individuen, sich mit beiden Sprachgruppen identifizieren zu können (ebd.).

Diese unterschiedlich ausgerichteten Definitionen haben in weiten Teilen gemeinsam, dass sie sich mit der Frage auseinandersetzen, ab welchem Kompetenzniveau eine Person als zweisprachig bezeichnet werden kann. Mackey (1956) kritisierte bereits in den fünfziger Jahren, dass die Lösung des definitorischen Problems von Zweisprachigkeit darin bestünde, Zweisprachigkeit „nicht als einen absoluten, sondern als einen relativen Begriff zu betrachten" (ebd.). Es sollte seiner Ansicht nach nicht nur die Frage gestellt werden, *ob* eine Person zweisprachig ist, sondern vielmehr, *wie* zweisprachig sie ist:

> Eine solche Definition würde dem Thema eine solidere Grundlage verleihen und würde einer systematischen Messung des Grades von Bilingualität den Weg ebnen. Sie würde Klassifikationen zeitigen, welche folgende Unterteilung einschlössen: (1) die Zahl der betroffenen Sprachen; (2) die Beschaffenheit der verwendeten Sprachen; (3) den Einfluß einer Sprache auf die andere; (4) den Grad der Sprachgewandtheit; (5) Schwankungen und (6) die soziale Funktion (ebd.).

Glück (1985) weist ebenfalls darauf hin, dass Zweisprachigkeit häufig als Skala konzipiert werde und weitgehende Einigkeit darüber herrsche, „Zweisprachigkeit nicht als positiven, sondern relativen Begriff zu verwenden" (Glück 1985: 29):

> Damit soll der Tatsache Rechnung getragen werden, daß viele zweisprachige Individuen eine von beiden Sprachen besser als die andere, eine von beiden Sprachen in bestimmten Funktionen, die andere in anderen Funktionen sprechen oder daß sie keine von beiden Sprachen voll ausgebildet haben im Vergleich zu Einsprachigen – was immer mit »voll ausgebildeter Sprache« im einzelnen gemeint sein mag: hat jeder deutsche Lehrer die deutsche Grammatik im Dudenformat stets komplett parat? (ebd.)

---

16 Je nach Kontext und/oder Bezugnahme auf entsprechende Quellen der Fachliteratur, werden die Begriffe „Zweisprachigkeit" und „Bilingualismus" im Rahmen dieser Arbeit synonym verwendet.

Tracy (1996) führt in diesem Zusammenhang an, dass das Problem der Grenz-ziehung verschwinde, „sobald man sich klar macht, daß sich sprachliches Wissen, ob monolingual oder bilingual, sowie die Fähigkeit zu seiner Aktivierung in der Produktion und der Wahrnehmung, auf einem Kontinuum bzw. auf mehreren Kontinua anordnen lässt" (Tracy 1996: 73).

Gogolin kritisierte bereits 1988 die streng linguistischen Definitionen von Zweisprachigkeit, die Zweisprachigkeit nach dem Grad der jeweiligen Sprach-beherrschung bestimmen. Gogolin (1988) führt daher den Begriff „lebenswelt-liche Zweisprachigkeit" ein, um die „Sprach-Lebens-Situation" von zweispra-chig aufwachsenden Kindern mit Migrationshintergrund zu beschreiben. Der Begriff der „lebensweltlichen Zweisprachigkeit" umschreibt somit auch den Fall, „daß ein Kind (zunächst) nur über Ausdrucksmittel aus einer Sprache ak-tiv verfügt" und „die gesamte psychische und geistige Entwicklung des Kin-des beeinflußt, mithin auch Auswirkungen auf die Entfaltung sprachlicher Fä-higkeiten und die Aneignung sachlichen Wissens besitzt, die durch schulisches Lehren erfolgen sollen" (Gogolin 1988: 10).

2.2 Zweisprachigkeit im deutschen Schulsystem

> *In einem demokratischen Land sollte es die Pflicht des Schul-systems sein, jedem Kind, unabhängig vom sprachlichen Hin-tergrund, die gleiche Chance zu geben, am demokratischen Prozeß teilzuhaben. Wenn das erfordert, dass (wenigstens) ei-nige Kinder (d.h. die Kinder der Sprachminderheit) bilingual oder multilingual werden, dann sollte es die Pflicht des Erzie-hungssystems sein, sie zu bilingualen/multilingualen Individu-en heranzubilden.*
> (Skutnabb-Kangas 1992: 42f.)

Die Ansicht, dass zweisprachig aufwachsende Kinder „automatisch" in der Schule und vor allem im Fach Deutsch die deutsche Sprache richtig erlernen, hat sich bereits vor geraumer Zeit als nichtig erwiesen. Eine Vielzahl zweispra-chig aufwachsender Kinder mit Migrationshintergrund, die vor allem aus bil-dungsfernen Familien stammen, kommt erst bei Eintritt in den Kindergarten mit der deutschen Sprache in Berührung, was von Grund auf eine erschwe-rende Ausgangssituation im Vergleich zu monolingual aufwachsenden Kindern darstellt.

Neben einer geringen Minderheit von erfolgreichen Schülerinnen und Schülern mit Migrationshintergrund steht leider immer noch eine große Mehrheit, die an unserem Bildungssystem scheitert und ohne Abschluss die Schule verlässt. Die Resultate der großen Bildungsstudien (PISA 2000, PISA 2003 und PISA 2009) zeigen, dass in Deutschland ein besonders enger Zusammenhang zwischen der sozialen Herkunft der Eltern und dem Bildungserfolg der Schülerinnen und Schüler besteht. Bei zweisprachig aufwachsenden Kindern kommt zur Schichtzugehörigkeit die sprachliche Sozialisation als Belastungsfaktor hinzu: „Demnach ist für diese Gruppe die Sprachkompetenz die entscheidende Hürde in ihrer Bildungskarriere" (PISA 2000: 13).[17]

Die starke Abhängigkeit des Schulerfolgs von der sozialen Schicht auf der einen Seite und vom Sprachvermögen auf der anderen Seite wirkt sich auf Schülerinnen und Schüler mit Migrationshintergrund in sehr starkem Ausmaß aus, da sie von der Ungleichheit der Bildungschancen besonders betroffen sind (Auernheimer 2003: 8). Auch ganze neun Jahre später scheint sich an der Bildungsbenachteiligung von Schülerinnen und Schülern mit Migrationshintergrund aufgrund sozial und sprachlich ungünstigerer Voraussetzungen nichts geändert zu haben:

> Die Befunde der PISA-Studien wurden erneut bestätigt: In keinem anderen vergleichbaren Staat der Welt ist der Schulerfolg so stark von Einkommen und Vorbildung der Eltern abhängig wie in Deutschland. Schüler aus bildungsfernen Familien haben – bei gleicher Intelligenz – eine ungleich geringere Chance, ein Gymnasium zu besuchen als Akademikerkinder. Migrantenkinder, die nicht über ausreichende Deutschkenntnisse verfügen, sind im deutschen Schulsystem und damit auch im späteren Berufsleben so gut wie ohne Chancen.[18]

Obwohl zweisprachig aufwachsende Schülerinnen und Schüler in unseren Schulen längst keine „Randerscheinung" mehr sind, sondern vielmehr fester Bestandteil des schulischen Alltags, sind unsere Schulen bei weitem noch nicht auf eine sprachlich heterogene Schülerschaft vorbereitet. Insbesondere Grund- und Hauptschulen beklagen eine zunehmende Überforderung der Lehrkräfte, die ihren Schülerinnen und Schülern im Unterricht schon lange nicht mehr gerecht werden können. Diese Schülerschaft, die nach dem Prinzip der kollektiven Gleichbehandlung beschult wird, erfährt durch diese „Gleichbehandlung" eine grobe Benachteiligung, die auf das Schulsystem und auf mangelnde sprachliche Förderung zurückzuführen ist.

---

17 Zitiert aus http://www.scribd.com/doc/17698763/OECDPISA-2000-Studie-im-Uberblick-BRD am 12.08.2011.
18 PISA, IGLU, OECD-Jahresberichte und Ländervergleich der KMK-Bildungsstandards. Zitiert aus http://www.lpb-bw.de/pisa.html, am 12.08.2011.

Zu diesem Schluss kommen nicht nur die Autoren der PISA-Studien (Mathers 2000, 2003, 2006), sondern auch der Sonderberichterstatter der UNO, Vernor Muñoz, der Deutschland und seiner Bildungspolitik einen Verstoß gegen die Menschenrechte vorwirft (Mathes 2009):

> Das Sprachproblem ist hier ein wesentlicher Faktor und von zentraler Bedeutung für den weiteren Bildungsweg. Solange Bildung nicht als Menschenrecht betrachtet wird, das jedem Kind garantiert werden muss, wird es schwierig sein, den spezifischen Bedürfnissen deutscher Schüler Rechnung zu tragen, deren Eltern oder Großeltern aus anderen Ländern nach Deutschland kamen. (Muñoz 2006: 17)

Eine geringe Zahl zweisprachig aufwachsender Schülerinnen und Schüler schafft es, während der Kindergarten- und Grundschulzeit, ihre sprachlichen Fähigkeiten so weit zu entwickeln, dass sie schließlich eine Gymnasialempfehlung erhalten. Dennoch sind bei diesen Schülerinnen und Schülern immer wieder sprachliche Schwierigkeiten deutlich erkennbar. Diese werden nicht nur im Fach Deutsch sichtbar, sondern wirken sich auch in allen anderen Fächern sehr nachteilig auf diese Schülerschaft aus. Textaufgaben im Fach Mathematik, Sachtexte im Geographie-, Biologie-, Geschichtsunterricht etc. werden in der Regel sprachlich und damit eben auch inhaltlich nur schwer durchdrungen.

Konnten viele dieser Schüler die Grundschulzeit erfolgreich durchlaufen, stellt das Gymnasium Anforderungen, denen sie aufgrund unzureichender Deutschkenntnisse – vor allem im fachsprachlichen Bereich – häufig nicht mehr gewachsen sind.[19] Erfahrungsgemäß beginnen die ersten großen Schwierigkeiten in der siebten, wenn nicht gar schon durch das G8-Abitur in der sechsten Klasse, wo nun vermehrt das selbstständige Arbeiten der Kinder gefordert wird.

Die Gründe für das Scheitern der zweisprachigen Schülerschaft mit Migrationshintergrund sind vielseitig, außer Frage steht jedoch, dass insbesondere die sprachliche Benachteilung und die Nichtberücksichtigung herkunftssprachlicher Fähigkeiten mitunter die entscheidenden Faktoren ausmachen. So kritisiert Schweitzer (2009) zu Recht das „deutsche Sprachbad", durch welches die zweisprachige Schülerschaft die deutsche Sprache auf Kosten ihrer Erstsprache erwerben soll (vgl. Schweitzer 2009: 433):

---

19 Vgl. Konsortium Bildungsberichterstattung (2006), S. 152: „Zudem durchlaufen Schülerinnen und Schüler mit Migrationshintergrund das Schulsystem aufgrund von Zurückstellungen und/oder Klassenwiederholungen mit deutlich größerer Verzögerung als deutsche Schüler."

Die Politik der deutschen Einsprachigkeit war lange Zeit geprägt von der Vorstellung, dass zumindest bei den hier aufgewachsenen Kindern der Migranten der Sprachwechsel von ihrer (negativ bewerteten) Herkunftssprache (L1) zur prestigeträchtigen deutschen Sprache als Zweitsprache (L2) *auf Kosten* von (L1) durch das so genannte „Sprachbad" in L2 erfolgt, sie also ohne unterstützende herkunftssprachliche Kommunikation in der deutschen Sprache „untertauchen" müssen (sprachwissenschaftlich als „Submersion" bezeichnet).

Doch wie die PISA-Ergebnisse zeigen und täglich vor Ort zu hören ist, war das „Baden" nicht Deutsch Sprechender in der deutschen Sprache unter Submersionsbedingungen in den letzten vier Jahrzehnten eben nicht mit allen Sprachgruppen an allen Orten in der erhofften Zeit und dem gewünschten Ausmaß erfolgreich.

Der „Streitfall Zweisprachigkeit"[20] hat auf akademischer Bühne seinen vorläufigen Höhepunkt erreicht, und es setzt sich die Erkenntnis durch, dass in Deutschland bislang „eine falsche Front im Kampf um die Sprachförderung" (Gogolin et al. 2006 zitiert in Schweitzer 2009: 437) aufgestellt wurde. Dennoch beharrt unser Bildungswesen nicht zuletzt aufgrund finanzieller Umstände auf der scheinbar einleuchtenden Position, dass das Erlernen der deutschen Sprache wichtiger sei als die „Kür der Mehrsprachigkeit" (vgl. Schweitzer 2009: 437).

Die vorliegende Arbeit unternimmt den Versuch, sich dem Thema „Zweisprachigkeit" primär aus sprachwissenschaftlicher Perspektive zu nähern, um dann in einem weiteren Schritt Konsequenzen für den Umgang mit Zweisprachigkeit an Schulen abzuleiten. Dabei wird es unumgänglich sein, auch bildungspolitische Aspekte kritisch zu beleuchten, da die im Rahmen dieser Arbeit unterbreiteten Vorschläge für einen angemesseneren und v.a. erfolgversprechenderen Umgang mit Zweisprachigkeit nur durch (bildungs-)politisches „Umdenken" und die Bereitstellung entsprechender finanzieller Mittel realisiert werden können (vgl. hierzu Kap. 6).

---

20 „Streitfall Zweisprachigkeit" ist der Titel eines Symposiums der Universität Hamburg im Jahre 2007, bei dem die unterschiedlichen Positionen zum Thema Zweisprachigkeit aufeinander trafen. Im Mittelpunkt dieser Tagung stand die Frage, ob Zweisprachigkeit eine positiv gesellschaftlich nützliche Kompetenz darstellt oder nicht. Vgl. die gleichnamige Publikation von Gogolin, I./Neumann, U. (2009): „Streitfall Zweisprachigkeit – The Bilingualism Controversy".

2.3 Formen von Zweisprachigkeit

Es gibt verschiedene Formen von Zweisprachigkeit, die folglich jeweils unterschiedlich definiert werden. Einige Autoren weisen darauf hin, dass Zweisprachigkeit ein mehrdimensionales Konstrukt ist und zweisprachige Individuen somit auch nicht als einheitliche Gruppe betrachtet werden können. Eine entscheidende Variable für eine Differenzierung ist das Alter, in dem der Spracherwerb erfolgt (Fthenakis et al. 1985: 17). Werden Kinder von frühester Kindheit an mit zwei Sprachen gleichzeitig sozialisiert, spricht man von *bilingualem* bzw. *doppelten Erstspracherwerb*.[21]

Wird eine der beiden Sprachen mit einer deutlichen zeitlichen Verzögerung erworben, dann unterscheidet man zwischen Erst- und Zweitspracherwerb. Ab welchem Alter man nicht mehr von zwei Erstsprachen spricht und zwischen Erst- und Zweitsprache unterscheidet, darüber besteht in der Forschung keine Einigkeit. Die in der Fachliteratur häufig genannte Altersgrenze für die Unterscheidung zwischen *bilingualem* bzw. *doppeltem Erstspracherwerb* und *frühem Zweitspracherwerb* liegt bei etwa drei Jahren (Kniffka/Siebert-Ott 2007: 30):

> Meist wird davon ausgegangen, dass ca. ab dem 3./4. Lebensjahr aufgrund der bereits erworbenen Sprachkenntnisse und der neuronalen und kognitiven Entwicklung für die Aneignung einer neuen Sprache eine veränderte Erwerbssituation besteht und deshalb ab diesem Zeitpunkt von frühem Zweitspracherwerb gesprochen wird. (Ahrenholz/Oomen-Welke 2010: 5)

Ob und inwieweit nach drei bis vier Jahren tatsächlich andere Erwerbsbedingungen vorliegen und in welcher Form sich diese auf die einzelnen Sprachbereiche auswirken, ist bis heute nicht völlig geklärt. Im Bereich des Syntaxerwerbs konnten zum Teil starke Parallelen zum Erstspracherwerb festgestellt werden (Tracy 2007; Thoma/Tracy 2006).

In diesem Zusammenhang wird zudem zwischen dem *simultanen* und dem *sukzessiven* Erwerb zweier Sprachen differenziert.

Die Unterscheidung dieser beiden Lernsituationen geht auf McLaughlin (1984) zurück (vgl. hierzu Graf 1987: 27):

---

21 Die Begriffe *bilingualer Erstspracherwerb* und *doppelter Erstspracherwerb* werden in der Fachliteratur synonym verwendet. Kniffka/Siebert-Ott (2007) sprechen vom *bilingualen Erstspracherwerb*, Tracy (1996) vom *doppelten Erstspracherwerb*.

The child who is introduced to a second language before three years of age is said to be *simultaneously* acquiring two languages. The child who is introduced to a second language after three is said to be *successively* acquiring two languages. (McLaughlin 1984: 10)

Mit dieser Unterscheidung wird keine Bewertung der jeweiligen Form des Zweitspracherwerbs verbunden. Sowohl der *simultane* als auch der *sukzessive* Erwerb einer zweiten Sprache kann zu gleichen sprachlichen Kompetenzen führen. Es soll damit auch nicht impliziert werden, dass ein Kind bereits im Alter von drei Jahren über einen abgeschlossenen Stand der Sprachkenntnis verfügt. Vielmehr soll verdeutlicht werden, „daß ein Kind in diesem Alter bereits einen deutlichen Vorsprung in der Erstsprache besitzt und insofern die neue Sprache als eine „zweite" Form der Kommunikation zu lernen beginnt" (Graf 1987: 27).

Weinreich (1953, 1966) unterscheidet in seiner linguistischen Sichtweise in Bezug auf den Aufbau des inneren Lexikons zwischen (a) *koordinierter* (coordinate), (b) *gemischter* (compound) und (c) *untergeordneter* (subordinate) Zweisprachigkeit (vgl. hierzu Fthenakis et al. 1985: 17 und Klein 1992: 24):[22]

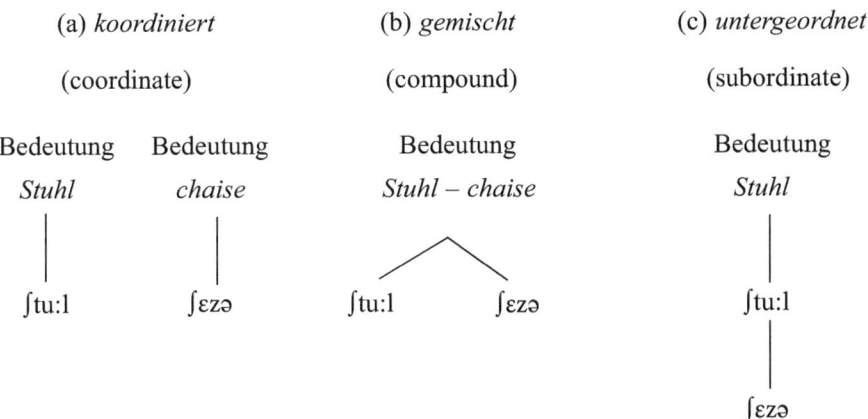

---

22 Die folgende Abbildung stammt aus Klein 1992: 24 und wurde leicht modifiziert.

Bei der *koordinierten* Zweisprachigkeit wird davon ausgegangen, dass die linguistischen Zeichen beider Sprachen getrennt gehalten werden, so dass zwei linguistische Systeme beherrscht werden. Die *gemischte* Zweisprachigkeit[23] zeigt sich, wenn die lautliche Zusammensetzung der beiden Sprachen auseinandergehalten wird, nicht aber die Bedeutungen. Die Sprachen unterscheiden sich nur in lexikalischer, nicht aber in syntaktischer oder semantischer Hinsicht, d.h., dass beim Sprechen einer Sprache die Normen einer anderen Sprache verwendet werden. Bei der *untergeordneten* Zweisprachigkeit findet eine unmittelbare Übersetzung der Zeichen aus der Erstsprache in die zweite Sprache statt (vgl. Fthenakis et al. 1985: 17).

Eine ähnliche Einteilung findet sich bei Carrolls (1970), der jedoch auch den Erwerbskontext berücksichtigt.[24] Auch andere Autoren (Genesee et al. 1977; Skutnaab-Kangas & Toukomaa 1976) übernahmen Weinreichs Unterscheidung zwischen gemischter und koordinierter Zweisprachigkeit, gaben den Begriffen jedoch eine veränderte Bedeutung. Bei der gemischten Zweisprachigkeit erfolgt der Erwerb der Zweitsprache in der frühen Kindheit, ohne unterrichtliche Unterweisung. Das heißt, beide Sprachen werden in derselben Lernsituation erworben, wohingegen bei der koordinierten Zweisprachigkeit die Zweitsprache in der Schule mit formeller Unterweisung und folglich in einem anderen Kontext erfolgt (Fthenakis et al. 1985: 17).

Diese primär am Alter orientierte Differenzierung der verschiedenen Formen von Zweisprachigkeit ließ einige Autoren zu dem Schluss kommen, dass der Erwerb der beiden Sprachen in der Kindheit (*frühe Zweisprachigkeit*) zu einem gemischten Typ von Zweisprachigkeit führt, wohingegen der ungleichzeitige Erwerb zweier Sprachen (*sukzessiver* Erwerb der Zweitsprache) im koordinierten Typ resultiert (ebd.).

Eine weitere Form von Zweisprachigkeit bildet der *additive Bilingualismus*. Dieser Begriff wurde von Lambert (1977) eingeführt und wird auch in Cummins „Schwellenniveauhypothese"[25] aufgegriffen. Beim additiven Bilingualismus wird durch den Erwerb einer zweiten Sprache das Sprachrepertoire um eine neue Sprache erweitert, wobei die Kenntnisse in der Muttersprache auf gleichem Niveau beibehalten werden wie beim Monolingualismus (ebd.). Während beim additiven Bilingualismus ein hohes Niveau in beiden Sprachen erreicht wird, zeichnet sich der *Dominanzbilingualismus* nach Cummins' Schwellenni-

---

23 Klein 1992 verwendet hier den Begriff der *zusammengesetzten* Zweisprachigkeit.
24 Vgl. hierzu detailliert Fthenakis et al. 1985: 17.
25 Zu Cummins' „Schwellenniveauhypothese" vgl. Kap. 2.5.4.

veauhypothese durch die muttersprachliche Beherrschung nur einer der beiden Sprachen aus (vgl. Kapitel 2.5.4).

Die Kehrseite des Bilingualismus stellt der sog. *Semilingualismus* dar, der sich durch die unzulängliche Kenntnis der Erst- und Zweitsprache definiert und daher auch als „doppelte Halbsprachigkeit" bezeichnet wird. Die Entstehungsbedingungen dieses Phänomens sowie seine Folgen für zweisprachig aufwachsende Kinder mit Migrationshintergrund ist von größter Bedeutung (vgl. Fthenakis et al. 1985: 19) und werden in dieser Arbeit einen zentralen Stellenwert einnehmen (vgl. hierzu detailliert Kap. 2.5.4 und Kap. 5.9).

Eine weitere Unterteilung der verschiedenen Formen von Zweisprachigkeit liefert Romaine (1995), bei der die Methoden der bilingualen Sprachenerziehung fokussiert werden.

Die Kriterien, die dieser Unterteilung zugrunde liegen, sind die folgenden (vgl. Müller et al. 2007: 48):
(a) Die Sprachen, die die Eltern sprechen.
(b) Die Sprachen, die sie wählen, um mit dem Kind zu sprechen.
(c) Die Sprache, die in der Umgebung gesprochen wird.

Den ersten Typ von Bilingualität bezeichnet Romaine als die Methode EINE PERSON – EINE SPRACHE.[26] Bei diesem Modell haben beide Elternteile zwei verschiedene Mutter-sprachen und jedes Elternteil spricht zu Hause mit dem Kind seine eigene Sprache. Die Umgebung, in der das Kind aufwächst, ist monolingual und spricht dieselbe Sprache wie ein Elternteil. Es wird vermutet, dass bei diesem Typ die Umgebungssprache, sprich die Sprache der Mehrheitsgesellschaft, auch zu Hause mit dem Kind gesprochen wird. Manche Eltern entscheiden sich jedoch auch dafür, als Familiensprache nicht die Umgebungssprache zu wählen (siehe Beispiel unten). Die Wahl der Familiensprache hängt häufig auch von rein affektiven Faktoren und der Kompetenz der Elternteile in den jeweiligen Sprachen ab (vgl. ebd.: 49). Ein mögliches Beispiel für diesen ersten Typ könnte wie folgt aussehen: Der Vater spricht Griechisch, die Mutter spricht Deutsch, die Familie lebt in Deutschland. Zu Hause spricht jedes Elternteil seine Muttersprache mit dem Kind, die Familiensprache ist Griechisch. Dieses Modell ist selbstverständlich nur möglich, wenn auch die Mutter die nötigen sprachlichen Kompetenzen im Griechischen besitzt.

Der zweite Typ wird als NICHT-UMGEBUNGSSPRACHE ZU HAUSE/ EINE SPRACHE – EINE UMGEBUNG bezeichnet. Auch in diesem Modell

---

26 Diese Methode geht auf den französischen Phonetiker Grammont zurück (vgl. Müller et al. 2007: 48).

besitzen die Eltern jeweils unterschiedliche Muttersprachen, wobei ein Elternteil die Umgebungssprache spricht. Beide Elternteile sprechen die Nicht-Umgebungssprache in der Familie und mit dem Kind. Das Kind tritt nur außerhalb des familiären Kontextes mit der Umgebungssprache in Kontakt. Diese Methode wird gewählt, um die Nicht-Umgebungssprache zu unterstützen, da das Kind sonst selten mit ihr in Berührung kommt (ebd.). Ein Beispiel: Der Vater ist Muttersprachler des Türkischen, die Mutter ist Muttersprachlerin des Griechischen. Die Familie lebt in der Türkei. Die Sprache in der Familie und mit dem Kind ist Griechisch, außerhalb der Familie hört und spricht das Kind Türkisch. Voraussetzung hier ist natürlich, dass auch der Vater das Griechische beherrscht.

Typ drei stellt die Situation DIE EINE SPRACHE ZU HAUSE – DIE ANDERE SPRACHE AUS DER UMGEBUNG dar. Die Eltern sprechen dieselbe Muttersprache, die Umgebungssprache der Mehrheitsgesellschaft ist eine andere. Zu Hause wird ausschließlich die Muttersprache gesprochen, außerhalb des familiären Kontextes (z.B. Kindergarten, Schule, Freundeskreis, Einkaufen etc.) die Sprache der Umgebung (vgl. ebd.). Diese Form von Zweisprachigkeit ist insbesondere bei Migrantenfamilien vorzufinden, z.B.: Die Eltern sind beide aus der Türkei nach Deutschland immigriert und pflegen sowohl die Muttersprache als auch die Herkunftskultur zu Hause. Die Kinder erwerben zunächst das Türkische von beiden Elternteilen und kommen erst ab etwa dem Kindergartenalter und ggf. durch die Nachbarschaft mit der deutschen Sprache in Berührung.

Beim vierten Typ von Bilingualität erwirbt das Kind drei Sprachen simultan nach der Strategie ZWEI SPRACHEN ZU HAUSE – EINE ANDERE SPRACHE AUS DER UMGEBUNG. Hier haben beide Elternteile zwei unterschiedliche Muttersprachen und leben in einer Umgebung, in der keine der beiden Sprachen gesprochen wird. Bei diesem Modell bleibt offen, welche der beiden Sprachen als Familiensprache verwendet wird. Dies hängt in der Regel davon ab, ob ein Elternteil die Sprache des Partners beherrscht. Ist dies nicht gegeben, wird zu Hause die Umgebungssprache gesprochen (vgl. ebd.: 50). Ein mögliches Beispiel: Der Vater spricht Italienisch, die Mutter spricht Kroatisch, die Familie lebt in Deutschland. Da die Mutter auch das Italienische beherrscht, ist die Familiensprache Italienisch. Ansonsten spricht jedes Elternteil in seiner eigenen Muttersprache mit dem Kind, wenn es mit diesem allein interagiert. Die Umgebungssprache ist monolingual deutsch.

Typ fünf wird NICHTMUTTERSPRACHLICHE ELTERN genannt und bezieht sich auf eine relativ monolinguale Lebenssituation. Die Umgebung ist wie die Eltern monolingual, ein Elternteil spricht in einer Sprache mit dem Kind, die er/sie gut beherrscht, z.B.: Die Eltern sind monolingual deutsch und leben in Deutschland. Die Mutter besitzt gute Kompetenzen im Spanischen (hat z.B. Spanisch studiert und auch lange Zeit in Spanien gelebt) und spricht fast ausschließlich Spanisch mit ihrem Kind. Zur Unterstützung fährt die Familie öfter nach Spanien, pflegt Kontakte zu spanischen Familien und spanischen Institutionen in Deutschland. Der Vater und die Umgebung sprechen Deutsch (vgl. ebd.).

Der sechste Typ wird GEMISCHTE SPRACHEN genannt und ist ausgeprägt bilingual. Beide Elternteile sind bilingual und die Umgebungssprache kann in der gleichen Sprachkombination bilingual ausgeprägt sein. Beide Elterteile sprechen („mischen" nach Romaine, zitiert nach Müller 2007: 50) beide Sprachen mit dem Kind. Dieser Typ kann ganz unterschiedliche Ausprägungen haben. So können die Eltern beispielsweise bilingual sein, jedoch mit nur einer gemeinsamen Sprache, die auch die Umgebungssprache ist, z.B. Der Vater ist mit Portugiesisch und Deutsch in Deutschland aufgewachsen, die Mutter mit Türkisch und Deutsch. Die Familien- und Umgebungssprache ist Deutsch, d.h. das Kind erfährt den stärksten sprachlichen Input in der deutschen Sprache. Unabhängig davon spricht der Vater Portugiesisch und die Mutter Türkisch mit dem Kind.

Denkbar wäre jedoch auch, dass diese Familie in Portugal lebt und das Portugiesische wäre somit die Sprache, die häufiger im Input vorhanden ist. Dieses Modell ähnelt Typ eins, bei dem jedes Elternteil in seiner eigenen Sprache mit dem Kind spricht, mit dem Unterschied, dass die Familiensprache hier Deutsch sein könnte und das Kind folglich drei Sprachen erwirbt: Portugiesisch durch den Vater und die Umgebung, Türkisch durch die Mutter und Deutsch als Familiensprache (ebd.: 51)

Möglich wäre es auch, dass diese Familie in Großbritannien lebt und das Kind u. U. vier Sprachen erwirbt: Portugiesisch durch den Vater, Türkisch durch die Mutter, Deutsch als Familiensprache und Englisch als Umgebungssprache (vgl. ebd.).

Ziel dieses Kapitels war es, die Vielfalt der unterschiedlichen Formen einer zwei- bzw. mehrsprachigen Erziehung aufzuzeigen.

Je nach Blickwinkel ergeben sich verschiedene Betrachtungsweisen auf die jeweilige Form der Zweisprachigkeit. Bei der jeweiligen Begriffsbestimmung spielen das Alter (*bilingualer Erstspracherwerb* vs. *frühe Zweisprachigkeit*), die jeweilige Lernsituation (*simultan* vs. *sukzessiv*) die Struktur und Anwendung der linguistischen Systeme (*koordiniert, gemischt, untergeordnet*), das resultierende Niveau der Sprachbeherrschung in beiden Sprachen (*Semilingualismus, Dominanzbilingualismus, additiver Bilingualismus*) und die unterschiedlichen

Typen der Spracherziehung (sechs Typen nach Romaine 1995, s.o.) eine wesentliche Rolle.

Im folgenden Kapitel werden die Bedingungen, unter denen eine zweite Sprache erworben werden kann, beleuchtet und in Beziehung zu der für diese Forschungsarbeit relevanten zweisprachigen Schülerschaft gesetzt.

2.4 Zweitspracherwerb

Der Erwerb einer zweiten Sprache kann für gewöhnlich unter den unterschiedlichsten Bedingungen erfolgen. Eine zentrale Bedeutung wird u. a. dem Umstand beigemessen, ob die Sprache mit oder ohne Unterricht erworben bzw. erlernt[27] wird (Klein 1992: 28).

Auch wenn unsicher ist, ob diese Unterscheidung den verschiedenen Formen des Zweitspracherwerbs entspricht, kommt ihr eine große praktische Bedeutung zu und wird im Folgenden vorgestellt.

2.4.1 Ungesteuerter Zweitspracherwerb

Der *ungesteuerte Zweitspracherwerb* bezeichnet den Erwerb einer Zweitsprache, der in der alltäglichen Kommunikation erfolgt, und zwar ohne systematische Versuche, diesen Prozess zu steuern (ebd.). Ein typisches Beispiel dafür ist der Zweitspracherwerb eines ausländischen Arbeiters, der ohne Deutschkenntnisse nach Deutschland kommt und sich seine Zweitsprachenkenntnisse durch

---

27 Die Begriffe „erwerben" und „erlernen" werden in der Fachliteratur schon seit Längerem umstritten diskutiert. Krashen (1988), der diese Unterscheidung populär gemacht hat, unterscheidet in seiner „Monitortheorie" zwischen dem Erwerb einer Sprache, d.h. der Aneignung von Sprache in natürlicher und nicht intentional gesteuerter Kommunikation und dem Lernen einer Sprache, d.h. der regelgesteuerten und kontrollierten Aneignung von Sprache. In Deutschland hat diese Unterscheidung in den achtziger Jahren zu einer Debatte zwischen Vertretern der Zweitspracherwerbsforschung (Wode, Felix) und Vertretern der Sprachlehr- und -lernforschung (Bausch, Königs, Götze) geführt. Im Zentrum der Diskussion stand die Frage, inwieweit der Fremdspracherwerb durch Unterricht beeinflussbar ist oder ohne Steuerung „natürlichen" Erwerbsprozessen folgt (vgl. Ahrenholz 2010: 191). Jedoch finden sich in der Forschungsliteratur auch Arbeiten zu impliziten Aneignungsprozessen, die ebenfalls als (nicht intentional gesteuerte) Lernprozesse bezeichnet werden (vgl. Ahrenholz/Oomen-Welke 2010: 10). Im Rahmen dieser Arbeit wird bzgl. der zweisprachig aufwachsenden Schülerschaft vom „Erwerb" des Deutschen als Zweitsprache gesprochen, da dieser Sprachaneignungsprozess in weiten Teilen „ungesteuert" erfolgt (vgl. hierzu auch Kap. 2.4.1). Da im deutschen Sprachgebrauch der Ausdruck „Erwerber" nicht geläufig ist, wird in Anlehnung an die Arbeiten zum Zweitspracherwerb auch von „Lernern" und „Lernersprache" gesprochen.

Kontakte mit seinem sozialen Umfeld aneignet. Die Kinder dieser zugewanderten Familien lernen ihre Zweitsprache auch zunächst „ungesteuert", d.h. ausschließlich auf der Grundlage der in Alltagssituationen gehörten sprachlichen Äußerungen.

Der Lerner befindet sich im ungesteuerten Zweitspracherwerb in einer schwierigen Situation, Klein (1992: 28) spricht in diesem Zusammenhang gar von einer „paradoxen Lage" des Lerners: „Um kommunizieren zu können, muß er die Sprache lernen, und um die Sprache zu lernen, muß er kommunizieren können" (ebd.).

Die Schwierigkeit besteht darin, dass der Lerner im ungesteuerten Zweitspracherwerb zwei Aufgaben gleichzeitig zu bewältigen hat: Erstens muss er sein zur Verfügung stehendes Ausdrucksrepertoire auf sowohl produktiver als auch rezeptiver Ebene optimal nutzen (Kommunikationsaufgabe). Zweitens muss er dieses Repertoire immer näher und besser an die Regeln und Konventionen der Zielsprache anpassen (Lernaufgabe). Die Kommunikationsaufgabe wird als „stabilisierender Faktor" verstanden, da die optimale Nutzung des vorhandenen Ausdrucksrepertoires die Kommunikation erleichtert.

Die Lernaufgabe hingegen bildet einen „dynamischen Faktor" im Zweitspracherwerbsprozess, zumal der Lerner sein vorhandenes Wissen stetig verbessert bzw. reorganisiert und somit den Erwerbsprozess vorantreibt (ebd.).

Ein charakteristisches Merkmal des ungesteuerten Zweitspracherwerbs ist zudem die geringe Fokussierung auf die Sprache selbst: Der Lerner ist in erster Linie daran interessiert, zu verstehen und sich verständlich zu machen, sprich kommunikativen Erfolg zu erzielen.

Eine Reflexion über die formale Richtigkeit der Sprache erfolgt in der Regel nicht, d.h. die „metalinguistische" Komponente ist bzw. wird im ungesteuerten Zweitspracherwerb wenig ausgebildet (ebd.: 29f.).

Der Terminus „ungesteuert"[28] impliziert, dass der Lerner während des Zweitspracherwerbs keinerlei „Steuerung" erfährt, was nicht ganz richtig ist. Denn auch im ungesteuerten Zweitspracherwerb wird gelegentlich „gelehrt", wenn beispielsweise ein Fehler des Lerners explizit korrigiert wird, ihm bestimmte sprachliche Konstruktionen erläutert und ihm die Bezeichnungen für bestimmte Gegenstände genannt werden (ebd.). Dies gilt beispielsweise auch für die Unterrichtung zweisprachig aufwachsender Schülerinnen im (Deutsch-) Unterricht. Eine gewisse „Steuerung" ist zwar vorhanden, zumal diese Kinder

---

28 Für den „ungesteuerten Zweitspracherwerb" gibt es viele andere Bezeichnungen, wie z.B. „natürlicher Zweitspracherwerb" (vgl. Felix 1982) oder „Zweitspracherwerb im sozialen Kontext" etc. (vgl. Klein 1992). Im Rahmen dieser Arbeit wird der Terminus „ungesteuert" beibehalten.

im Unterricht sprachlich unterstützt werden. Dieser Unterricht ist jedoch muttersprachlich deutsch ausgerichtet. Eine Zweitsprachendidaktik, die den Besonderheiten des Erwerbs und der Entwicklung der Zweitsprache gerecht wird und diese systematisch und „gesteuert" vorantreibt, gibt es jedoch in weiten Teilen immer noch nicht.

2.4.2 Gesteuerter Zweitspracherwerb

Der *gesteuerte Zweitspracherwerb* zeichnet sich dadurch aus, dass er durch einen systematischen Sprachunterricht gelenkt wird. Der Spracherwerb wird durch explizites Lehrhandeln und einschlägige Lehr- und Lernmaterialien gezielt beeinflusst (Barkowski/Krumm 2010: 103).

Eine Schwierigkeit, die dabei entsteht, ist die Abgrenzung der Begriffe „Fremdsprache" und „Zweitsprache", da diese Ausdrücke häufig nicht einheitlich verwendet werden. „Mit Fremdsprache ist [...] eine Sprache gemeint, die außerhalb ihres normalen Verwendungsbereichs – gewöhnlich im Unterricht – gelernt und dann nicht neben der Erstsprache zur alltäglichen Kommunikation verwendet wird" (Klein 1992: 31).

Klassische Beispiele hierfür sind der *gesteuerte* Englisch-, Französisch- oder Lateinunterricht in der Schule.

Als Zweitsprache hingegen wird eine Sprache bezeichnet, „die nach oder neben der Erstsprache als zweites Mittel der Kommunikation dient und gewöhnlich in einer sozialen Umgebung erworben wird, in der man sie tatsächlich spricht" (ebd.). Das heißt, die Begriffe Fremd- und Zweitsprache unterscheiden sich v.a. bezüglich der Erwerbssituationen, der kommunikativen Reichweite und der Funktion der Identitätsbildung des Sprachenlerners. Bei der Fremdsprache ist die Notwendigkeit für den Lerner, diese Sprache anzuwenden, auf wenige Unterrichtsstunden pro Woche beschränkt. Zudem laufen die Prozesse der Sozialisation, der Kognition und der Persönlichkeitsbildung weitestgehend außerhalb der Fremdsprache ab.

Der Zweitspracherwerb hingegen kann sowohl außerschulisch und *ungesteuert* als auch in Unterrichtssituationen – in Teilen *gesteuert* – erworben werden. Eine systematische Steuerung beim Erwerb und der Entwicklung der Zweitsprache ist zwar nicht vorhanden, doch erhalten zweisprachig aufwachsende Schülerinnen und Schüler i.d.R. im Spracherwerbsprozess „gewisse" Hilfestellungen, so dass man den muttersprachlich deutschen Regelunterricht auch als „halbgesteuert" bezeichnen könnte (vgl. auch Rösch 2007: 12).

Im Gegensatz zur Fremdsprache ist die Zweitsprache das Kommunikationsmedium der Umwelt, und die Notwendigkeit ihres Gebrauchs ist nicht nur auf wenige Unterrichtsstunden beschränkt, sondern ist in (fast) allen sozialen Situationen außerhalb der Familie gegeben. Die Prozesse schulischer Sozialisation, der unterrichtlichen Kommunikation, des Wissenserwerbs und der Kognition sind an diese zu erlernende Sprache gebunden. Kurzum, die gesellschaftliche Handlungsfähigkeit des Zweitsprachenlerners ist in weiten Teilen von der Beherrschung der Zweitsprache abhängig und erhält damit auch eine wesentliche Funktion bei der Persönlichkeitsbildung (Engin et al. 2004: 15f.).

Die Unterscheidung der Begrifflichkeiten Fremdsprache/Zweitsprache hat gravierende Auswirkungen auf die Gestaltung und Durchführung von Unterricht. Es zeigt sich nämlich, dass Methoden und Verfahrensweisen, die die Fremdsprachendidaktik entwickelt hat, höchstens ansatzweise auf einen Unterricht in Deutsch als Zweitsprache zu übertragen sind (ebd.: 16). Die Schwierigkeit besteht schon allein darin, dass beim Erwerb einer Fremdsprache die Lerner in der Regel alle das gleiche sprachliche Ausgangsniveau mitbringen, was bei Zweitsprachlernern in sprachlich heterogenen Schulklassen in der Regel nicht gegeben ist. So stehen sowohl der Zweitsprachenlehrer als auch die -lerner vor einer besonderen Herausforderung, da zwei unterschiedliche Wege des Spracherwerbs – *ungesteuert* vs. *(halb-)gesteuert* – miteinander verzahnt werden müssen (ebd.).

2.5 Theoretische Annahmen zum Zweitspracherwerb

Die systematische Auseinandersetzung mit der Frage, wie Kinder eine zweite Sprache erwerben, nachdem sie ihre Muttersprache ganz oder teilweise gemeistert hatten, begann zu Beginn der siebziger Jahre. Der Grund für dieses – im Vergleich zum Erstspracherwerb – verspätete Interesse am Zweitspracherwerb ist darauf zurückzuführen, dass der Zweitspracherwerb traditionell dem Gebiet der Fremdsprachenunterrichtsforschung zugeordnet war (Felix 1977: 25). Erst durch das „Entdecken" der zweitsprachlichen Leistungen von Kindern mit Migrationshintergrund, deren Eltern zugewandert waren, sie selbst jedoch im „Gastland" geboren waren, kam es zu einer intensiven Beschäftigung mit dem so genannten „ungesteuerten Zweitspracherwerb" (Klein 1992: 28), der sich in der alltäglichen Kommunikation vollzieht, und zwar ohne systematische Versuche, diesen Prozess zu steuern.

Die Zweitspracherwerbsforschung hat sich erst seit den letzten 20 bis 30 Jahren „international zu einer selbstständigen Disziplin mit eigenen Erkenntnisinteressen und Gegenständen entwickelt" (Henrici/Riemer 2003: 38).

In den achtziger Jahren versuchte man durch mehrere longitudinale Forschungsprojekte herauszufinden, nach welchen Prinzipien Arbeitsimmigranten die grammatische Struktur der Zielsprache Deutsch erwerben und welche Faktoren den Erwerb der Zweitsprache beeinflussen (Lüdi 1996: 321). Neuere Untersuchungen konzentrieren sich auf den gleichzeitigen bzw. sukzessiven Erwerb der Erst- und Zweitsprache der in Deutschland geborenen und zweisprachig aufwachsenden Kinder mit Migrationshintergrund.

Im Folgenden werden die in der angewandten Linguistik entwickelten zentralen Ansätze zum Zweitspracherwerb angeführt. An dieser Stelle soll darauf hingewiesen werden, dass die hier vorgestellten Ansätze in der Forschungsliteratur als „Hypothesen" bezeichnet werden, obwohl es sich dabei im eigentlichen Sinne nicht um Hypothesen handelt, die sich verifizieren oder falsifizieren lassen. Vielmehr geht es um Annahmen oder Lehrmeinungen darüber, wie eine zweite Sprache erworben bzw. gelernt wird und in welchem Zusammenhang sie zur Erstsprache steht (Jeuk 2000: 196f.; Eckhardt 2008: 22f.).

2.5.1 Die Kontrastivhypothese

Die Kontrastivhypothese bildet die älteste Hypothese zum Zweitspracherwerb und geht auf Fries (1945)[29] und Lado (1957) zurück. Dieser Ansatz basiert auf dem behavioristischen Modell eines „input – output"-Verhaltens, das nicht kognitiv gesteuert ist. Spracherwerb wird somit primär auf der Grundlage des äußerlichen Sprachverhaltens („habit formation") beschrieben und erklärt (Bausch/Kasper 1979: 5).

Grundlage der Kontrastivhypothese ist die Annahme, dass der Erwerb der Zweitsprache von der Struktur der bereits vorhandenen Erstsprache bestimmt wird. Gewisse Strukturen der Zweitsprache, die mit den Strukturen der Erstsprache übereinstimmen, werden schnell und leicht gelernt. Das Resultat dieses Transferprozesses wird als „positiver Transfer" bezeichnet (z.B. dt. *Sie wohnt in Köln.* → engl. *She lives in Cologne*).

---

29 Fries (1945) fordert einen sorgfältigen Vergleich der Zweitsprache mit der parallelen Beschreibung der Erstsprache des Lerners, um effektive Unterrichtsmaterialien zu erhalten. Vgl. hierzu auch Oksaar 2003: 98.

Unterschiedliche Strukturen und Regeln in den beiden Sprachen wiederum führen zu Lernschwierigkeiten und Interferenzfehlern, was analog als „negativer" Transfer verstanden wird (z.B. dt. *Sie wohnt seit 1979 in Köln.* → engl. **She lives in Cologne since 1979*). Kontrastive Analysen zwischen Erst- und Zweitsprache geben somit Aufschluss über „Strukturidentitäten" bzw. „Strukturdivergenzen" (ebd.: 6).

Das sprachliche Vorwissen spielt für den Zweitspracherwerb somit eine entscheidende Rolle und die Entwicklungsverläufe im Zweitspracherwerb variieren in Abhängigkeit von der jeweiligen Erstsprache (Kniffka/Siebert-Ott 2009: 34). Vor Lado stellte bereits Weinreich (1953) fest: Je größer der Unterschied zwischen den typologischen Merkmalen der beteiligten Sprachen ist, desto größer sind die Lernschwierigkeiten und die Interferenzmöglichkeiten (Oksaar 2003: 99).

Die Kontrastivhypothese ist in den sechziger Jahren in starke Kritik geraten, bei der die behavioristische Grundannahme in Frage gestellt wurde, nach der der Erwerb einer Zweitsprache maßgeblich von der Struktur der Erstsprache beeinflusst wird. Empirische Untersuchungen konnten die starke Version der Kontrastivhypothese mit ihrem prognostischen Anspruch (Interferenzen bzw. positiver Transfer) bereits in den siebziger Jahren widerlegen. Die Annahme, dass Strukturunterschiede zwangsläufig zu Lernschwierigkeiten in der Zweitsprache führen, ist falsch (Bausch/Kasper 1979: 7). Es konnte gezeigt werden, dass Lernschwierigkeiten auch Vermeidungsverhalten zur Folge haben können und sich nicht zwangsläufig in Interferenzen zeigen müssen (Bausch/Kasper 1979: 6ff.; Oksaar 2003: 98ff.).

Den Zweitspracherwerb auf die Imitation erstsprachlicher Strukturen zu reduzieren, greift demnach zu kurz und wird laut Grießhaber (2002) der Dynamik und Komplexität des Zweitspracherwerbsprozesses nicht gerecht (vgl. Eckhardt 2008: 23).

Oksaar (2003: 99) kritisiert zudem die „Gleichsetzung von linguistischen Strukturunterschieden mit psychologisch bedingten Prozessen wie Transfer/ Interferenz, verbunden mit dem Versuch, aus diesen Lernschwierigkeiten bzw. Lernerleichterung vorauszusagen". In diesem Zusammenhang macht er darauf aufmerksam, dass nicht nur Kontraste zwischen Erst- und Zweitsprache zu Lernschwierigkeiten führen können, sondern dass gerade da Lernschwierigkeiten auftreten können, wo die Strukturen in Erst- und Zweitsprache ähnlich sind (ebd.: 99f.).

Wode (1988: 116) führt an, dass die Kontrastivhypothese als Lerntheorie ungeeignet ist und die kontrastive Analyse vielmehr als linguistische Methode betrachtet werden muss, mit deren Hilfe Unterschiede und Gemeinsamkeiten zwischen den Sprachen aufgezeigt werden können, was sowohl für spracherwerbliche als auch für fremdsprachendidaktische Zwecke von Nutzen ist.

Als Reaktion auf die Kritik an der starken Version der Kontrastivhypothese entwickelte sich eine schwächere Variante des Ansatzes, bei der der interlinguale Prozess des Transfers erhalten bleibt, jedoch auch intralinguale Interferenzen (Übergeneralisierungen) berücksichtigt werden. Der Kontrastivansatz geht zwar weiterhin von Transfer- und Interferenzprozessen beim Zweitspracherwerb aus, verzichtet jedoch auf den Anspruch, interlinguale Interferenzen prognostizieren zu können. Die Konzentration liegt jetzt vielmehr auf der nachträglichen Erklärung fehlerhafter Konstruktionen durch strukturelle Sprachunterschiede (Bausch/Kasper 1979: 8).

Dennoch lässt sich festhalten, dass die Kontrastivhypothese in der didaktischen Diskussion über den fremdsprachlichen Unterricht eine wesentliche Rolle gespielt hat. Die Vielzahl an kontrastiven Grammatiken, die in den letzten Jahren entstanden sind, belegen dies (Glück 1985: 36). So räumt auch Oksaar (2003: 96) ein, dass sich die Funktion kontrastiver Analysen in der Zweitspracherwerbsforschung trotz aller Kritik bis heute bewährt hat und dass bei Verschiedenheiten eine differenzierte Betrachtung der Teilsysteme und ihrer Domänen von Bedeutung ist (Oksaar 2003: 99).

2.5.2 Die Identitätshypothese

Die Identitätshypothese wurde von Corder (1967) entwickelt und durch die Untersuchungen von Dulay und Burt (1974) bekannt. Dieser Ansatz geht davon aus, dass der Erwerb einer zweiten Sprache prinzipiell identisch zum Erstspracherwerb verläuft. In Anlehnung an Chomskys nativistische Position einer genetisch angelegten Sprachfähigkeit entwickelten sie die These, dass der Lerner sowohl im Erst- als auch im Zweitspracherwerbsprozess angeborene mentale Prozesse aktiviert. Diese bewirken, dass die zweitsprachlichen Strukturen in der gleichen Weise und Abfolge erworben werden wie die erstsprachlichen. Der Zweitspracherwerb wird somit als eine Replikation des Erstspracherwerbs angesehen, der „autonom" nach „universalen" Prozessen verläuft (Zydatiß 1990: 51).

Entgegen der Kontrastivhypothese wird davon ausgegangen, dass nur ein geringer Teil der Fehler, die Lerner in der Zweitsprache machen, auf den Sprachkontrast zurückzuführen ist. Vielmehr werden Entwicklungssequenzen im Zweitspracherwerbsprozess durch die Struktur der Zweitsprache und nicht durch die der Erstsprache gesteuert. Das wiederum bedeutet, dass die Struktur der Zielsprache für die Fehler im Lernprozess entscheidend bzw. verantwortlich ist. Die an den Lerner herangetragenen sprachlichen Daten (*input*) werden von diesem filtriert, je nachdem, auf welcher Entwicklungsstufe er sich befindet und welche Daten er innerhalb seines Lernprozesses aufnehmen und verarbeiten kann (*intake*).

Die vom Lerner aufgenommenen Sprachdaten leiten ihn zur Hypothesenbildung über das Regelsystem der Zweitsprache an. Diese Hypothesen werden ständig modifiziert, so dass sich seine „Übergangskompetenz" (*transitional competence*) immer weiter an die Zielnorm der Zweitsprache anpasst (Bausch/Kasper 1979: 9). Dulay und Burt sprechen in diesem Zusammenhang auch von „creative construction", die wie folgt definiert wird (Bausch/Kasper 1979: 9):

> „Creative construction" in language acquisition refers to the process by which learners gradually reconstruct rules for speech they hear, guided by innate mechanisms which cause them to formulate certain types of hypotheses about the language system being acquired, until the mismatch between what they are exposed to and what they produce is resolved. (Dulay/Burt 1977: 97, zitiert in ebd.: 10)

Die Identitätshypothese fand in den siebziger Jahren viele Anhänger, die denselben Verlauf von Spracherwerbsprozessen aufgrund ihrer empirischen Forschungsergebnisse belegen konnten.[30] Diese konzentrierten sich jedoch primär auf morphosyntaktische Daten, weshalb sie auf heftigen Widerspruch gestoßen sind. So kritisiert Zydatiß (1990) die bei diesem Ansatz untergeordnete Bedeutung sprachkontextueller und lernexterner Faktoren und weist darauf hin, dass „die Einengung auf morphosyntaktische Daten als Hypothesen- und Erklärungspotential für *generelle* Aussagen zum ZSE nicht angemessen erscheint" (Zydatiß 1990: 52).

Insbesondere Felix (1977, 1982) und Wode (1978, 1981) sind als Vertreter der Identitätshypothese anzusehen. Jedoch beschäftigen sie sich auch in ihren Studien primär mit dem Erwerb grammatischer Erscheinungen, vor allem der Negation und Interrogation. Lexikalische und textuelle Phänome werden in ihrer semantischen und pragmatischen Dimension kaum erfasst (ebd.).

Die mitunter größte Kritik erfuhr die Identitätshypothese durch den Ausschluss erstsprachlichen Transfers als relevanten Zweitspracherwerbspro-

---

30 Validiert wurde die Identitätshypothese u. a. von Ravem (1974a); Huang (1971); Milon (1974); Fathman (1975); Hernández-Chávez (1977); Bailey/Madden/Krashen (1974); Larsen-Freeman (1975/1976); Cook (1973).
Zu den Einzelheiten der Forschungsergebnisse vgl. hierzu zusammenfassend Bausch/Kasper 1979: 10.

zess. Eine zunehmende Zahl von Forschern[31] vertritt die Auffassung, dass der Ausschluss erstsprachlichen Transfers empirisch nicht belegbar ist (Bausch/Kasper 1979: 12). Während im behavioristischen Ansatz der Erstsprache im Zweitspracherwerbsprozess eine zentrale Bedeutung zukommt, findet der Zusammenhang zwischen Erst- und Zweitsprache bei der Identitätshypothese keine Beachtung.

Sowohl Oksaar (2003) als auch Grießhaber (2002) weisen jedoch darauf hin, dass die Ergebnisse vieler Studien, die zur Bestätigung der Identitätshypothese herangezogen wurden, einen Bezug zwischen Erst- und Zweitsprache nicht ausschließen. Kritisiert wurde daher, dass Forschungsergebnisse, die für den Einfluss der Erstsprache auf den Erwerb der Zweitsprache sprechen könnten, von Vertretern der Identitätshypothese schlichtweg nicht beachtet werden (Eckhardt 2008: 24; vgl. auch Bausch/Kasper 1979: 11).

List (2003) führt aus sprachpsychologischer Perspektive an, dass die Prozesse, die sich beim Erstspracherwerb vollziehen, beim Erwerb weiterer Sprachen nicht wiederholbar seien: „[...] denn Kinder verändern gerade durch den ersten Spracherwerb ihren Zugriff auf Informationen fast aller Art, so dass Lernen danach grundsätzlich anders organisiert wird" (List 2003: 28).

So wehrt sich auch Oksaar (2003) entschieden gegen eine Gleichsetzung von Erst- und Zweitspracherwerb. Ein grundlegender Unterschied besteht seiner Ansicht nach bereits schon darin, dass ein Kind die Erstsprache ohne jegliche sprachliche Vorerfahrungen erwirbt:

> Es muss das Sprach- und Sprechvermögen erst lernen, d.h. auch die Fähigkeit, die im *Sprechen* verankert ist, während dies beim Zweitspracherwerb schon vorhanden ist. Das Kind macht dabei die *erste* Erfahrung mit der Strukturierung der umgebenden Welt durch eine Sprache und mit der Sprachverwendung, es erwirbt zusammen mit den sprachlichen Mitteln auch stets neue Denkkategorien. Beim Zweitspracherwerb lernen aber Kinder und Erwachsene neue sprachliche Ausdrucksmöglichkeiten für gedanklich vertraute Sphären. (Oksaar 2003: 108)

Die starke Version der Identitätshypothese konnte somit nicht aufrecht erhalten werden. Daher wurde vorgeschlagen, die Identitätshypothese in eine „schwache" Variante zu modifizieren, die sich lediglich auf die Annahme universaler linguistischer Fähigkeiten beschränkt, jedoch auf die Annahme einheitlicher Erwerbssequenzen beim Erst- und Zweitspracherwerb verzichtet. Es wird

---

31 u.a. Tarone (1974); Taylor (1975a, b); González-Mena Lococo (1976); Wode/Bahns/Bedey/Frank (1977); Ravem (1978); Butterwoth/Hatch (1978); Shapira (1978). Vgl. hierzu Bausch/Kasper (1979: 12). Vgl. auch Oksaar (2003).

folglich von einer Identität des Erst- und Zweitspracherwerbs „in wesentlichen Zügen" ausgegangen. In welchen Bereichen diese Übereinstimmung existiert und wo die Ursachen hierfür liegen, muss noch geklärt werden (Klein 1992: 37). Auch die Frage, inwieweit „sprachliche Aneignungsprozesse im Erst- und Zweitspracherwerb [...] durch identische Prozesse gesteuert werden", ist in der Zweitspracherwerbsforschung noch nicht beantwortet (Kniffka/Siebert-Ott 2007: 35).

2.5.3 Die Interlanguagehypothese

Die Interlanguagehypothese wurde 1972 erstmals von Selinker formuliert[32] und betrachtet den ungesteuerten Zweitspracherwerb als sekundären bzw. zweiten Spracherwerb, der im Kindergarten-, Schul- oder auch im Erwachsenenalter erfolgt (Rösch 2001: 12).

Selinker geht davon aus, dass sich während des Zweitspracherwerbs ein spezifisches Sprachsystem – die so genannte „Lernersprache" (*Interlanguage*) – herausbildet, die beim Erlernen der zweiten Sprache als drittes System neben Erst- und Zweitsprache besteht.

Der Zweitspracherwerb vollzieht sich laut dieser Hypothese als eine Reihe von Übergängen von einer *Interlanguage* zur anderen, wobei sich diese in den günstigsten Fällen dem System der Zielsprache annähern. Die dabei erreichten Zwischenphasen zeichnen sich durch große Flexibilität aus, die „Züge von Grund- und Zweitsprache sowie eigenständige, von Grund- und Zweitsprache unabhängige sprachliche Merkmale aufweisen" (Bausch/Kasper 1979: 15):

> [...] second-language speech rarely conforms to what one expects native speakers of the TL [target language] to produce, that it is not an exact translation of the NL [native language], that it differs from the TL in systematic ways, and that the forms of the utterances produced in the second language by a learner are not random. This IL hypothesis proposes that the relevant data of a theory of second-language learning must be the speech forms

---

32   Nach Bausch/Kasper (1978) wurde der Begriff „Interlanguage" zuerst von Reinecke 1935 in Bezug auf das hawaiianische *Pidgin* geprägt und wurde in seiner heutigen Bedeutung von Selinker (1969 und insbesondere 1972) in die Zweitspracherwerbsforschung eingeführt. In diesem Zusammenhang – wenn auch im Rahmen teils unterschiedlicher theoretischer Kontexte – verwenden andere Forscher die Begriffe *transitional competence* (Corder 1967), *idiosyncratic dialect* (Corder 1971), *approximative system* (Nemser 1971), *compromise system* (Filipović 1972), *learner language* (Richards/Sampson 1974), *Interimsprache* (Raabe 1974; Bausch/Raabe 1978), *Lernersprache* (Lauerbach 1977; Kielhöfer/Börnder 1979) u. a. Vgl. hierzu detailliert Bausch/Kasper 1978: 15.

which result from the attempted expression of meaning in a second language. (Selinker/Swain/Dumas 1975: 140, zitiert in Bausch/Kasper 1979: 15)

Als eines der wesentlichsten Merkmale der *Interlanguages* führt Selinker die „Fossilierung" an, die auftritt, wenn die Lernenden in einem bestimmten (oder mehreren) Bereich(en) keine sprachlichen Lernfortschritte mehr machen, obwohl ihre Äußerungen den Normen der Zweitsprache nicht entsprechen:

> Fossilized linguistic phenomena are linguistic items, rules, and subsystems which speakers of a particular NL [native language] will tend to keep in their IL [Interlanguage] relative to a particular TL [target language], no matter what the age of the learner or amount of explanation and instruction he receives in the TL. [...] fossilizable structures tend to remain as potential performance, reemerging in the productive performance of an IL even when seemingly eradicated. (Selinker 1972: 215)

Der Zweitsprachenlerner verharrt somit auf einem bestimmten Kompetenzniveau, das ihm für seine kommunikativen Zwecke genügt (vgl. Zydatiß 1990: 56f.). Damit wird auch erklärt, warum viele Lerner nach einer bestimmten Zeit, insbesondere wenn sie ein für sich akzeptables Niveau in der Zweitsprache erreicht haben, die Motivation verlieren, sprachliche – insbesondere grammatische – Perfektion zu erlangen (vgl. Jeuk 2010: 34).

In Bezug auf ältere Arbeitsmigranten wird beim Phänomen der Fossilierung auch von *Pidginierung* gesprochen, da die Lernersprachen bzw. -varietäten strukturell betrachtet viele Eigenschaften von Pidginsprachen aufweisen (Klein 1992: 41).[33]

Der Zweitspracherwerbsprozess wird somit als dynamischer Prozess mit Freiräumen für sprachliche Variabilität in der Entwicklung der Zweitsprache verstanden. Die *Interlanguages* sind nach Selinker durch fünf zentrale psycholinguistische Prozesse gekennzeichnet (Selinker 1972: 215; Vogel 1990: 27):

- *language transfer*
- *transfer of training*
- *strategies of second language learning*
- *strategies of second language communication*
- *overgeneralization of target language material*

---

33 Vgl. in diesem Zusammenhang auch Glück (1985: 35), der darauf hinweist, dass in diesem Kontext auch die Bezeichnung „Gastarbeiterdeutsch" häufig auftaucht.

Language transfer sind Übertragungen aus der Grund- bzw. Erstsprache auf die Zweitsprache. In diesem Zusammenhang verweisen andere Autoren auf weitere Zweitsprachen als Transferquellen, „die vom Lerner dann aktualisiert werden, wenn er z.B. die Ähnlichkeit zwischen einer ersten Zweitsprache und einer zweiten Zweitsprache als stärker wahrnimmt als die zwischen der Grundsprache und der zweiten Zweitsprache" (Bausch/Kasper 1979: 16)[34]. Ein deutscher Lerner des Italienischen als zweite romanische Fremdsprache wird eher das Französische als Transferquelle wählen als die deutsche oder englische Sprache (ebd.).

Transfer of training entsteht, wenn durch ungeeignete Lehrmaterialien, Übungen, Regeln etc. im Fremdsprachenunterricht Fehler hervorgerufen werden. Nach Corder (1973) bilden durch *transfer of training* verursachte Fehler die einzige Kategorie redundanter Fehler, da ihnen im Lernprozess selbst wohl keine Bedeutung zukommt (ebd.: 16f.).[35]

Die *strategies of second language learning* umfassen Elemente des zweitsprachlichen bzw. *Interlanguage*-Regelbildungsprozesses, die der Lerner systematisch zur Bildung, Überprüfung und Revision von Hypothesen über die Zweitsprache einsetzt (ebd.: 17): „[...] the mental processes whereby a learner creates for himself or discovers a language system underlying the data he is exposed to" (Corder 1977: 12, zitiert in ebd.).

Viele Autoren betrachten in diesem Zusammenhang die *Simplifizierung* als die wichtigste Lernstrategie, wohingegen v.a. Corder (1977) diese ablehnt und die Konzeption des Zweitspracherwerbsprozesses als *Komplexierung* darstellt (Bausch/Kasper 1979: 17).

Die *strategies of second language communication* repräsentieren

> [...] a systematic attempt by the learner to express or decode meaning in the target language, in situations where the appropriate systematic target language rules have not been formed Tarone/Cohen/Dumas (1976: 18), zitiert in ebd.).[36]

Diese empirisch erfassten Kommunikationsstrategien werden in weitere Strategien untergliedert. Unterschieden werden unter anderem Reduktionsstrategien (*formal/functional reduction strategies*), um kommunikative Aufgaben zu be-

---

34 Vgl. hierzu auch den Verweis auf Kellermann (1977) und Ringbom/Palmberg (1976) in Bausch/Kasper 1979: 16.

35 Die durch *transfer of training* induzierten Fehler werden in der Forschungsliteratur auch als „induced errors" bezeichnet. Vgl. hierzu Bausch/Kasper 1979: 16, die u. a. auf Stenson (1975); Richards (1974b); George (1972); Jaim (1974); Fathman (1977) verweisen.

36 Vgl. hierzu auch den Verweis auf Tarone/Frauenfelder/Selinker (1976: 100) in Bausch/Kasper 1979: 17.

wältigen, und *achievement strategies*, um Kommunikationsprobleme durch eine Erweiterung kommunikativer Ressourcen (z.B. *code-switching, language switch, borrowing, circumlocution*) zu lösen.[37] Diesen Strategien wird eine eigene Systematik zugeschrieben, d.h. dass sie eigenständig und konstruktiv zum Spracherwerb beitragen (vgl. Gass/Selinker 2001 und Eckhardt 2008: 26).

Obwohl Selinkers Modellierung der Lernersprache auf der Basis dieser fünf Prozesse in der Zweitspracherwerbsforschung große Anerkennung gefunden hat, wurden einige Aspekte auch kritisch diskutiert: Vogel (1990) beschreibt Selinkers Ausführungen als „methodisch ungenau", „inhaltlich widersprüchlich und daher terminologisch unklar" (Vogel 1990: 27).

Die Begriffe *Prozess* und *Strategie* würden arbiträr und unpräzise definiert verwendet werden. So sei beispielsweise unklar, ob Simplifizierung und Übergeneralisierung Lern- oder Kommunikationsstrategien darstellen. Ferner sei die Trennung bzw. Gleichsetzung von Vorgängen des Lernens und der Kommunikation nicht ausreichend.

Des Weiteren kritisiert Vogel Selinkers Gleichsetzung von Strategien mit linguistischen Regeln und die Beschreibung der Lernersprache aus der Perspektive des Analysators und nicht aus der des Lerners. Vogel schlägt daher eine neuere und vollständigere Perspektivierung von Lernersprachen vor, indem er die Lernersprache aus linguistischer, systemlinguistischer und psycholinguistischer Sicht betrachtet.[38]

Oksaar führt u.a. an, dass es Langzeituntersuchungen bedarf, um Variationen der Lernersprachen genau zu definieren, sowie dass im Rahmen kommunikativer Strategien auf nonverbale und paralinguistische Strategien kaum eingegangen wird (Oksaar 2003: 116).

Trotz aller Kritik – insbesondere hinsichtlich des methodischen Vorgehens und der Unschärfe der Begrifflichkeiten – findet die Interlanguagehypothese in der Zweitspracherwerbsforschung eine breite Akzeptanz[39], da sie der Komplexität des Zweitspracherwerbsprozesses am ehesten gerecht wird (Eckhardt 2008: 26).

---

37 Zur Untergliederung der Kommunikationsstrategien vgl. Bausch/Kasper (1979: 17-20).
38 Vgl. hierzu Vogels gleichnamige Monographie *Lernersprache* (1990), dabei insbesondere Kapitel 2.
39 Vgl. hierzu de Angelis (2005), Jung (2004); Lin (2003); Reinfried (1998), aufgeführt in Eckhardt (2008: 26).

2.5.4 Die Schwellenniveau- und Interdependenzhypothese

In der wissenschaftlichen Diskussion über den Einfluss der Erstsprache auf die Zweitsprache werden die *Schwellenniveauhypothese* und die *Interdependenzhypothese* immer wieder herangezogen (Caprez-Krompàk 2010: 60). Beide Hypothesen basieren auf den Forschungsergebnissen der UNESCO-Studie von Skutnaab-Kangas und Toukomaa (1976).

Die Ergebnisse ihrer Untersuchung machen deutlich, dass finnische, in Schweden die Schule besuchende Migrantenkinder, die vor ihrer Integration mehrere Jahre in ihrem Herkunftsland Finnland am Schulunterricht teilnahmen, in Schwedisch ein höheres sprachliches Niveau aufwiesen als finnische Schülerinnen und Schüler, die nur in Schweden beschult worden waren (Skutnaab-Kangas/Toukomaa 1976: 77ff.).

Das heißt, dass diejenigen Kinder, deren Erstsprache beim ersten Kontakt mit der Zweitsprache ausreichend entwickelt ist, auch in der Zweitsprache eine höhere sprachliche Kompetenz erreichen werden. Wenn Kinder jedoch sehr früh mit einer anderen Sprache konfrontiert werden und dabei die Entwicklung bzw. Förderung der Erstsprache außer Acht gelassen wird, entwickeln sie ihre Fähigkeiten in der Erstsprache nur sehr langsam oder kaum.

Die Ergebnisse der UNESCO-Studie und die damit einhergehenden widersprüchlichen Befunde in Bezug auf den Erfolg bilingualer Schulprogramme („Immersions- und Submersionsprogramme")[40] veranlassten das Forschungsteam dazu, verschiedene Typen von Zweisprachigkeit zu definieren, die von Cummins (1979) in seiner *Schwellenniveauhypothese* (*threshold hypothesis*) festgehalten werden.

Die unterschiedlichen Grade der Beherrschung der Erst- und Zweitsprache bilden Cummins' Annahme zufolge verschiedene Typen von Zweisprachig-

---

40 Immersionsprogramme finden sich überwiegend in bilingualen Ländern wie z.B. Kanada. Hierbei werden einsprachige Kinder, deren Erstsprache i.d.R. ein hohes Ansehen hat, in einer ihnen fremden Zweitsprache wie z.B. Englisch bzw. Französisch unterrichtet. Die Lehrkräfte beherrschen beide Sprachen, wodurch erstens die Verständigung gewährleistet ist und zweitens die Entwicklung der Erstsprache nicht behindert wird. Die Schülerinnen und Schüler werden folglich zum einen in der Zweit- und zum anderen in ihrer Erstsprache unterrichtet.
In Submersionsprogrammen (auch „schwimm- oder ertrink"-Prinzip genannt) werden zweisprachige Kinder mit Migrationshintergrund und einsprachige „native speakers" gemeinsam in der Zielsprache (Sprache der Gesellschaft) unterrichtet. Die Unterrichtsinhalte werden ausschließlich in der Zweitsprache vermittelt, ohne dass die Erstsprache der Lernenden berücksichtigt und anerkannt wird. In Deutschland wird die Mehrzahl der Kinder mit Migrationshintergrund (deren Erstsprachen keinen hohen Status haben) in deutschsprachigen Regelklassen unterrichtet und damit unter Submersionsbedingungen beschult (vgl. hierzu Barkowski/Krumm 2010: 324).

keit, die wiederum verschiedene kognitive Auswirkungen haben können. Im Folgenden werden die verschiedenen Bilingualismustypen nach Cummins graphisch dargestellt und in einem weiteren Schritt erläutert.

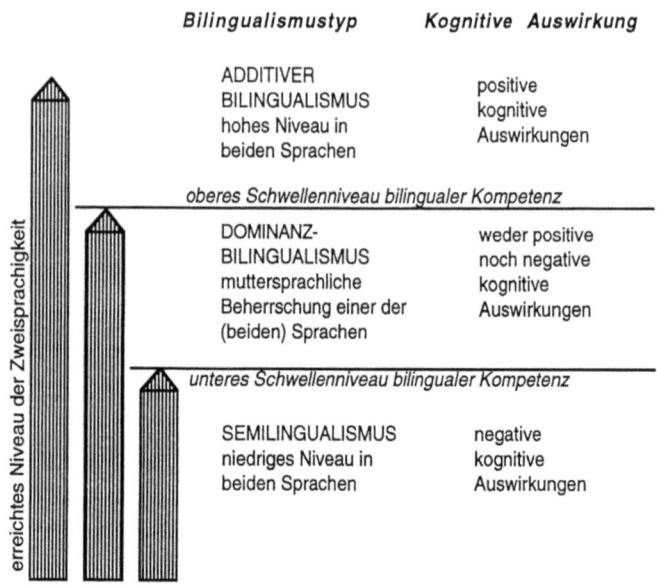

Abbildung 1:   Schwellenmodell der bilingualen Kompetenz nach Cummins[41]

In seiner Schwellenniveauhypothese formuliert Cummins, dass es zwei Schwellen bilingualer Kompetenz gibt. Er geht davon aus, dass zunächst eine ausreichende Kompetenz in der Erstsprache erreicht werden muss, bevor der Erwerb einer zweiten Sprache einen positiven Einfluss auf die intellektuelle Entwicklung des Kindes haben kann. Wird das untere Schwellenniveau erreicht, werden negative Auswirkungen auf die kognitive Entwicklung des Kindes vermieden. Wenn das untere Schwellenniveau nicht überschritten wird, muss mit einer „doppelten Halbsprachigkeit"[42] bzw. „Semilingualismus" gerechnet werden, d.h., dass das zweisprachige Kind über geringe Kenntnisse in beiden Sprachen verfügt und seine rezeptive und produktive Interaktion mit der Umwelt sehr eingeschränkt ist (Cummins 1984: 193). Dieser sprachlich „verarmte" Zu-

---

41   Abbildung entnommen aus Boeckmann 1997: 37.
42   Der Begriff „doppelte Halbsprachigkeit" hat durch den finnischen Linguisten Hansegård (1968) als „halvspråkighet" Eingang in die Literatur gefunden (Fthenakis et al. 1985: 37).

stand zieht negative kognitive Auswirkungen nach sich und führt folglich auch zu großen Schwierigkeiten im Bereich der schulischen Leistungen:

> Negative cognitive and academic effects are hypothesized to result from low levels of competence in both languages or what Scandinavian researchers (e.g. Hansegard, 1967; Skutnabb-Kangas & Toukomaa, 1976) have termed "semilingualism" or "double semilingualism" … Essentially, the lower threshold level of bilingual competence proposes that bilingual children's competence in a language may be sufficiently weak to impair the quality of their interaction with the educational environment through that language. (Cummins 1979b: 230)

Bewegen sich die erstsprachlichen Fähigkeiten des Kindes beim ersten Kontakt mit der Zweitsprache zwischen den beiden Schwellen, wird eine muttersprachliche Kompetenz in nur einer Sprache erreicht („Dominanzbilingualismus"). Diese einseitige Zweisprachigkeit wirkt sich weder positiv noch negativ auf die intellektuelle Entwicklung des Kindes aus.

Die Überschreitung der zweiten Schwelle führt zu einer hohen bzw. muttersprachlichen Kompetenz in beiden Sprachen („Additiver Bilingualismus") und ermöglicht positive kognitive Effekte (ebd.).

Das Phänomen der „doppelten Halbsprachigkeit" wurde erstmals in den sechziger Jahren von dem finnischen Linguisten Hansegård (1968) beschrieben. Damit bezog er sich auf seine Beobachtungen mit finnischen Kindern, die in Schweden die schwedische Schule besuchten und eine mangelnde Sprachkompetenz sowohl im Schwedischen als auch im Finnischen aufwiesen (Kracht 2000: 135). Unter „doppelter Halbsprachigkeit" wird dementsprechend eine mangelnde Beherrschung sowohl der Mutter- als auch der Zweitsprache im Vergleich zur Sprachbeherrschung eines Einsprachigen verstanden. Das Phänomen wurde vor allem von Skutnabb-Kangas und Toukomaa (1976) und Cummins (1976) weiter untersucht.[43] Ihre Ergebnisse sollten zu einer Aufhebung der mangelnden Bildungssituation der Migrantenkinder verhelfen, um diesen Kindern eine erfolgreiche gesellschaftliche Teilnahme zu ermöglichen. Als zuständig dafür wurde und wird auch heute insbesondere das Bildungssystem erachtet, das so organisiert sein muss, dass diesen Kindern die faire Chance ge-

---

43 Skutnabb-Kangas und Hansegård sahen das Phänomen des „Semilingualismus" weniger als ein linguistisches Problem an; vielmehr deklarierten sie es als ein politisches Problem, indem sie sich dadurch gegen die Vernachlässigung der Muttersprache von Migrantenkindern im öffentlichen Schulwesen und der damit verbundenen politischen und gesellschaftlichen Ausgrenzung von Migrantenkindern aussprachen.

geben wird, eine Sprachbeherrschung vergleichbar der eines Monolingualen zu erreichen.

Cummins fordert daher eine zweisprachige Erziehung, die entweder auf dem Prinzip der Koordination beider Sprachen basiert, d.h. dass die Kinder beide Sprachen nebeneinander durch eine personen- oder situationsgebundene Sprachtrennung erwerben, oder dem Prinzip einer kombinierten Spracherziehung folgt, der einem bewussten Umgang mit Sprachunterschieden bzw. Interferenzen unterliegt. Da zweisprachig aufwachsende Kinder mit Migrationshintergrund von der Gefahr, einer „doppelten Halbsprachigkeit" zu unterliegen, besonders stark betroffen sind, wird in der Regel die enge Verbindung zwischen beiden Sprachen einem Nebeneinander vorgezogen.

Um die Art der Abhängigkeit beider Sprachen näher zu bestimmen, formulierte Cummins im Hinblick auf einen sukzessiv erfolgenden Zweitspracherwerb die Interdependenzhypothese (*developmental interdependence hypothesis*, 1979a). Cummins geht davon aus, dass das sprachliche Niveau in der Erstsprache zum Zeitpunkt des Zweitspracherwerbs ausschlaggebend sei für den Erfolg bzw. Misserfolg beim Erwerb und der Entwicklung der Zweitsprache.

> [...] the level of L2 competence which a bilingual child attains is partially a function of the type of competence the child has developed in L1 at the time when intensive exposure to L2 begins. (Cummins 1979a: 233)

Cummins konzentriert sich dabei insbesondere auf die Konsequenzen für den schulischen Bildungserfolg zweisprachiger Schüler. Er geht davon aus, dass ein hohes Kompetenzniveau in der Zweitsprache erlangt werden kann, wenn die Entwicklung der Erstsprache, insbesondere der Gebrauch gewisser für den Schulbesuch relevanter Funktionen der Sprache intensiv gefördert werden. Das hohe Kompetenzniveau in der Erstsprache ermöglicht Cummins' Annahme zufolge ein ähnlich hohes in der Zweitsprache. Wenn jedoch die sprachlichen Fertigkeiten in der Erstsprache nicht gut entwickelt sind und die sprachliche Erziehung in den ersten Jahren nur in der Zweitsprache stattfindet, wird die Entwicklung der Erstsprache aufgehalten, was wiederum einschränkende Auswirkungen auf den Zweitspracherwerb hat (Boeckmann 1997: 36):

> When the usage of certain functions of language and the development of L1 vocabulary and concepts are strongly promoted by the child's linguistic environment outside of school [...], then intensive exposure to L2 is likely to result in high levels of L2 competence at no cost to L1 competence. The initially high level of L1 development makes possible the development of similar levels of competence in L2. However, for children whose L1 skills are less well developed in certain respects, intensive exposure to L2 in the initi-

al grades is likely to impede the continued development of L1. This will, in turn, exert a limiting effect on the development of L2. In short, the hypothesis proposes that there is an interaction between the language of instruction and the type of competence the child has developed in his L1 prior to school. (Cummins 1979a: 233)

Diese Abhängigkeit sieht Cummins insbesondere durch die Untersuchungen von Skutnaab-Kangas und Toukomaa (1976) als bestätigt an.

Cummins unterscheidet dabei zwei Formen der Sprachbeherrschung: Die *basic interpersonal communicative skills* (BICS) sind grundlegende alltagssprachliche Fertigkeiten der mündlichen Kommunikation und bezeichnen die Fähigkeit, konzeptionell mündliche Äußerungen produzieren zu können. Diese Kommunikationsform zeichnet sich durch ihren informellen Kontext und die raumzeitliche und emotionale Nähe der Kommunikationspartner aus. Die BICS sind keine ausreichende Voraussetzung für erfolgreiches Lernen in schulischen Einrichtungen. In Bezug auf die BICS kommt es häufig zu Fehleinschätzungen: Bei Schülerinnen und Schülern, die ihre mündlichen alltagssprachlichen Fertigkeiten auf muttersprachlichem Niveau beherrschen, wird davon ausgegangen, dass auch ihre schrift- und fachsprachlichen Kompetenzen im Bereich der sog. Bildungssprache eine altersentsprechende Stufe erreicht haben. Diese Bildungssprache bezeichnet Cummins (1979) als *cognitive academic language proficiency* (CALP)[44], die Fähigkeit, Sprache als kognitives Werkzeug zu gebrauchen und somit maßgeblich für schulischen Erfolg ist.

Die Unterscheidung zwischen schrift- und fachsprachlichen Kompetenzen (CALP) und alltagssprachlichen Kommunikationsfähigkeiten (BICS) sind für den schulischen Zweitspracherwerb daher von entscheidender Bedeutung: Forschungen haben ergeben, dass die Entwicklung einer altersangemessenen CALP-Kompetenz durchschnittlich fünf bis sieben Jahre in Anspruch nimmt. Die zeitlich notwendige Erwerbsdauer, die gerade bei jüngeren Schülerinnen und Schüler aufgrund nicht gefestigter Kompetenzen in der Herkunftssprache länger andauert und über den Zeitpunkt hinausreicht, indem Schullaufbahnentscheidungen erfolgen, wird häufig nicht berücksichtigt. Das erreichte CALP-Niveau korreliert in hohem Maße mit dem erreichbaren Niveau in der Zweitsprache. Können solche übertragbaren Fähigkeiten aufgrund eines frühen Zweitspracherwerbs – bei gleichzeitiger Vernachlässigung der Erstsprache – nicht oder nur sehr verzögert ausgebildet werden, beeinträchtigt dies den Zweitspracherwerb. Aus der langen Entwicklungszeit von CALP ergibt sich da-

---

44   Vgl. hierzu auch Skutnaab-Kangas (1981).

her als Konsequenz, die Wissensvermittlung nicht nur auf die Zweitsprache zu konzentrieren, sondern auch die Erstsprache zu nutzen (Ott 2006: 91f.).

Cummins geht somit davon aus, dass für die kognitive und intellektuelle Entwicklung eines zweisprachig aufwachsenden Kindes und den damit verbundenen schulischen Bildungserfolg das Niveau beider Sprachen ausschlaggebend ist.

Cummins' Ausführungen zum Erst- und Zweitspracherwerb wurden einer breiten Kritik unterzogen.[45] Im Mittelpunkt der Kritik stand der nicht konkret genug dargestellte Zusammenhang zwischen Sprache und Kognition, der kaum berücksichtigte Aspekt des Alters und die ungenaue Bestimmung der Schwellenniveaus (vgl. hierzu auch Rapti 2004: 53).

Knapp (1997) kritisiert Cummins' Forderung nach einer koordinierten Spracherziehung, bei der der muttersprachliche Unterricht den Zweitspracherwerb unterstützen und somit eine „doppelte Halbsprachigkeit" verhindert werden soll. Knapp schließt den positiven Effekt des muttersprachlichen Unterrichts nicht aus, regt jedoch an, auch „andere Formen der Sprachförderung, und zwar ausschließlich in der Zweitsprache" (Knapp 1997: 13) in Betracht zu ziehen. Begründet wird dies u. a. durch schulorganisatorische Faktoren, die nicht immer die Integration eines muttersprachlichen Unterrichts möglich machen. Knapp tendiert daher eher zu einer differenzierten und auf die jeweiligen Bedürfnisse abgestimmte Förderung in der Zweitsprache (ebd.: 14).

Des Weiteren äußert sich Knapp kritisch über Cummins' Definition der jeweiligen Schwellen im Rahmen seiner Schwellenniveauhypothese. Die Schwellen würden „indirekt über sprachlichen beziehungsweise schulischen Erfolg" (ebd.) definiert. Die Bedingungen für das Erreichen der Schwellen sei nicht klar genug definiert. Abschließend wird von Knapp festgehalten, dass sowohl Cummins' Interdependenz- als auch seine Schwellenniveauhypothese lediglich darauf schließen lassen, dass es einen Zusammenhang zwischen der Entwicklung in der Erst- und Zweitsprache gibt, dass es jedoch einer genaueren Klärung dieses Zusammenhangs bedarf (ebd.). Der Zusammenhang zwischen dem Niveau in der Erst- und Zweitsprache ist nach Knapp (1997) mit der Schwellenniveauhypothese demnach nur bedingt erklärbar.

Auch Noack (1987) führt an, „dass man aus der *threshold hypothesis* keine generalisierende linguistische Schlussfolgerung ziehen kann" (Noack 1987: 20). Dies führt sie darauf zurück, dass Cummins keine konkreten Angaben über die Bedingungen für das Erreichen der „threshold levels" macht. Cummins sagt

---

45 Vgl. hierzu Graf (1987), Noack (1987), Verhoeven (1994), Knapp (1997).

mit seiner Hypothese nichts darüber aus, wie und warum ein L2-Lerner an seiner Zweitsprachenentwicklung gehindert werden kann, wenn er zum Zeitpunkt der Konfrontation mit der Zweitsprache die untere Schwelle der erstsprachlichen Kompetenz noch nicht erreicht hat. Des Weiteren weist Noack darauf hin, dass Cummins' Ausführungen keinen Aufschluss darüber geben, ob das Erreichen der Schwelle in der Erstsprache Voraussetzung für den Erfolg in der Zweitsprache ist. Ferner sei auch die Unterscheidung der Sprachbeherrschung in zwei Dimensionen, der BICS und CALP, nicht nachvollziehbar: Cummins mache keine Aussagen darüber, wie und warum sich diese unterschiedlichen Sprachfähigkeiten entwickeln. Zusammenfassend hält Noack fest, dass Cummins in seinen Erklärungen die Sprachentwicklung nicht berücksichtige, sondern lediglich ihre Ergebnisse festhalte:

> Schon seine Formulierung der „threshold hypothesis" läßt dies erkennen: das wichtige daran ist für ihn die Festlegung der Schwellen und nicht der Weg dorthin. Auch der Zeitfaktor spielt bei Cummins keine bedeutende Rolle. Er sagt wenig darüber, wann, in welchem Alter oder über welchen Zeitraum hinweg etwas gelernt wird. (ebd.: 22)

Noack sieht Cummins' Argumentation darin begründet, dass seine Zielrichtung eher politisch-programmatisch als linguistisch und entwicklungsorientiert ausgerichtet sei. Cummins beabsichtige, mit seinen Ausführungen der „mismatch hypothesis"[46] entgegenzuwirken, bei der davon ausgegangen wird, „daß Zweisprachigkeit sich schädlich auf die geistige Entwicklung von Kindern auswirke und daß verschiedene Sprachen und Kulturen in einem Mißverhältnis zueinander stünden, das die kindliche Entwicklung störe" (ebd.).

Mit seinem Beschreibungsmodell versuche Cummins, die positiven und negativen Erfahrungen, die Schulpolitik, Erzieher und Sprachwissenschaftler mit Zweisprachigkeit haben, zu vereinen. Bei diesem Versuch lasse er aber außer Acht, dass die positiven und negativen Situationen nicht nur durch die unterschiedlichen sprachlichen Ergebnisse in der Schule charakterisiert seien, „sondern durch eine Menge unterschiedlicher Entwicklungsschritte, die Cummins eben kaum berücksichtigt" (ebd.).

Verhoeven (1994) kritisiert Cummins' sehr allgemein gehaltene Ausführungen in Bezug auf die Interdependenzhypothese und seine Annahme eines globalen Transfers von der Erst- auf die Zweitsprache. Cummins' Angaben seien nicht konkret genug und demnach empirisch schwer zu verifizieren bzw. falsifizieren (vgl. auch Rapti 2004: 53).

---

46   Zur „mismatch hypothesis" vgl. Cummins (1978a: 410).

Während Cummins von einer kausalen Beziehung zwischen erst- und zweitsprachlichen Fähigkeiten ausgeht, beziehen sich die meisten Untersuchungen, die Cummins' Hypothesen zu bestätigen scheinen, auf eine Korrelation zwischen den Fertigkeiten in Erst- und Zweitsprache. Der Aspekt der Kausalität sei daher nicht gelöst:

> [...] the hypothesis presupposes a causal relationship between skills in L1 and L2, whereas most empirical studies follow a correlational design. The problem of causality remains un-solved. A correlation only indicates a relationship between two variables without providing information about the causal direction, if any. (Verhoeven 1994: 388f.)

Verhoeven schlägt daher in Anlehnung an Genesee (1984) vor, „language proficiency as an intervening effect than a causal factor" (ebd.: 387) zu betrachten. Ferner führt Verhoeven an, dass es schwer sei nachzuweisen, ob eine höhere Kompetenz in der Zweitsprache durch eine höhere Kompetenz in der Erstsprache oder durch das Alter des Lerners verursacht wird. Kinder mit besseren erstsprachlichen Fähigkeiten sind älter und damit auch kognitiv reifer. Abschließend hält Verhoeven fest, dass empirische Studien, die Cummins' Interdependenzhypothese stützen, sozioökonomische Faktoren unberücksichtigt lassen, die im Spracherwerbsprozess jedoch eine wesentliche Rolle spielen (ebd.: 388f., vgl. auch Rapti 2004: 54).

Trotz dieser nicht unbegründeten Kritik stützen Verhoevens Forschungsergebnisse – zumindest zum Teil – Cummins' Interdependenzhypothese. Verhoeven (1991) konnte in seinen Studien mit zweisprachig türkisch/niederländisch aufwachsenden Kindern belegen, dass es einen bidirektionalen Transfer zwischen den beiden Sprachen auf schriftsprachlicher Ebene gibt:

> With respect to linguistic measure, it was found that a strong emphasis on instruction in L1 does lead to better literacy results in L1 with no retardation of literacy results in L2. On the contrary, there was a tendency of L2 literacy results in the transitional classes being better than in the regular submersion classes.
>
> Moreover, it was found that the transitional approach tended to develop a more positive orientation toward literacy in both L1 and L2. [...] Finally, there was positive evidence for...the interdependence hypothesis. From the study on biliteracy development it was found that literacy skills being developed in one language strongly predict corresponding skills in another language acquired later in time. (Verhoeven 1991a: 72, zitiert in Cummins 2000: 187)

In seiner sehr umfangreichen Monographie *Language, Power and Pedagogy –
Bilingual Children in the Crossfire* (2000) greift Cummins einige der in den letzten 25 Jahren entstandenen Kritikpunkte an seinen Hypothesen auf. Cummins
warnt in seinen Ausführungen vor Fehl- und Missinterpretationen seiner Hypothesen in Bezug auf die bilinguale Bildung und Erziehung zweisprachig aufwachsender Schülerinnen und Schüler.

Die erste schwerwiegende Missinterpretation sieht Cummins darin, dass
die Schwellenniveauhypothese und die Interdependenzhypothese miteinander
„vereint" werden:

> The major misinterpretation derives from conflating the threshold and in-
> terdependence hypotheses. For example, some educators [...] have invoked
> the "threshold hypothesis" as justification for delaying the introduction of
> English literacy instruction for a considerable period. (Cummins 2000: 176)

Cummins betrachtet diese falschen Schlussfolgerungen als empirisch nicht belegbar und betont, dass keine seiner Hypothesen postulieren, in welcher Sprache Lesen und Schreiben zuerst gelernt werden sollten. Auch weist er darauf
hin, dass sie keine Angaben über das Alter machen, in dem die Zweitsprache
erworben werden sollte:

> Neither hypothesis says anything about the appropriate language to begin
> reading instruction within a bilingual program nor about when reading ins-
> truction in the majority language should be introduced. (ebd.)

Die Schwellenniveauhypothese, die Cummins eigener Aussage zufolge speku-
lativ und „less relevant to policy and practice" (ebd.: 175) ist, wird somit relativiert. Da die Bedingungen, unter denen Lerner die Erst- und Zweitsprache
erwerben, sehr unterschiedlich sind, macht Cummins im Rahmen seiner
Schwellenniveauhypothese bewusst auch keine Angaben zu „the extent to
which students need to attain strong proficiency in both L1 and L2 as opposed
to just the predominant language of their environment and school instruction
[...]" (ebd.).

Zusammenfassend hält Cummins fest, dass beide Sprachen im Zweitspracherwerbsprozess Berücksichtigung finden müssen und betont noch einmal, dass
die Konzentration auf nur eine der beiden Sprachen – oder gar die Trennung
dieser – für zweisprachig aufwachsende Schülerinnen und Schülern entscheidende sprachliche und schulische Nachteile zur Folge haben kann:

If we focus only on one of the bilingual's two languages, or keep them rigidly separate, then we miss a very significant opportunity to enhance bilingual students' linguistic and academic development. (ebd.: 198)

So umstritten Cummins' Hypothesen auch sein mögen, konnte insbesondere die Interdepenzhypothese durch zahlreiche unterschiedliche Studien belegt werden.[47]

Cummins' Hypothesen haben die Zweitspracherwerbsforschung und nicht zuletzt bildungspolitische Debatten und Entscheidungen weltweit geprägt. Besonders hervorzuheben gilt es in diesem Zusammenhang die erstmalige Anerkennung und Berücksichtigung der Erstsprache als entscheidenden Faktor bei der Konzeption bilingualer Bildungskonzepte.

2.6 Zusammenfassung der Hypothesen zum Zweitspracherwerb und daraus abgeleitete relevante Fragen für die vorliegende Arbeit

Die in den vorherigen Kapiteln angeführten Hypothesen zum Zweitspracherwerb haben gemeinsam, dass sie den Zweitspracherwerbsprozess „global" zu erklären versuchen, „spezifische" Lernkontexte jedoch nicht erfassen (Bausch/ Kasper 1979: 26).

Keine dieser Hypothesen kann somit den Anspruch erheben, zweitsprachliche Erwerbsprozesse umfassend und allein zu erklären.

Im Folgenden sollen die zentralen Aspekte zusammenfassend aufgeführt und zu den relevanten Fragen der vorliegenden Forschungsarbeit in Bezug gesetzt werden.

Die Kontrastivhypothese nimmt die direkte kontrastive Gegenüberstellung der beteiligten Sprachen als Ausgangspunkt zur Erklärung eines erfolgreichen bzw. problematischen Zweitspracherwerbs. Sind die Strukturmerkmale beider Sprachen sehr ähnlich, begünstigt dies den Zweitspracherwerbsprozess. Sind die Eigenschaften und Merkmale der Sprachen dagegen sehr unterschiedlich, wird der Erwerb der Zweitsprache negativ beeinträchtigt.

Wie bereits in Kapitel 2.5.1 angeführt, kann diese Annahme den Zweitspracherwerb zwar nicht erklären, jedoch ermöglicht eine kontrastive Analyse

---

47   Ricciardelli (1992, 1993); Mohanty (1994); Bialystok (1987a, 1987b, 1988); Galambos/ Hakuta (1988); Lasagabaster (1998); Durgunoğlu/Verhoeven (1998); Verhoeven/Aarts (1998); Verhoeven (1991a); Wagner (1998); Beykont (1994); Zu den Details der Studien vgl. Cummins 2000: 178–200. Vgl. auch Kap. 1.2.

der beteiligten Sprachen die Interpretation von Fehlern und ist daher als „linguistische Methode nach wie vor relevant" (Jeuk 2010: 32).

Die Kontrastivhypothese ist für die vorliegenden Studie von großer Bedeutung, da sie den Versuch unternimmt, herauszufinden, welchen Einfluss die linguistische Struktur der Erstsprache auf den Erwerb der Zweitsprache Deutsch hat und in welchem Zusammenhang die sprachlichen Fehlerphänomene in der Zweitsprache Deutsch zu den verschiedenen typologischen Merkmalen der Erstsprache stehen (vgl. hierzu auch Kap. 1.1).

Folglich geht es im Rahmen dieser Forschungsarbeit um die „schwache" Version der Kontrastivhypothese, bei der interlinguale Interferenzen nicht prognostiziert werden, sondern nachträglich zur Erklärung fehlerhafter Konstruktionen dienen sollen.[48]

Die Identitätshypothese geht davon aus, dass erst- und zweitsprachliche Entwicklungsverläufe identisch sind und demnach den gleichen Prinzipien folgen. Die im Zweitspracherwerbsprozess entstehenden Fehlleistungen seien produktive Zwischenschritte und nicht – wie von der Kontrastivhypothese angenommen – auf die Struktur der Erstsprache zurückzuführen. Dieser Ansatz erscheint im Hinblick auf den *sukzessiven* Zweitspracherwerb (vgl. hierzu Kap. 2.3) als problematisch, da sich die „Erwerbsschritte in einem völlig anderen zeitlichen Rahmen als beim Erstspracherwerb" (Jeuk 2010: 32) vollziehen.

Bei der Interlanguagehypothese werden verschiedene lernerspezifische Prozesse, Strategien und Regeln beim Zweitspracherwerbsprozess mit berücksichtigt. Die Fehler, die Zweitsprachenlerner machen, werden als notwendige Zwischenstadien während der Entwicklung der Zweitsprache bzw. der Annäherung an die Zielsprache interpretiert. Diese Zwischenstadien, die als „Interlanguages" bezeichnet werden, weisen einerseits Merkmale der Erst- und Zweitsprache auf, andererseits können sie durch eigenständige, von Erst- und Zweitsprache unabhängige Eigenschaften gekennzeichnet sein. Die in Kapitel 2.5.3 angeführten Strategien und Regeln des Lerners bestimmen die Dynamik der „Interlanguage", die sich folglich durch große Flexibilität auszeichnet. Der Fortschritt dieses Ansatzes für die Zweitspracherwerbsforschung besteht darin, dass Zwei-

---

48 Da es sich bei den an dieser Studie teilnehmenden Probanden um zwölf- bis vierzehnjährige Schülerinnen und Schüler handelt und die sprachliche Kompetenz anhand von Schreib„produkten" erfasst werden soll, kann und soll ein prognostischer Anspruch – so wie es die „starke" Version der Kontrastivhypothese vorsieht – folglich auch nicht erhoben werden.

sprachigkeit nun „aus der Perspektive des Sprachen lernenden und gebrauchenden Kindes in einer realen Lebenswelt" (Kracht 2000: 206) betrachtet wird.

Die Interdependenzhypothese geht davon aus, dass der Erwerb einer zweiten Sprache in enger Beziehung zu den bereits vorhandenen Kompetenzen in der Erstsprache steht. Sprachliche Defizite in der Zweitsprache sind demnach auf geringe erstsprachliche Fähigkeiten zurückzuführen („Semilingualismus"). Die daraus resultierenden „negativen kognitiven Auswirkungen" wirken sich folglich auch auf den schulischen Bildungserfolg aus. Gefordert wird daher die Berücksichtigung und Förderung der erstsprachlichen Fähigkeiten der Zweitsprachenlerner bei der schulischen Sozialisation.

Eine der zentralen Fragestellungen dieser empirischen Untersuchung (vgl. Kap. 1.1) besteht darin, herauszufinden, welchen Einfluss schlechte bzw. gute erstsprachliche Kompetenzen auf den Zweitspracherwerb und folglich auf schulischen Erfolg haben. Das heißt konkret, dass im Rahmen dieser Arbeit u. a. der Versuch unternommen wird, Cummins' Hypothesen zum Zweitspracherwerb zu verifizieren bzw. zu falsifizieren. Ferner sollen die Ergebnisse dieser Studie Aufschluss darüber geben, inwieweit der jeweilige Grad der Beherrschung von Erst- und Zweitsprache schulischen Erfolg (Gymnasium) bzw. schulisches Versagen (Hauptschule) nach sich zieht und welcher Einfluss der Erstsprache beim Zweitspracherwerb zukommt (vgl. auch Kap. 2.7.5).

2.7   Einflussfaktoren auf den Zweitspracherwerb

Das Hauptinteresse der Zweitspracherwerbsforschung liegt heute nicht mehr in der Entwicklung „großer" Hypothesen. Vielmehr geht es darum, den unterschiedlichen Einflussbereichen des Zweitspracherwerbs nachzugehen (Henrici/ Riemer 2003: 40f.).

Die Zweitspracherwerbsforschung beschäftigt sich schon lange mit der Frage, welche Faktoren den Zweitspracherwerb begünstigen bzw. erschweren. Man ist sich in weiten Teilen einig darüber, dass die Bedingungen, unter denen der Erwerb einer zweiten Sprache erfolgt, sehr vielfältig sein können und der Zweitspracherwerb „als ein dynamischer und mehrdimensionaler Prozess aufzufassen ist" (ebd.: 38).

Für die Interpretation individueller Unterschiede im Lernerfolg werden Erklärungsansätze angeführt, die jeweils verschiedene Elemente berücksichtigen. Viele dieser Faktoren sind jedoch nicht direkt beobachtbar und folglich schwer zu erfassen (z.B. Einstellungen, die der Lerner zur Zweitsprache hat). Zudem herrscht in der Spracherwerbsforschung über einige der angeführten Faktoren keine Einigkeit. Ferner basieren viele Studien auf unterschiedlichen Daten und sind folglich häufig nur schwer vergleichbar (Kniffka/Siebert-Ott 2009: 59).

Unterschieden wird zudem zwischen internen (Sprachvermögen) und externen Faktoren (Antrieb bzw. Motivation und Zugang), die den Zweitspracherwerbsprozess beeinflussen (Rösch 2007: 15). Eine detaillierte Darstellung zu den Einflussfaktoren liefert Klein (1992). Zentrale Faktoren, die den Zweitspracherwerb bestimmen können, werden von Klein (1992: 45ff) in drei Bündel zusammengefasst: *Antrieb*, *Sprachvermögen* und *Zugang* (vgl. auch Jeuk 2010: 37). Diese sollen in den folgenden Kapiteln im Hinblick auf ihre Relevanz bei zweisprachig aufwachsenden Schülerinnen und Schülern mit Migrationshintergrund beleuchtet und in einem zusammenfassenden Kapitel zueinander in Beziehung gesetzt werden.

2.7.1 Antrieb (Motivation)

Dazu gehört das Bedürfnis, sich durch die Beherrschung der Zweitsprache sozial zu integrieren und am gesellschaftlichen Leben der Mehrheitsgesellschaft teilzunehmen. Klein (1992) führt an, dass sich „soziale Integration" ggf. auch negativ auswirken kann.

> Ein Emigrant beispielsweise, der sich in eine bestimmte Sprachgemeinschaft integriert fühlt und eine bestimmte soziale Identität ausgebildet hat, mag bewußt oder unbewußt einen Verlust dieser Identität fürchten, wenn er sich in eine neue Sprachgemeinschaft sozial integriert – obwohl er ohne eine solche Integration erhebliche Nachteile hat. (Klein 1992: 46)

Dies könnte unter Umständen auch die frühzeitige „Fossilierung" (vgl. Selinker, Kap. 2.5.3) vieler erwachsener Zweitsprachenlerner erklären (ebd.).

Beim Faktor Motivation nehmen Gardner und Lambert (1972) eine Unterteilung in *integrative* und *instrumentelle Motivation* vor. Die integrative Motivation besteht darin, durch den Erwerb bzw. durch das Erlernen der Zweitsprache ein Teil der Mehrheitsgesellschaft werden zu wollen. Instrumentelle Motivation liegt vor, wenn sich der Erwerb einer zweiten Sprache auf deren Nutzen konzentriert (Verbesserung beruflicher Perspektiven, Lesen bestimmter Literatur, Interesse an der Sprache). Die integrative Motivation weist nach diesem Modell somit eine größere Identifikation mit der zu lernenden Sprache auf (Jeuk 2010: 39).

Der Antrieb bzw. die Motivation vieler zweisprachig aufwachsender Schülerinnen und Schüler mit Migrationshintergrund spielt im Zweitspracherwerbsprozess eine entscheidende Rolle. Je größer die (integrative) Motivation, durch das Beherrschen der Zweitsprache Teil der Mehrheitsgesellschaft werden zu wollen, umso besser stehen die Chancen für einen erfolgreichen Zweitspracherwerb. Aber allein die Einsicht, dass die Beherrschung der Zweitsprache maßgeblich zu schulischem und beruflichem Erfolg beiträgt (instrumentelle Motivation), kann den Zweitspracherwerb ebenfalls positiv beeinflussen.[49]

2.7.2 Sprachvermögen

Das Sprachvermögen umfasst die Intelligenz, das vorhandene Sprachbewusstsein, die Reflexivität der Lernenden, die vorhandenen Lernstrategien und das Alter (Jeuk 2010: 38).

Es wird davon ausgegangen, dass das Sprachbewusstsein des Zweitsprachenlerners einen positiven Einfluss auf den Zweitspracherwerb und seine Entwicklung hat. Dies zeigt sich unter anderem durch die Fähigkeit, die eigenen sprachlichen Äußerungen und die der Kommunikationspartner kritisch einzuschätzen und auf metasprachlicher Ebene sprachlich zu interagieren (Eckhardt 2008: 31).

Beim Erwerb einer zweiten Sprache kommt dem Alter ebenfalls eine zentrale Bedeutung zu. Untersuchungen haben gezeigt, dass Kinder eine zweite Sprache in der Regel schneller lernen als Erwachsene und dabei auch ein höheres Sprachniveau erreichen. Dies ließ nicht zuletzt die Frage aufkommen, ob und inwieweit der Erfolg des Zweitspracherwerbs vom Alter abhängig ist. Lenneberg (1972) formulierte in seiner *critical period hypothesis,* dass ab dem Erreichen einer bestimmten Altergrenze (etwa 12. Lebensjahr) der Erwerb einer zweiten Sprache auf muttersprachlichem Niveau nur bedingt möglich sei. Die Annahme einer kritischen Periode ist in der Forschung jedoch sehr umstritten.[50]

---

49 Instrumentelle Motivation wurde lange Zeit – insbesondere in der Fremdsprachenforschung – unterschätzt. Eine Untersuchung der Europäischen Kommission (2006) machte deutlich, dass „die Angaben, die auf eine eher instrumentelle Motivation hinweisen, deutlich zugenommen haben, während die Angaben, denen eventuell eine integrative Motivation zugrunde liegt, rückläufig sind." Instrumentelle Motivation wirkt somit stärker, als lange Zeit angenommen wurde. (European Commission 2006: 36; zitiert in Kniffka/Siebert-Ott 2007: 66).

50 Vgl. hierzu voneinander abweichende empirische Untersuchungsergebnisse bezüglich des Zeitpunkts einer Altergrenze: Die kritische Periode ende bei etwa 5 Jahren (Krashen, 1973), 6 Jahren (Pinker, 1994), 12 Jahren (Lenneberg, 1972), 15 Jahren (Johnson &

Richtig ist, dass Kinder im Bereich der Aussprache und im morphosyntaktischen Bereich älteren Lernern gegenüber im Vorteil sind und deutlich öfter muttersprachliche Kompetenzen erreichen. Im Bereich des Wortschatzes konnte dies jedoch nicht bestätigt werden. Es wird jedoch auch angeführt, „dass die Tests, die zur Überprüfung der Leistungsunterschiede von jüngeren vs. älteren Lernenden angewendet wurden, nicht ausreichten, um hinlänglich valide Aussagen machen zu können" (Kniffka/Siebert-Ott 2009: 67).

Man ist sich weitgehend einig darüber, dass weitere individuelle Fähigkeiten, wie die Intelligenz, die Sprachbegabung und auch das vorhandene Wissen über andere Sprachen den Zweitspracherwerb nachhaltig beeinflussen (können). Ein weiterer wichtiger Faktor sind die Sprachlernstrategien, die zum Erwerb der Zweitsprache genutzt werden (Rösch 2007: 15) und ob sich diese Strategien im Laufe der Zeit verändern und/oder weiterentwickeln. Hierbei kommt auch dem schulischen Unterricht eine entscheidende Rolle zu, der zum Ausbau bestimmter Lernstrategien beitragen sollte (vgl. die folgenden Ausführungen zum *Zugang*).

2.7.3 Zugang

Hierzu gehört der sprachliche Input („Eingabe") und die kommunikativen Möglichkeiten des Zweitsprachenlerners (Klein 1992: 53). Die zur Verfügung stehende Zeit und Energie sowie die Konzeption und Qualität des Unterrichts während des Zweitspracherwerbs sind ebenfalls von Bedeutung (Jeuk 2010: 38). Entscheidend ist dabei allerdings nicht nur die Quantität, sondern die auch die Qualität des zweitsprachlichen Inputs und der Interaktion mit Sprechern des Deutschen (Rösch 2007: 15). Besondere Bedeutung kommt in diesem Zusammenhang somit auch dem Wohnumfeld, dem schulischen Umfeld, den Freizeitmöglichkeiten sowie der Mediennutzung zu (ebd.).

Ein Großteil zweisprachig aufwachsender Kinder mit Migrationshintergrund kommt erst beim Eintritt in den Kindergarten (ab dem etwa 3./4. Lebensjahr) oder gar erst bei Schuleintritt (ab dem etwa 6./7. Lebensjahr) das erste Mal mit der Zweitsprache Deutsch in Berührung. Das heißt, dass die Zeit, die diesen Kindern für den Erwerb des Deutschen zur Verfügung steht, um insbesondere den Lerninhalten des Schulunterrichts folgen zu können, zu knapp ist.

Newport, 1989). Vergleiche hierzu Eckhardt 2008: 31: „Die Befundlage zur kritischen Periode ist bislang nicht eindeutig (vgl. zusammenfassend Bialystok, 2001; Hakuta & Mc Laughlin, 1996)."

Der sprachliche Input, den diese Kinder erfahren, kommt dem Erwerb und der Entwicklung der Zweitsprache somit nicht zu Gute, da es sich hierbei um die schulische Fachsprache (CALP, vgl. Kap. 2.5.4) handelt und diese als bekannt vorausgesetzt wird. Zweisprachig aufwachsende Schülerinnen und Schüler mit Migrationshintergrund machen häufig bereits in der Grundschule die Erfahrung, dass sie aufgrund mangelnder bzw. noch nicht ausreichend entwickelter Zweitsprachenkenntnisse den Lehrinhalten nicht folgen können. Die Folge sind oft (Versagens-)Ängste, die den Zweitspracherwerbsprozess ebenfalls negativ beeinflussen können (Kniffka/Siebert-Ott 2009: 64).[51]

Des Weiteren ist die Konzeption des klassischen Deutschunterrichts auf die zweisprachige – sich noch im Zweitspracherwerbsprozess befindende – Schülerschaft in der Regel nicht ausgerichtet (vgl. auch Kap. 6). Gogolins (1994) kritisierter „monolingualer Habitus" der Lehrerprofession spiegelt sich nicht zuletzt in der Gestaltung und Durchführung von Unterricht wider (vgl. Reich 2000: 238):

> [...] Zweisprachigkeit, sprachliche Minderheitserfahrungen, Deutschunterricht als Unterricht in einer Sprache, die nicht die Sprache der Primärsozialisation ist, identitätsentwickelnde Erfahrungen im Medium anderer Sprachen – all das kommt nicht vor, es wird nicht einmal in Betracht gezogen (ebd.: 239).

2.7.4 Die Wechselwirkung von Antrieb, Sprachvermögen und Zugang und ihre Auswirkung auf die zweisprachig aufwachsende Schülerschaft mit Migrationshintergrund

In den vorherigen Kapiteln wurde dargestellt, welche Faktoren den Zweitspracherwerbsprozess beeinflussen können. Diese Einflussgrößen stehen in weiten Teilen in einer Art Wechselwirkung zueinander. Das Fehlen eines Faktors kann sich nachteilig auf die übrigen Einflussgrößen auswirken. Zur Verdeutlichung soll dies exemplarisch an einem Beispiel dargestellt werden: Schüler X hat beim Eintritt in die Grundschule unzureichende Kenntnisse in der Zweitsprache. Wie in Kapitel 2.7.3 angeführt, werden die komplexen Lerninhalte des Schulunterrichts in einer der nichtdeutschen Schülerschaft häufig unzugänglichen Fachsprache (CALP) vermittelt. Diese Fachsprache wird nicht zeitgleich zu den Lerninhalten gelehrt, sondern als bekannt vorausgesetzt. Schüler X wird

---

51 Darin zitiert McIntyre (1995: 96): „[...] because anxious students are focused on both the task at hand and their reactions to it ...[they] will not learn as quickly as relaxed students".

daher mit hoher Wahrscheinlichkeit dem Unterricht in nur geringem Maße folgen können. Die an ihn gestellten Anforderungen wird er entweder gar nicht oder nur begrenzt erfüllen können.

Dies wird sich in erster Linie in den schlechten Schulleistungen (Noten!) des Schülers widerspiegeln. Das heißt konkret, dass das (schulsprachliche) Selbstvertrauen des Schülers sehr früh durch mangelnde Zweitsprachenkenntnisse beeinträchtigt wird und ihn sich bereits in der Grundschule als Versager erleben lässt. Der Faktor „Motivation" wird somit in frühen Jahren des Zweitspracherwerbs durch einen mangelnden Zugang zur Sprache „ausgebremst". Das Sprachvermögen und das damit verbundene, vorhandene Sprachbewusstein sowie notwendige Sprachlernstrategien für den Erwerb der Zweitsprache werden folglich auch nicht ausgebildet.

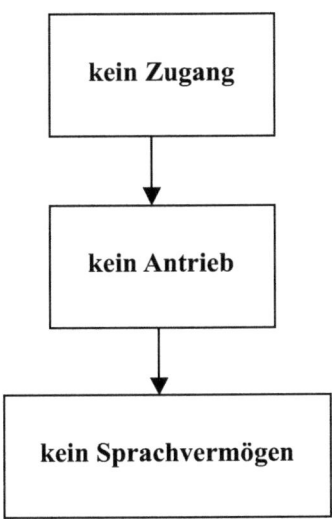

Abbildung 2:   Wechselwirkung zwischen Zugang, Antrieb und Sprachvermögen

Denkbar und durchaus realistisch wäre ebenfalls folgendes Beispiel: Schüler Y verfügt über gute erstsprachliche Fähigkeiten beim Eintritt in die Schule. Das heißt, der Schüler könnte auf bereits vorhandenes Sprachvermögen und damit einhergehendes Sprachbewusstsein beim Erwerb und der Entwicklung zweitsprachlicher Strukturen zurückgreifen.

Da jedoch die Konzeption des klassischen Deutschunterrichts die herkunftssprachlichen Fähigkeiten der zweisprachig aufwachsenden Schülerschaft bei der schulsprachlichen Sozialisation nicht berücksichtigt (Zugang), wird das

Nicht-Zurückgreifen auf bereits vorhandenes Sprachvermögen während des Zweitspracherwerbsprozesses negative Auswirkungen auf die zweitsprachliche Entwicklung des Schülers zur Folge haben. Dies wiederum wird dazu führen, dass Schüler Y demselben „Teufelskreis" ausgesetzt sein wird wie Schüler X.

Es handelt sich hier um eine vereinfachte Darstellung der Wechselwirkung zwischen den Einflussfaktoren Zugang, Antrieb und Sprachvermögen. Dass innerhalb der einzelnen Einflussgrößen auch weitere soziale, kulturelle und altersspezifische Aspekte eine Rolle spielen und sich ebenfalls gegenseitig beeinflussen (können), steht außer Frage. Diese Variablen werden im Rahmen dieser Arbeit jedoch nicht untersucht. Die Perspektive dieser Arbeit ist in weiten Teilen linguistischer Natur, und so soll der Fokus primär auf der Einflussgröße Erstsprache liegen. Daher ist das folgende Kapitel gezielt der Interdependenz zwischen Erst- und Zweitsprache und ihren Auswirkungen auf schulischen Erfolg bzw. Misserfolg gewidmet.

2.7.5 Erstsprache

Der Einfluss der Erstsprache auf den Erwerb der Zweitsprache wird – wie u. a. in den Kapiteln 2.5.1 bis 2.5.4 aufgeführt – in der Zweitspracherwerbsforschung sehr kontrovers diskutiert.

Dennoch herrscht weitgehend Einigkeit darüber, dass die Erstsprache während des Zweitspracherwerbsprozesses nicht gänzlich ausgeblendet werden kann:

> Im Kopf des oder der Lernenden werden die sprachlichen Daten der neuen Sprache mit den bekannten Daten abgeglichen, und zwar mehr oder weniger bewusst. [...] Dies ist keine bloße Behauptung und kein bloßes Aufwärmen der Kontrastivhypothese, sondern gültiger Befund neuer Forschungen. (Oomen-Welke 2008: 33)

Erstsprachliche Strukturen

Besonders deutlich ist der Einfluss der Erstsprache bei Sprachmischungen zu beobachten, wenn Lerner ihr vorhandenes erstsprachliches Wissen auf die Zweitsprache übertragen. Dieser Vorgang wird als *Transfer* bezeichnet, das Resultat des Transfers als *Interferenz* (Jeuk 2010: 42). Die Schwierigkeit, Transferleistungen richtig zu deuten, zeigt Tracy (1996: 80): Der folgende Satz eines Kindes *I eat sometimes candy* könnte als Transfer aus dem Deutschen interpretiert werden. Allerdings stammt diese Äußerung von einem einsprachigen

Kind. Das heißt, beobachtbare Fehler geben nur vage Hinweise auf mögliche Transferprozesse (vgl. Jeuk 2010: 45):

> Dies heißt freilich nicht, dass solche Äußerungen, wären sie denn von bilingualen Kindern produziert worden, nicht auf eine Interaktion der beiden Sprachen zurückgeführt werden könnten. Es bedeutet lediglich, dass ein solcher Schluss keineswegs zwingend ist. (Tracy 1996: 81, zitiert in ebd.)

Interferenzen können folglich sowohl zu richtigen als auch zu falschen sprachlichen Konstruktionen führen. Man geht davon aus, dass je weiter der Erwerb der Erstsprache vor dem ersten Kontakt mit der Zweitsprache fortgeschritten ist, erstsprachliche Strukturen den Zweitspracherwerb desto stärker beeinflussen können (vgl. Jeuk 2010: 44).

Rösch (2007) führt an, dass sich Interferenzen in beide Richtungen zeigen können, d.h. sowohl von der Erst- auf die Zweitsprache als auch von der Zweit- auf die Erstsprache. „Diese können hemmend oder auch positiv wirken" (Rösch 2007: 23). Die *Nähe* beider Sprachen spielt dabei ebenfalls eine wichtige Rolle. Rösch (2007) unterscheidet dabei zwischen *phonetischer, semantischer* und *struktureller Nähe* (vgl. Rösch 2007: 23):

> *Phonetische Nähe*: Jede Erstsprache baut ein Filtersystem auf, das strukturbedingt die Phoneme der zu erlernenden Sprache durchlässt oder verfälscht. Es ist anzunehmen, dass Sprachen mit Akzentrhythmus (Englisch, slawische Sprachen) deutschsprachige Laute originalgetreu durchlassen, während Sprecher von Sprachen mit Silbenrhythmus (romanische Sprachen, Türkisch) sich damit schwertun.

> *Semantische Nähe*: Falls die Erstsprache deutschen Ausdrücken (z.B. bestehen auf) vergleichbare Muster bereithält, wird das Kind im Zweitspracherwerb diesen Ausdruck leicht erschließen und in den bereits vorhandenen Sprachschatz integrieren.

> *Strukturelle Nähe*: Es wird angenommen, dass strukturelle Unterschiede der Erst- und Zweitsprache (im Bereich der Satzbaupläne, Genusdifferenzierung, Deklination usw.) Lernenden größere Schwierigkeiten bereiten und demzufolge einen höheren Lernaufwand erforderlich machen. (ebd.)

Auch wenn sich nicht alle Lernschwierigkeiten auf Sprachunterschiede zwischen den beteiligten Sprachen zurückführen lassen (vgl. auch Rösch 2007: 23), ist eine kontrastiv linguistische Sicht- und Vorgehensweise für die Interpretation möglicher Interferenzen und – noch viel entscheidender – für die Konzeption eines Unterrichts, der der zweisprachigen Schülerschaft gerecht wird, unumgänglich (vgl. hierzu Kap. 3).

Kapitel 3 dieser Arbeit unternimmt daher den Versuch, die strukturellen Unterschiede bzw. Gemeinsamkeiten zwischen den für diese Studie relevanten Herkunftssprachen Türkisch, Kroatisch und Griechisch im Vergleich zum Deutschen aufzuzeigen.

Linguistische Interdependenz und ihre Folgen für den Erwerb und die Entwicklung der kognitiv-akademischen Sprachkompetenz und der Schulleistung

Neben dem Einfluss rein struktureller Merkmale der Erstsprache auf den Zweitspracherwerbsprozess stellt das Niveau der jeweiligen Erstsprache zum Zeitpunkt des Zweitspracherwerbs eine weitere entscheidende Einflussgröße für die Entwicklung der kognitiv-akademischen Sprachkompetenz und den damit verbundenen Schulerfolg dar, wie bereits in Kapitel 2.5.4 gezeigt werden konnte.

Durch eine mangelhafte erstsprachliche Kompetenz können verschiedene Retardierungsprozesse eintreten, die sich bereits in den ersten Schuljahren bemerkbar machen können, wenn das zweisprachig aufwachsende Kind nun zum ersten Mal mit der schulischen Lesesozialisation konfrontiert wird. Das Nicht-Erreichen einer angemessenen Lesekompetenz hat zur Folge, dass auch die schriftsprachlichen Fähigkeiten stark beeinträchtigt werden. Die mangelhafte Beherrschung dieser Grundfähigkeiten führt zu einer Retardierung im kognitiv-akademischen Sprachbereich, zumal dessen Entwicklung in Wechselwirkung mit dem Erwerb von Lesen und Schreiben steht.

Ferner ist bei einer unterentwickelten Erstsprache die kognitiv-akademische Sprachentwicklung im Bereich der Begriffsbildung gefährdet. Der Erwerb und die Entwicklung des Wortschatzes zeichnen sich vor und während der Grundschulzeit primär durch die Bildung von Alltagsbegriffen aus, die auf der sinnlichen Wahrnehmung basieren (Fthenakis et al. 1985: 54).

Laut Steinmüller (1981) sind Defizite im schulrelevanten Begriffsbereich mit Hilfe ausschließlich sprachlicher Mittel ohne eine gleichzeitige sinnliche Wahrnehmung der Begriffe nur schwer aufzuholen: „Das entstehende Defizit wirkt sich dann bei der Aneignung schulisch vermittelter Begriffe weiter erschwerend aus, da das bereits vorhandene Begriffssystem als Integrationsbasis für neue Begriffe dienen sollte" (ebd.).

Das heißt: Werden neu zu lernende Begriffe nicht mit den Erfahrungswerten verknüpft, bleiben diese Begriffe leer und bedeutungslos. Die Alltagsbegriffe, die das Fundament für die Bildung weiterer abstrakter Begriffe bilden, sollten laut Steinmüller (1981) ab dem 12. Lebensjahr ausgebildet sein. Ist diese Erfahrungsgrundlage jedoch nicht vorhanden, kann sie auch nicht für die weitere Neustrukturierung und Erweiterung des Wortschatzes genutzt werden, was schließlich zu Einschränkungen im Bereich der Abstraktionsfähigkeit führt. Umso einschränkender wirkt sich unter diesen Bedingungen folglich auch die Nicht-Beherrschung der Zweitsprache als Unterrichtssprache aus (ebd.: 55). So betont auch Genesee (1994) die Wichtigkeit der Anknüpfung neuer Lerninhalte an das Vorwissen der Zweitsprachlerner:

> Because second language students find it difficult to learn new language skills which refer to abstract concepts, cognitive operations or experiences which are not yet part of their intellecttual repertoire, they should be first given opportunities to learn language in conjunction with experiences that are compatible with their current abilities and knowledge. (Genesee 1994: 4)

Dies setzt unter anderem voraus, dass erstsprachliche Fähigkeiten der Schülerinnen und Schüler beim Lehren der Zweitsprache genutzt werden. In Anlehnung an die UNESCO-Empfehlungen vom Jahre 1953 (!) und 2003 hebt auch Romaine (2009) die Schwierigkeit des schulischen Lernens in einer noch nicht ausgebildeten Zweitsprache hervor:

> As far as mother tongue teaching is concerned, UNESCO advises that it should cover teaching both of and through this language for as long as possible. Learning through a language other than one's own presents a double burden. Not only must new knowledge be mastered, but another language as well. (Romaine 2009: 379)

Ein weiterer retardierender Faktor für die Ausbildung der akademisch-kognitiven Sprachkompetenz ist „die Reduktion der Problemlösungsfähigkeit unter Bedingungen, bei denen Informationen in der schwächer entwickelten Sprache gegeben werden. Dazu trägt bei, daß Problemlösen in einer Zweitsprache hohen Streß auslösen kann" (Fthenakis et al. 1985: 55).

Da die Zweitsprache selbst (noch) Lerninhalt ist und die Schülerinnen und Schüler zu sehr mit dem Erwerb der Sprache beansprucht sind, ist folglich auch der Wissenserwerb auf das Mindeste beschränkt (ebd.). In den ersten Schuljahren kommen die Schülerinnen und Schüler häufig noch mit ihren „grundlegenden interpersonellen Kommunikationsfähigkeiten" (BICS) aus, deren Erwerb nicht von guter erstsprachlicher Beherrschung abhängt.

Zumal der Wissenserwerb im Laufe der Schulzeit zunehmend kontextunabhängiger und abstrakter wird, verschärft sich das Problem in höheren Klassenstufen (ebd.). Auch Genesee (1994) erinnert in diesem Zusammenhang an das Abhängigkeitsverhältnis von Sprache und Kognition:

> The interdependence between language and cognition becomes especially important in the higher grades, where more and more of the academic goals become abstract and dependent on language for their acquisition (in mathematics, science and history, for example). (Genesee 1994: 4)

Nach Fthenakis et al. (1985) befinden sich Schülerinnen und Schüler mit unzureichenden zweisprachlichen Fähigkeiten folglich in einem „circulus vitiosus" (vgl. Abb. 3), dem sie häufig aufgrund mangelnder bzw. nicht angemessen ausgerichteter sprachlicher Förderung[52] nur sehr schwer entkommen.

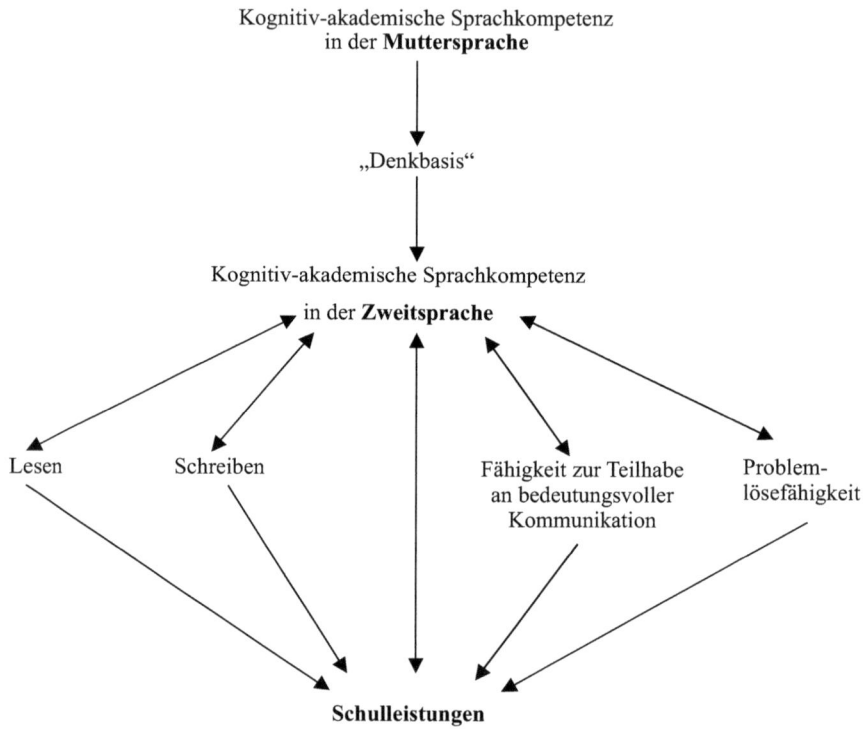

Abbildung 3: Aus einer reduzierten kognitiv-akademischen Sprachkompetenz in der Muttersprache resultierender circulus vitiosus[53]

---

52 Vgl. hierzu auch Kap. 6.
53 In Anlehnung an Fthenakis et al. 1985: 56.

2.8 Zusammenfassung

Der Erwerb und die Entwicklung einer zweiten Sprache werden niemals nur durch einen Faktor bestimmt. Vielmehr handelt es sich beim Zweitspracherwerb und seiner Entwicklung um ein Zusammenspiel mehrerer unterschiedlicher Variablen (Kuhs 1989: 5). Einige dieser Faktoren wurden in den vorherigen Kapiteln vorgestellt.

Zusammenfassend kann festgehalten werden, dass der Erwerb einer zweiten Sprache und deren Entwicklung von internen und externen Faktoren abhängig ist.

Der empirische Teil dieser Arbeit wird sich auf die internen Einflussfaktoren konzentrieren, da zum einen die Beschaffenheit der strukturellen Merkmale der Erstsprachen und deren Einfluss auf den Zweitspracherwerb und zum anderen der Zusammenhang zwischen erst- und zweitsprachlichen Kompetenzen untersucht werden soll. Die Ableitung möglicher Fördermöglichkeiten der zweitsprachlichen Kompetenzen wird sich zum einen auf die Ergebnisse der empirischen Untersuchung stützen, zum anderen sollen jedoch auch Vorschläge für eine optimalere und nachhaltigere Förderung der externen Faktoren, insbesondere des „Zugangs" unterbreitet werden.

3. Kontrastivanalyse: Typologische Merkmale des Türkischen, Kroatischen und Griechischen im Vergleich zum Deutschen

Wie bereits in Kapitel 2.6 angeführt, soll es im Rahmen dieser Arbeit nicht darum gehen, interlinguale Interferenzen durch Strukturunterschiede der in dieser Studie untersuchten Sprachen zu prognostizieren. Vielmehr soll die Nähe bzw. Distanz der jeweiligen Erstsprache zur Zweitsprache Deutsch nachträglich zur Interpretation fehlerhafter Konstruktionen herangezogen werden (vgl. hierzu insbes. Kap. 5.8 und 5.9).

In den folgenden Kapiteln werden einzelne Bereiche der für die vorliegende Untersuchung relevanten Sprachen Türkisch, Kroatisch und Griechisch den deutschen Strukturmustern gegenübergestellt. Es werden zunächst grundlegende Informationen zu den einzelnen Sprachen gegeben, gefolgt von einer intensiven Auseinandersetzung mit den Bereichen *Aussprache und Orthographie, Morphologie, Syntax* (und *Semantik*). Die wichtigsten typologischen Merkmale des Türkischen, Kroatischen, Griechischen und Deutschen werden abschließend in einer tabellarischen Gegenüberstellung zusammenfassend veranschaulicht.

3.1 Kontrastivanalyse: Türkisch vs. Deutsch

3.1.1 Die türkische Sprache – grundlegende Informationen

Türkisch („türkçe") ist die Amtssprache in der Türkei und gehört zu den sog. Turksprachen[54]. Weitere Turksprachen sind Aserbaidschanisch, Turkmenisch, Usbekisch, Kasachisch und Tatarisch. Die Turksprachen bilden zusammen mit dem Mongolischen und Tungusischen (Ostsibirien) die altaische Sprachfamilie (Böttle/Jeuk 2008: 187).

Die türkische Sprache wird von etwa 75 Millionen Menschen weltweit gesprochen (u. a. in Usbekistan, Kasachstan, Kirgisistan, Tadschikistan, Aserbaidschan, Zypern, Griechenland, Ehem. Yugoslawien, Irak, Iran), von 5 Millionen Menschen davon als Zweitsprache. Die größte Sprachinsel befindet sich mit gut 2,5 Millionen Sprechern des Türkischen in Deutschland (ebd.: 188).

---

54 Die Türkvölker sind ursprünglich zwischen dem Khangai- und Altaigebirge in Asien beheimatet gewesen. Im 8. Jhd. kam es dann zu Wanderungsbewegungen. Türkisch wurde ab dem 15. Jhd. zur dominierenden Sprache des Osmanischen Reiches (vgl. http:// home. edo.uni-dortmund.de/~hoffmann/ABC/Tuerkisch.html). Bis zu den Reformen nannte man die Sprache „Osmanisch".

Im Türkischen gibt es viele Dialekte, wobei der Istanbuler Dialekt als die türkische Standard- bzw. Hochsprache verstanden wird (ebd.).

3.1.2 Das türkische Alphabet – Aussprache und Orthographie

Ursprünglich wurde das Türkische mit arabischen Schriftzeichen geschrieben. Im Zuge der Reformpolitik Atatürks wurde nach 1928 das lateinische Alphabet eingeführt. Die in nur drei Monaten geschaffene Orthographie ist im Gegensatz zur deutschen Schriftsprache nahezu lautgetreu. Es besteht aus 8 Vokalen und 21 Konsonanten. *q*, *w* und *x* fehlen, dafür gibt es einige Sonderzeichen:

Tabelle 1: Das türkische und deutsche Alphabet im Vergleich

Deutsches Alphabet		Türkisches Alphabet		Unterschiede zum deutschen Alphabet und Ausspracheeigentümlichkeiten des türk. Alphabets
A	a	A	a	
B	b	B	b	
C	c	C	c	*c* entspricht *dsch* wie in *Dschungel*
D	d	Ç	ç	*ç* entspricht *tsch* wie in *Kutsche*
E	e	D	d	
F	f	E	e	
G	g	F	f	
H	h	G	g	
I	i	Ğ	ğ	*ğ* = stummes g, dient zur Dehnung von langen Vokalen, z.B. *dağ* → *daa*
J	j	H	h	
K	k	İ	i	
L	l	I	ı	*ı*: kurzes, dumpfes i, ähnlich wie die unbetonte Infinitivendung in *machen*
M	m			
N	n	J	j	*j* wie in *Journal*
O	o	K	k	
P	p	L	l	
Q	q	M	m	
R	r	N	n	
S	s	O	o	
T	t	Ö	ö	
U	u	P	p	
V	v	R	r	
W	w	S	s	
X	x	Ş	ş	*ş* entspricht *sch* wie in *Schule*
Y	y	T	t	
Z	z	U	u	
		Ü	ü	
		V	v	*v* entspricht *w* wie in *Wasser*
		Y	y	
		Z	z	*z* = stimmhaftes *s* wie in *Sonne*

Im Türkischen werden alle Wörter – bis auf Eigennamen und am Satzanfang – kleingeschrieben. Die Vokale sind im Türkischen alle gleich lang. Es gibt keine Diphthonge, *ei* wird getrennt gesprochen, z.B. *re is* = Oberhaupt. Im Gegensatz zum Deutschen kommen Konsonantenverdoppelungen und Konsonantenhäufungen im Türkischen selten vor.

3.1.3 Morphologie und Wortbildung

Das Türkische ist eine agglutinierende Sprache, d.h. dass alle grammatischen Formen durch entsprechende Endungen (Morpheme) angezeigt werden. Dabei können mehrere Endungen aufeinander folgen, wobei die Reihenfolge streng festgelegt ist. Jedes einzelne Morphem hat eine bestimmte grammatische Bedeutung, und je nach grammatischer Bedeutung wird jeweils ein anderes Suffix benötigt (Böttle/Jeuk 2008: 190). Das Türkische unterscheidet sich somit wesentlich von den indogermanischen Sprachen, die dem Prinzip der Flexion folgen.

Alle türkischen Wörter und Endungen unterliegen der Vokalharmonie. Die Vokale der Endungen müssen mit dem letzten Vokal des Wortstammes harmonieren, je nachdem ob es sich dabei um einen *hellen* (e, i, ö, ü) oder *dumpfen* Vokal (a, ı, o, u) handelt. Man unterscheidet zwischen *kleiner* und *großer Vokalharmonie* (vgl. PONS 2003: 371):

Tabelle 2: Vokalharmonie des Türkischen[55]

	Vokal in der Endsilbe des Wortstammes (dumpfe Vokale)	Vokal der Endung	Vokal in der Endsilbe des Wortstammes (helle Vokale)	Vokal der Endung
kleine Vokal-harmonie	a ı o u	a	e i ö ü	e

große Vokal-harmonie	Vokal in der Endsilbe des Wortstammes	Vokal der Endung	Vokal in der Endsilbe des Wortstammes	Vokal der Endung	Vokal in der Endsilbe des Wortstammes	Vokal der Endung	Vokal in der Endsilbe des Wortstammes	Vokal der Endung
	a ı	ı	e i	i	o u	u	ö ü	ü

---

55 Ausnahmen sind Fremd- bzw. Lehnwörter (z.B. *kalem, otel*), Wortzusammensetzungen (z.B. *yayınevi*) sowie türkische Wörter, deren Aussprache sich mit der Zeit verändert hat (z.B. *alma – elma*). Des Weiteren gibt es im Türkischen feste Endungen, die nicht dem Prinzip der Vokalharmonie folgen (z.B. Präsensendung *-yor*). Vgl. hierzu auch PONS (2003: 371).

Konjugation der Verben

Im Gegensatz zu flektierenden Sprachen findet im Türkischen keine Veränderung des Stammvokals statt (z.B. dt. *klingen – klang – geklungen*, engl. *woman – women*).

Die Konjugation der Verben ist regelmäßig, und die Bildung der jeweiligen Form ergibt sich durch die Prinzipien der Vokalharmonie (vgl. Tabelle 2). Die Verben im Türkischen bestehen aus zwei Teilen, dem Stamm und der Infinitivendung, die nach der kleinen Vokalharmonie aus *-mek* oder *-mak* (*oynamak* = spielen vs. *yemek* = essen) besteht.

Nach dem agglutinierenden Prinzip werden die jeweilige Zeit- und Personalform durch die Suffigierung, d.h. durch das Anhängen eines entsprechenden Suffixes, gebildet (Böttle/Jeuk 2008: 190).

Bei den vokalisch auslautenden Stämmen *-i, -o, -u* wird beim Präsens die Endung *-yor* an den Verstamm angefügt. *-e* oder *-a* im Auslaut des Stamms werden nach der großen Vokalharmonie zu *-ı, -i, -u* oder *-ü*, je nachdem, welcher Vokal im Verbstamm vorausgeht (z.B. *söylemek* (sagen) – *söylüyor* (er sagt) s. u.).

Nach konsonantischem Auslaut steht *-ıyor, -iyor, -uyor* oder *-üyor* (vgl. PONS 2003: 382).

Tabelle 3: Konjugation der türkischen Verben im Präsens

	Vokalisch auslautende Stämme (*-i, -o, -u*)	Vokalisch auslautende Stämme (*-e, -a*)	Konsonantischer Auslaut
	okumak (lesen)	*söylemek* (sagen)	*gelmek* (kommen)
ben (ich)	*okuyorum*	*söylüyorum*	*geliyorum*
sen (du)	*okuyorsun*	*söylüyorsun*	*geliyorsun*
o (er/sie/es)	*okuyor*	*söylüyor*	*geliyor*
biz (wir)	*okuyoruz*	*söylüyoruz*	*geliyoruz*
siz (ihr)	*okuyorsunuz*	*söylüyorsunuz*	*geliyorsunuz*
onlar (sie)	*okuyorlar*	*söylüyorlar*	*geliyorlar*

Bei der Verbkonjugation wird im Türkischen – anders als in vielen indogermanischen Sprachen – kein Hilfsverb benötigt. Während im Deutschen beispielsweise die Hilfsverben „haben" und „sein" zur Bildung des Perfekts und Plusquamperfekts verwendet werden, erfolgt die Vergangenheitsbildung in der türkischen Sprache auch hier durch Suffigierung, indem das jeweilige Suffix an den Verbstamm gehängt wird (vgl. ebd.). Die bestimmte Vergangenheit (entspricht dem deutschen Perfekt) wird mithilfe der Suffixe -dı, -di, -du, -dü bzw. nach hartem konsonantischen Auslaut mit -tı, -ti, -tu, -tü gebildet. Auch hier entscheidet die Vokalharmonie über die jeweilige Endung.

Tabelle 4: Beispiele für die bestimmte Vergangenheit (Perfekt) im Türkischen

	kaldırmak (hochheben)	gelmek (kommen)	sormak (fragen)	koşmak (laufen)
ben (ich)	kaldırdım	geldim	sordum	koştum
sen (du)	kaldırdın	geldin	sordun	koştun
o (er/sie/es)	kaldırdı	geldi	sordu	koştu
biz (wir)	kaldırdık	geldik	sorduk	koştuk
siz (ihr)	kaldırdınız	geldiniz	sordunuz	koştunuz
onlar (sie)	kaldırdılar	geldiler	sordular	koştular

Weitere Vergangenheitsformen im Türkischen sind die unbestimmte Vergangenheit und der Aorist. Die unbestimmte Vergangenheit wird verwendet, wenn der Sprecher etwas wiedergibt, wovon er nicht mit Sicherheit weiß, ob es sich tatsächlich so ereignet hat. Die Bildung erfolgt nach dem Prinzip Verbstamm + unbestimmte Vergangenheitsendung (-mış, -miş, -muş, -müş) + Personalendung, wie z.B. in gelmişim (= ich soll gekommen sein).

Der Aorist drückt eine Handlung aus, die jederzeit bzw. zeitlich unabhängig geschieht oder wird verwendet, wenn eine gewohnheitsmäßige Handlung ausgedrückt werden soll (zur Bildung vgl. PONS 2003: 382).

Im Türkischen ist die Verwendung der Personalpronomen als Subjekt nicht zwingend notwendig, sie dienen lediglich der Betonung oder werden genutzt, wenn ein Personenwechsel erfolgt. Die jeweilige Endung lässt auf die Person schließen.

Beispiele:
(1)   Gidiyorum. = Ich gehe. (Suffix -yorum = 1. Person Singular)

(2)   Gidiyorsun. = Du gehst (Suffix -yorsun = 2. Person Singular)

...   usw. (vgl. die Endungen in Tabelle 3).

Während im Deutschen zur Prädikatsbildung das Hilfsverb „sein" gebraucht wird (Ich bin Deutscher), wird im Türkischen die entsprechende Personalendung an das Substantiv oder Adjektiv agglutiniert. Die jeweiligen Endungen -ım, -im, -um, -üm ergeben sich durch die große Vokalharmonie.

Beispiele:

(3)   *Almanım/türküm/hırvatım/yunanım = Ich bin Deutscher/Türke/Kroate/ Grieche*

(4)   *Doktorum/öğretmenim/profösörüm = Ich bin Arzt/Lehrer/Professor*

(5)   *Çalışkanım/tembelim/yorgunum = Ich bin fleißig/faul/müde*

Kasus und Deklination

Im Türkischen gibt es sechs Kasusformen: Nominativ, Akkusativ, Dativ, Lokativ, Ablativ und Genitiv. Die Deklination erfolgt durch Agglutinierung, d.h. die Deklinationsendungen werden an das Substantiv angehängt und richten sich dabei nach der Vokalharmonie (im Akkusativ und Genitiv die große, ansonsten die kleine).

Endet das Substantiv auf einen Vokal, kommt zwischen Wortstamm und Deklinationsendung ein Fugenkonsonant (bei Akkusativ und Dativ *-y-*, bei Genitiv *-n-*). Bei hartem konsonantischen Auslaut erfolgt zusätzlich ein Konsonantenwandel[56] (vgl. PONS 2003: 373).

Tabelle 5:   Deklination des Substantivs im Türkischen

Kasus	Deklinations-endungen	Substantiv endet mit Vokal	Substantiv endet mit weichem Konsonant	Substantiv endet mit hartem Konsonant
Nominativ	-	*araba* (der Wagen)	*ev* (das Haus)	*çocuk* (das Kind)
Akkusativ	*-ı, -i, -u, -ü*	*arabayı* (den Wagen)	*evi* (das Haus)	*çocuğu* (das Kind)
Dativ	*-e, -a*	*arabaya* (dem Wagen)	*eve* (dem Haus)	*çocuğa* (dem Kind)
Lokativ	*-de, -da*	*arabada* (im Wagen)	*evde* (im Haus)	*çocukta* (beim Kind)
Ablativ	*-den, -dan*	*arabadan* (aus dem Wagen)	*evden* (aus dem Haus)	*çocuktan* (vom Kind)
Genitiv	*-ın, -in, -un, -ün*	*arabanın* (des Wagens)	*evin* (des Hauses)	*çocuğun* (des Kindes)

---

56   Die türkischen Konsonanten werden in *harte* (stimmlose) (ç, f, h, k, p, s, ş, t) und *weiche* (stimmhafte) Konsonanten (b, c, d, g, ğ, j, l, m, n, r, v, y, z) unterteilt. Wenn zwei harte Konsonanten zwischen zwei Vokale geraten, werden sie in entsprechende weiche umgewandelt, z.B. *ağaç* (der Baum) → *ağacın* (des Baumes). Vgl. hierzu auch die Ausnahmen in PONS (2003: 372).

Im Türkischen haben die Nomen kein grammatisches Geschlecht (Genus), und es gibt auch keinen Artikel. Während das Deutsche als klassische Artikelsprache gilt, verfügt das Türkische lediglich über das Lexem *bir*, das als unbestimmter Artikel betrachtet wird (vgl. Hansen 1995: 1; vgl. hierzu auch Kap. 3.4.1).

Da das Genus im Türkischen fehlt, werden die Adjektive auch nicht dekliniert (Tekinay 1987: 104) (vgl. den syntaktischen Gebrauch des Adjektivs in Kap. 3.1.4).

Die Steigerung der Adjektive erfolgt mit den Begleitwörtern *daha* (für den Komparativ) und *en* (für den Superlativ). Beim Komparativ bleibt das Wort selbst unverändert, z.b. schön = *güzel*; schöner = *daha güzel*. Beim Superlativ wird zusätzlich ein Suffix angefügt, z.b. am schönsten = *en güzeli*

Präpositionen

Im Deutschen können Präpositionen unterschiedliche Positionen zum Bezugswort einnehmen. In der Regel stehen sie aber vor (*aus Stuttgart, mit dir, in Istanbul*) und selten als sog. „Postposition" hinter dem Bezugswort (*die Straße entlang, dem Postamt gegenüber*). Im Türkischen dagegen existieren keine Präpositionen. Die Funktion der Präpositionen wird durch Kasusendungen oder Postpositionen erfüllt (Tekinay 1987: 76).

Die Wiedergabe durch Kasusendungen folgt dem folgenden Prinzip: Durch die türkischen Lokativendungen *-de/-da/-te/-ta* werden die deutschen Präpositionen *in, an, bei, um* und *zu* ausgedrückt. Die Präpositionen *in* und *an* stehen im Dativ und haben eine lokale oder temporale Funktion (vgl. ebd.: 77).[57]

Beispiele:

(6) *in der Schule* = *okul**da***   *an der Tafel* = *tahta**da***
     im Januar = *ocak**ta***   *an Weihnachten* = *noel**de***

Die Präposition *bei* bezeichnet eine Zugehörigkeit, z.B.

(7) *Ich arbeite bei der Firma Grohn.* = *(Ben) Firma Grohn'**da** çalışıyorum.*

Die Präposition *zu* hat eine lokale oder temporale Funktion, z.B.

(8) *zu Hause* = *ev**de**; zu Weihnachten* = *noel**de**.*

Die Präposition *um* hat eine temporale Funktion, z.B.

(9) *um acht Uhr* = *saat sekiz**de***

---

57 Die folgenden Beispiele (6)-(17) sind entnommen aus Tekinay 1987: 77f.

Die türkischen Ablativendungen -*den*/-*tan*/-*ten*-/-*tan* entsprechen den deutschen Präpositionen *von* und *aus* in lokaler und temporaler Funktion (ebd.).

Beispiele:

(10)   *aus München = Münih'ten; von Ankara = Ankara'dan*

(11)   *Der Brief kommt von meiner Mutter. = Mektup annemden geliyor.* (lokale Funktion)

(12)   *Die Burg stammt aus dem (vom) Mittelalter. = Kale, Ortaçağ'dan kalmış.* (temporale Funktion)

Mit den türkischen Dativendungen -*e*/-*a*/-*ya*/-*ye* werden die deutschen Präpositionen *nach, zu, in, an* und *für* in folgenden Funktionen wiedergegeben (ebd.):

(13)   *nach Köln/Stuttgart = Köln'e/Stuttgart'a* (lokale Funktion*)*

(14)   *in den Garten = bahçeye; an die Tafel = tahtaya* (Richtung)

Des Weiteren gibt es im Türkischen sog. „unechte" Verhältniswörter (ursprünglich Substantive), die dem Bezugswort in genitivischer Verbindung nachgestellt und somit eine postpositionale Funktion erfüllen. Diese „unechten" Präpositionen geben deutsche Präpositionen wieder, die den Akkusativ oder Dativ verlangen und je nach Kasusform eine Richtung (Aktion) oder Lage (Position) ausdrücken (*in, neben, auf, über, hinter, unter, vor, zwischen*). Des Weiteren bilden sie eine Wiedergabemöglichkeit der Präpositionen *bei, durch, gegen, gegenüber* und *um* in lokaler Funktion (ebd.: 78).

Am Beispiel *üst = auf*:
Üst ist ein türkisches Substantiv und bedeutet „die obere Seite". Das Substantiv wird mit dem Bezugswort genitivisch verbunden:

(15)   *masanın üstü = die obere Seite des Tisches*

Wird dieser Genitivkonstruktion die Richtungsendung -*e* angehängt (-*n*- ist Fugenkonsonant, vgl. Deklination des Substantivs), gibt sie die Präposition *auf* mit dem Akkusativ wieder:

(16)   *masanın üstüne = auf den Tisch* (Akkusativ)

Durch Anhängen der Lokativendung -de gibt sie die Präposition *auf* mit dem Dativ wieder:

(17)   *masanın üstünde = auf dem Tisch* (Dativ)

Nach diesem Prinzip erfolgt die Wiedergabe auch aller anderen Präpositionen im Deutschen, die den Akkusativ oder Dativ erfordern und eine Richtung oder Lage bezeichnen (vgl. ebd.).[58]

Pluralbildung
Die türkische Pluralbildung ist im Vergleich zur deutschen Bildung des Plurals (acht verschiedene Pluralformen und Sonderformen) wesentlich unkomplizierter.
Die Pluralbildung im Türkischen erfolgt durch das Anhängen der Suffixe -*ler* und -*lar*. -*ler* folgt, wenn der letzte Vokal im Wort ein *e, i, ö* oder *ü* ist. -*lar* steht nach *a, o, u* und *ı* (vgl. kleine Vokalharmonie).

Beispiele:
(18)   *araba* (Auto) – *arabalar* (Autos); *ev* (Haus) – *evler* (Häuser)

Eine Ausnahme zu dieser regelmäßigen Pluralbildung entsteht, wenn ein Numerale dem Substantiv vorausgeht. In diesem Fall werden die Suffixe ausgelassen, z.B. *iki/bir kaç tane araba* (zwei/ein paar Autos).

Das agglutinierende Prinzip des Türkischen lässt sich nur sehr schwer mit dem flektierenden Prinzip des Deutschen vergleichen. Die folgenden Beispiele machen deutlich, dass sich bis zu vier morphologische Komponenten in nur einem türkischen Wort befinden können:

(19)   ev   Das Haus
       ev-ler   Die Häuser
       ev-ler-im   Meine Häuser
       ev-ler-im-de   In meinen Häusern

(19a) arkadaş   Der Freund
       arkadaş-lar   Die Freunde
       arkadaş-lar-ım   Meine Freunde
       arkadaş-lar-ım-da   Bei meinen Freunden

---

58   Eine detaillierte Übersicht über die Wiedergabe der deutschen Präpositionen im Türkischen liefert Tekinay 1987: 77-85. Vgl. auch PONS (2003: 385f.).

3.1.4 Syntax

Syntaktisch betrachtet ist das Türkische eine Subjekt-Objekt-Prädikat-Sprache, das flektierte Verb steht in der Regel am Satzende, so auch im Fragesatz (vgl. Böttle/Jeuk 2008: 193).[59]

Beispiele:
(20)   *Nereye gidiyorsun?* = Wohin gehst du?
       (Ben)   okula   gidiyorum. = Ich gehe zur Schule.
Wörtlich: (Ich) Schule zur gehe ich.

(21)   *Arkadaşım bugün balık yemek istiyor.* = Mein Freund möchte heute Fisch essen.
Wörtlich: Freund mein heute Fisch essen möchte er.

Im Türkischen können Sätze auch ohne Verb als sog. nominales Prädikat gebildet werden, z.b. *araba pahalı* (= das Auto ist teuer, wörtlich: Auto teuer), *kapı açık* (= die Tür ist offen, wörtlich: Tür offen), *öğretmen çok sıkı* (= der Lehrer/ die Lehrerin ist sehr streng, wörtlich: Lehrer/in sehr streng) (vgl. ebd.).

Der syntaktische Gebrauch der Adjektive ist im Deutschen und Türkischen relativ identisch: attributiv, prädikativ und adverbial. Bei der attributiven Verwendung des Adjektivs steht auch im Türkischen das Adjektiv vor dem Bezugswort, z.B. *das **schöne** Mädchen – **güzel** kız*.

Während sich jedoch im Deutschen das Adjektiv bei Unbestimmtheit zwischen dem unbestimmten Artikel und dem Bezugswort befindet, steht im Türkischen der unbestimmte Artikel *bir* zwischen dem Adjektiv und dem Bezugswort, z.B. *ein schönes Mädchen – güzel **bir** kız* (selten: *bir güzel kız*) (vgl. Tekinay 1987: 104).

Für den prädikativen und adverbialen Gebrauch gilt folgendes Muster: *das Mädchen ist schön – kız güzel* (s.o); *das Mädchen schreibt schön – kız güzel yazıyor* (ebd.).

Im Türkischen existieren keine Gliedsätze, es gibt daher auch keine Relativpronomen. Das Fehlen von Relativpronomen erschwert eine einheitliche Wiedergabe des deutschen Relativsatzes (vgl. ebd.: 32).[60] Relativsätze werden im

---

59   Die folgenden Beispielsätze sind entnommen aus Böttle/Jeuk 2008: 193.
60   Da Gliedsätze in der türkischen Sprachstruktur fremdartig wirken, ist auch das dem Osmanischen entstammende Relativpronomen *ki* verschwunden. Relativsätze im Deutschen und Osmanischen wiesen ursprünglich dieselbe Struktur auf: *Der Mann, **der** sehr fleißig ist, verdient viel Geld.* = *O adam **ki çok çalışkandır** çok para kazanıyor.* „Nicht so aber im Türkeitürkischen" (Tekinay 1987: 32).

Türkischen u. a. mit dem Partizip I wiedergegeben, das die Endung *-en* aufweist (mit den vokalharmonisch bedingten Varianten *-an, -yen, -yan*), z.B. (ebd.: 33):

(22) Das Kind, das im Garten spielt, ist acht Jahre alt.
     Bahçede   oynayan çocuk sekiz yaşında.
Wörtlich: Garten im spielendes Kind acht Jahre alt.

Das Partizip I bleibt in allen Personen- und Zeitformen unverändert. Die jeweilige Personen- oder Zeitform wird durch die Endung des Hauptverbs ersichtlich, z.B.:

(23) Die Kinder, die im Garten spielen, *sind* acht Jahre alt.
     Bahçede   oynayan çocuklar   sekiz yaşındalar.
Wörtlich: Garten im spielende Kinder acht Jahre alt *sind*.

(24) Das Kind, das im Garten spiel*te*, war acht Jahre alt.
     Bahçede   oynayan çocuk sekiz yaşındaydı.
Wörtlich: Garten im spielendes Kind acht Jahre alt *war*.

Bei Relativsätzen, die im Deutschen mit einem Relativpronomen im Akkusativ oder Dativ eingeleitet werden, erfolgt die Wiedergabe dieser Bildung im Türkischen durch das Possessivpartizip *diği* bzw. *eceğ*, das die Funktion eines Verbaladverbs besitzt (vgl. ebd.), z.B.:

(25) Das Kind, das ich sehe, ist blond.
     Gördüğüm çocuk   sarışın.
Wörtlich: Das mein gesehene Kind blond.

Die wörtliche Entsprechung „das mein gesehene Kind" entsteht dadurch, dass dem Verbalnomensuffix *diği* bzw. in diesem Fall *düğü* (Vokalharmonie) die Possessivendung angehängt wird (vgl. ebd.). Auch die komplexen Satzgefüge werden völlig unterschiedlich als im Deutschen gegliedert, z.B. (vgl. Böttle/Jeuk: 194):

(26) *Ayşe'nin ona hediye ettiğim kitabı okumak istemediğini neden söyledin bilmiyorum.*
     Ayşes ihr mein ihr geschenktes Buch lesen nicht wollen warum gesagt du weiß nicht ich.

= Ich weiß nicht, warum du gesagt hast, dass Ayşe das Buch, das ich ihr geschenkt habe, nicht lesen möchte.

Trennbare Verben sowie die Verbklammer sind im Türkischen nicht vorhanden.

Zusammenfassend kann festgehalten werden, dass die türkische Sprache sich aufgrund ihres agglutinierenden Prinzips grundlegend von den indogermanischen Sprachen – insbesondere auf morphosyntaktischer Ebene – unterscheidet (vgl. auch Kapitel 3.1.3).

Durch das Anhängen mehrerer Morpheme bei der türkischen Wortbildung bestehen die Sätze im Türkischen häufig nur aus wenigen Wörtern, z.B. (vgl. Böttle/Jeuk 2008: 192):

(27) *ablandasın* = Du bist bei deiner älteren Schwester.
      abla = ältere Schwester
      n = Endung für deine
      da = Endung für bei
      sın = Endung für du bist

3.1.5 Wortschatz und Semantik

Der türkische Wortschatz weist nur geringe Parallelen zu indoeuropäischen Sprachen auf. Obwohl während der kemalistischen Sprachreform viele arabische und persische Wörter durch türkische ersetzt wurden (auch als „Sprachreinigungsbewegung" bezeichnet, vgl. Schwenk 1980: 35), nehmen arabische und persische Lehnwörter im Türkischen immer noch einen breiten Raum ein (über 6000 Wörter sind arabischen Ursprungs) (vgl. Böttle/Jeuk 2008: 195). Daher tauchen auch noch heute häufig zwei Wörter nebeneinander auf, z.B. für „Student": *öğrenci* (türkisch) und *talebe* (arabisch) (Schwenk 1980: 35).

Des Weiteren umfasst die türkische Sprache viele Lehnwörter französischen Ursprungs (über 5000 Wörter). Auch deutsche Fremdwörter sind in das Türkische eingeflossen. Dagegen gelangten türkische Wörter manchmal nur durch Umwege in die deutsche Sprache (Tekinay 1987: 68):

> Die Einbürgerungsprobleme der deutschen Fremdwörter im Türkischen und des türkischen Lehnguts im Deutschen wurzeln in den grammatischen Kategorien der beiden Sprachen. Die deutsche Sprache besitzt die substantivische Kategorie des Genus. Das Türkische hingegen kennt kein grammatisches Geschlecht. Für die türkischen Erwerbungen muß im Deutschen ein

Geschlecht ‚erfunden' werden. Nach gewissen morphologischen und semantischen Gesichtspunkten erhalten die türkischen Fremd- und Lehnwörter
ein Geschlecht[61]. (ebd.: 69)

Ferner erfahren deutsche Fremdwörter aufgrund der großen orthographischen
Unterschiede zwischen beiden Sprachen einige Veränderungen. Da das Türkische keine Doppelkonsonanten kennt, wird häufig ein Sprossvokal eingefügt,
z.B. *Feldspat – feldispat, Groschen – kuruş, Schlepper – şilep.*
    Sch wird durch die türkische Schreibweise ş ersetzt, z.B. *Schalter – şalter,
Schwester – şivester.*
    Diphtonge werden durch Vokal-Konsonant-Verbindungen wie *ay, av* oder
oy ersetzt, z.B. *Leitmotiv – laytmotif, Frau – frav, Fräulein – froylayn* (vgl. ebd.
70f.).
    Darüber hinaus gibt es auch eine Reihe von türkischen Wörtern, die wie
deutsche Wörter klingen, jedoch eine völlig andere Bedeutung haben, z.B. *alt*
(etwas, was unten ist), *da* (auch), *her* (jede/r/s), *tabak* (Teller), *post* (Fell) (vgl.
Böttle/Jeuk 2008: 195).

Deutsche Einflüsse im Türkischen sind unter anderem auf die Arbeitsmigrati-
on zurückzuführen. Tekinays (1982) Forschungsergebnisse zu diesem Thema
zeigen auf, wie und in welcher Form sich sog. „Germanismen" in der Muttersprache von türkischen Arbeitsmigranten einbürgern. Deutsche Ausdrücke, die
in erster Linie aus den Bereichen Arbeitsplatz, Behörden, Konsum und Frei-
zeit stammen, verdrängen die türkischen Wörter. Häufig werden auch deutsche
Ausdrücke mit türkischen Verben verknüpft, wodurch deutsch-türkische Hilfsverben abgeleitet werden (Tekinay 1987: 102f.).

Beispiele:
(28)   *akort çalışmak* = im Akkord arbeiten

(29)   *anmelduk yapmak* = sich anmelden

(30)   *arbaysplas değişdirmek* = den Arbeitsplatz wechseln

(31)   *kranka çıkmak* = sich krank melden
        etc.[62]

---

61   Vgl. hierzu auch Tekinays Auseinandersetzung mit der jeweiligen – nicht immer ganz
      nachvollziehbaren – Genuszuweisung türkischer Fremd- und Lehnwörter im Deutschen.
62   Vgl. hierzu im Detail Tekinay (1987: 99).

Das Anhängen von türkischen Endungen an deutsche Wörter ist ebenfalls ein typisches Merkmal im Türkischen von Arbeitsmigranten (vgl. ebd.: 100).

Beispiele:
(32)   *uban**la** = **mit** der U-Bahn*

(33)   *sosyalvonuk **için** = **für** eine Sozialwohnung*

(34)   *hayım**da** = **im** Wohnheim*
        etc.

Zudem zeigen sich in diesen Beispielen Interferenzen auf graphematischer Ebene (-*ay*- für -*ei*- in *hayımda*, -*sy*- für -*zi*-, -*v*- für -*w*- etc. in *sosyalvonuk*).

Diese Sprachmischungen finden sich sehr häufig bei Zweisprachigen. Wenn auch die Bedingungen der Arbeitsmigranten, unter denen sie die Zweitsprache Deutsch erworben haben, grundlegend verschieden waren, sind die sprachlichen Konstruktionen der nun mehr zweiten und dritten Generation in weiten Teilen sehr ähnlich. Besonders auffällig erscheint, dass türkische Schülerinnen und Schüler im Bereich des Wortschatzes auf Mischkonstruktionen zurückgreifen, was nicht zuletzt darauf zurückzuführen ist, dass der Wortschatz dieser Schülerschaft in der Herkunftssprache in der Regel sehr begrenzt ist (vgl. auch Kap. 2.7.5). Sie bedienen sich daher deutscher Wörter und fügen häufig türkische Endungen an, z.B. *Tankstelle'den* (von der Tankstelle), *Schule'den* (von der Schule), *Aufzug'a* (in den Aufzug) etc.

3.2   Kontrastivanalyse: Kroatisch vs. Deutsch

3.2.1 Die kroatische Sprache – grundlegende Informationen

Kroatisch („hrvatski") ist mit ca. 4,4 Millionen Sprechern die Amtssprache Kroatiens[63] und wird zudem in Bosnien und Herzegowina, Serbien, Montenegro, Ungarn, Rumänien, Italien sowie im östlichen Teil Österreichs (Burgenland) gesprochen. Zusammen mit Slowenisch, Serbisch, Bosnisch und Monte-

---

63   Im Zuge des Zerfalls Jugoslawiens hat sich Kroatien im Jahre 1991 als selbstständiger Staat konstituiert und Kroatisch als eigenständige Amtssprache erklärt. So „starb" auch die Bezeichnung „serbokroatisch" bzw. „kroatoserbisch", die bis dato verwendet wurde (vgl. auch Mayer 2008: 134).

negrinisch gehört die kroatische Sprache zu den südwest-slawischen Sprachen. Außerdem ist Kroatisch eine der drei Amtssprachen in Bosnien und Herzegowina (etwa eine halbe Million Sprecher). Als offizielle Minderheitensprache ist das Kroatische ebenfalls in Vojvodina (Nordserbien) vertreten (Mayer 2008: 133).

Sprachhistorisch betrachtet, gehört das Kroatische zu den indogermanischen bzw. indoeuropäischen Sprachen. Innerhalb dieser Sprachfamilie bildet es zusammen mit dem Russischen, Ukrainischen, Belorussischen, Tschechischen, Slovakischen, Polnischen, Sorbischen, Serbischen, Slovenischen, Makedonischen und Bulgarischen die Familie der slawischen Sprachen (Kunzmann-Müller 2002: 1). Zwischen diesen Sprachen herrscht ein relativ enger Verwandtschaftsgrad (Mayer 2008: 133).

Die Dialekte des heutigen Kroatischen werden in drei Großgruppen eingeteilt, die u. a. nach der jeweiligen Form des Interrogativpronomens *was* (*ča*, *kaj*, *što*) benannt sind:[64] Čakavisch (*čakavština*), Kajkavisch (*kajkavština*) und Štokavisch (*štokavština*).[65] Letzterer wird als bedeutendster betrachtet, zumal der neuštokavische Dialekt die Grundlage für die moderne Standardsprache der kroatischen, bosnischen, serbischen und montenegrinischen Sprache bildet, was nicht zuletzt auch die Ähnlichkeit und die gegenseitige Verständlichkeit der einzelnen Sprachen erklärt (ebd.).

3.2.2 Das kroatische Alphabet – Aussprache und Orthographie

Das kroatische Alphabet ("gajica") wurde erst gegen Ende des 19. Jahrhunderts normiert und geht in seiner heutigen Gestalt maßgeblich auf den Kroaten Ljudevit Gaj zurück (Mayer 2008: 141; Kunzmann-Müller 2002: 21). Das Kroatische besitzt bis auf wenige Ausnahmen die gleichen Grapheme wie das Deutsche. Das kroatische Alphabet hat 30 Grapheme, denen 32 Phoneme entsprechen, d.h. Kroatisch wird im Gegensatz zum Deutschen phonologisch geschrieben bzw. es wird in weiten Teilen so gesprochen, wie es geschrieben wird.[66]

---

64 Diese Differenzierung ist nicht nur auf die Form des Interrogativpronomens beschränkt, sondern umfasst auch zahlreiche weitere Unterscheidungsmerkmale in der Phonetik, Grammatik und im Wortschatz. Vgl. hierzu Kunzmann-Müller 2002: 2.
65 Zu den Verbreitungsgebieten der einzelnen Dialekte vgl. Kunzmann-Müller (2002: 2ff.).
66 Das kroatische Rechtschreibsystem wird häufig mit den bekannten Worten V. Karadžićs charakterisiert: *piši kao što govoriš, a govori kao što je napisano* = "Schreib, wie Du sprichst, und sprich, wie es geschrieben steht". Vgl. Kunzmann-Müller (2002: 23). Vgl. ebenfalls Babić/Finka/Moguš (2004: 3).

Tabelle 6: Das kroatische und deutsche Alphabet im Vergleich

Deutsches Alphabet		Kroatisches Alphabet		Unterschiede zum deutschen Alphabet und Ausspracheeigentümlichkeiten des kroat. Alphabets
A	a	A	a	
B	b	B	b	
C	c	C	c	c entspricht *ts* wie in *Katze*
D	d	Č	č	č entspricht *tsch* wie in *Matsch*
E	e	Ć	ć	ć entspricht *tj* wie in *tja*, ähnlich wie č, nur „weicher"[67]
F	f	D	d	
G	g			
H	h	Dž	dž	dž entspricht *dsch* wie in *Dschungel,* stimmh. Entspr.von č
I	i	Đ	đ	đ ähnlich wie dž, jedoch weicher, stimmh. Entspr. von ć
J	j	E	e	
K	k	F	f	
L	l	G	g	
M	m	H	h	
N	n	I	i	
O	o	J	j	
P	p	K	k	
Q	q	L	l	
R	r	Lj	lj	lj entspricht dem italienischen *gli* in *figlio*
S	s	M	m	
T	t	N	n	
U	u	Nj	nj	nj entspricht dem *gn* in *Champagne* oder *Bologna*
V	v	O	o	
W	w	P	p	
X	x	R	r	
Y	y	S	s	
Z	z	Š	š	š entspricht *sch* wie in *Schule*
		T	t	
		U	u	
		V	v	
		Z	z	z stimmhaftes *s*, wie in *Rose* oder *Sand*
		Ž	ž	ž entspricht dem französischen *j* in *Journal*

Während die Konsonantenhäufung ein zentrales Merkmal der deutschen Orthographie ist, tritt die Doppelkonsonanz im Kroatischen grundsätzlich[68] nicht auf. Beim Zusammentreffen zweier gleichartiger Konsonanten fällt in der Regel

---

67 Das Beispiel *tja* wird der exakten Aussprache von ć nicht gerecht, da „tj" auf die Lautverschiebung Jotierung zurückgeht, durch die ć entstanden ist. Am nähesten kommt dem ć das italienische Wort *Ciao*. Vgl. hierzu Silić/ Pranjković (2007: 30).
68 Außer beim Superlativ, z.B. *najjači* („am stärksten") zu *jak* („stark"), *najjeftiniji* („am billigsten") zu *jeftin* („billig") und ein paar weitere wenige Ausnahmen. Vgl. hierzu auch Kunzmann-Müller (2002: 26).

einer weg, z.B. *ražariti* (< *raz-žariti*) („Glut anfachen"), *bezakonje* (< *bez* und *zakon*) („Gesetzlosigkeit").

Diese Regel ist auch bei Fremdwörtern gültig, z.B. *akord* („Akkord"), *gramatika* („Grammatik") etc. (vgl. Kunzmann-Müller 2002: 26).

Anders als im Deutschen, werden im Kroatischen lediglich Eigennamen, bestimmte Abkürzungen, Satzanfänge und Titel großgeschrieben (ebd.: 26).

3.2.3 Morphologie und Wortbildung

Das Kroatische ist – wie alle anderen indogermanischen Sprachen – eine flektierende Sprache mit Verbal- und Nominalflexion. Die nominalen Wortarten werden nach Kasus, Numerus und Genus flektiert. Wie im Deutschen gibt es auch im Kroatischen drei Genera: maskulin, feminin und neutrum. Im Gegensatz zum Deutschen besitzt die kroatische Sprache keine Artikel. Die jeweilige Genuszuweisung wird aus der jeweiligen Endung des Wortes ersichtlich (Mayer 2008: 136): Substantive, die auf einen Konsonanten enden, sind in der Regel maskulin, z.B. *brat* (Bruder), *čamac* (Boot). Substantive mit femininem Genus enden häufig auf -*a*, z.B. *kuća* (Frau), *torba* (Tasche). Substantive, die auf -*e* oder -*o* enden, sind neutrum, z.B. *dijete* (Kind), *selo* (Dorf).

Dabei gibt es eine „regelhafte" Ausnahme: Substantive, die auf zwei Konsonaten und -*a* enden, sind maskulin, z.B. *gazda.* Weitere Ausnahmen finden sich in einzelnen Wörtern, wie z.B. *ljubav* = feminin (Liebe) und *braco* = maskulin (Brüderchen) (ebd.).

Konjugation der Verben

Wie auch im Deutschen zeichnen sich die Verben im Kroatischen durch morphologischen Formenreichtum aus, der sich allerdings in einer andersartigen und spezifischeren Form zeigt. So wie die deutschen Verben besitzen die Verben im Kroatischen die morphologischen Kategorien Person, Numerus, Tempus, Modus und Genus verbi. Im Kroatischen haben sie zusätzlich die Kategorien Aspekt und nominales Genus. Die Kategorien Person, Numerus und nominales Genus sind abhängige Kategorien, was bedeutet, dass ihre Festlegung syntaktisch erfolgt. Alle anderen Verbalkategorien sind unabhängig und verbspezifisch (Kunzmann-Müller 2002: 40).

Im Kroatischen gibt es wie im Deutschen finite und infinite Verbformen. Im Infinitiv haben die Verben die Endung -*ti* oder -*ći* (letztere ist seltener). Das Präsens wird gebildet, indem eine der vier Personalendungen -*em*, -*jem*, -*im* und -*am* an den Verbstamm gehängt werden (Mayer 2008: 136).

Das Personalpronomen vor dem Verb wird nicht benötigt, da die jeweilige Flexionsform auf die Person schließen lässt, z.b.

(1) *Id__em__ u školu* (Ich gehe in die Schule). Nur wenn das Subjekt betont werden soll, wird das Personalpronomen verwendet, z.b.

(2) *Ideš i TI u školu?* (Gehst DU auch zur Schule?)

Die kroatische Sprache unterscheidet vier Vergangenheitsformen (Aorist, Imperfekt, Perfekt und Plusquamperfekt) und zwei Zukunftsformen (Futur I und Futur II). Für die Vergangenheitsbildung im Perfekt und Plusquamperfekt sowie für die Futur- und Konditionalbildung werden die zwei kroatischen Hilfsverben *biti* (sein) und *htjeti* (wollen) verwendet (Silić/Pranjković 2007: 58).

Die Vergangenheitsbildung erfolgt wie im Deutschen mit dem Partizip II, nur dass es sich im Kroatischen um ein sog. „Verbaladjektiv" handelt, das in allen drei Genera ausgedrückt werden kann: z.B. *trčati* (laufen), *trčala* (fem.) *sam* (ich bin gelaufen), *trčao* (mask.) *sam*, *trčalo* (neutr.) *je* (ebd.: 137)[69]. Eine große Rolle bei der Bildung von Imperfekt und Aorist spielt im Kroatischen die Kategorie des Verbalaspekts, die typisch für die slawischen Sprachen ist.

Mit dem Verbalaspekt wird die Vollendetheit bzw. Unvollendetheit einer verbalen Handlung ausgedrückt (Silić/Pranjković 2007: 48). Demnach werden die Verben in vollendete (perfektive), wie *pomisliti* (auf einen Gedanken kommen), und unvollendete (imperfekte), wie *misliti* (denken), Verben eingeteilt.

Kasus und Deklination

Im Kroatischen gibt es sieben Kasusformen: Nominativ, Genitiv, Dativ, Akkusativ, Vokativ, Lokativ und Instrumental. Der Vokativ ist eine Anredeform und wird verwendet, wenn jemand mit seinem Namen oder einer Bezeichnung direkt angesprochen wird. Z.B. *djed* (Opa), im Vokativ *djede*. Der Lokativ antwortet auf die Frage *wo?* und gibt den Ort an, z.B. *u školu* (s.o.). Außerdem steht er immer mit Präpositionen wie *na, o, po, u, pri* (in, auf, bei) (Silić/Pranjković 2007: 230). Der Instrumental antwortet auf die Fragen *wodurch? womit?*, z.B. *Pišem rukom* (Ich schreibe mit der Hand) oder *šetam gradom* (Ich spaziere (kreuz und quer) durch die Stadt).

Das Besondere an den kroatischen Kasusformen ist, dass es bestimmte Endungen für Singular und Plural, aber auch für alle drei Genera gibt. Es gibt drei Deklinationsarten (a-, e- und i-Deklination), nach denen die Substantive dekliniert werden, abhängig jeweils von der Endung des Substantivs im Genitiv. Im

---

69   Die Genusunterscheidung erfolgt auch im Plural, z.B. *trčale su* (sie sind gelaufen, Pl. fem.), *trčali su* (Pl. Masc.), *trčala su* (Pl. Neut). Vgl. Silić/Pranjković (2007: 79).

Folgenden werden jeweils nur die Singularformen dargestellt (vgl. Mayer 2008: 137).

Tabelle 7:   Deklination der Substantive im Kroatischen

	a-Deklination		e-Deklination		i-Deklination
	mask.	neutr.	fem.	mask.	fem.
Nom.	*stol-Ø* (Tisch)	*sel-o* (Dorf)	*žen-a* (Frau)	*slug-a* (Diener)	*kost-Ø* (Knochen)
Gen.	*stol-a*	*sel-a*	*žen-e*	*slug-e*	*kost-i*
Dat.	*stol-u*	*sel-u*	*žen-i*	*slug-i*	*kost-i*
Akk.	*stol-Ø*	*sel-o*	*žen-u*	*slug-u*	*kost-Ø*
Vok.	*stol-e*	*sel-o*	*žen-o*	*slug-o*	*kost-i*
Lok.	*stol-u*	*sel-u*	*žen-i*	*slug-i*	*kost-i*
Instr.	*stol-um*	*sel-om*	*žen-om*	*slug-om*	*kost-i*

Die Adjektive im Kroatischen besitzen anders als im Deutschen jeweils eine indeterminierte und eine determinierte Form, die auch hinsichtlich ihrer Funktion und Deklination verschieden sind. Determinierte Formen haben beispielsweise Adjektive mit temporaler und lokaler Bedeutung, z.B. zu *zima* (Winter): *zimski* (winterlich) oder zu *jug* (Süden): *južni* (südlich).

Des Weiteren gibt es einige sog. Qualitätsadjektive wie z.b. *mali* (klein) oder *sivi* (grau) sowie die relativen Adjektive *radni* (Arbeits-) zu *rad* (Arbeit) oder *kućni* (Haus-) zu *kuća* (Haus) etc. (vgl. ebd.: 126).

Ferner existieren in der kroatischen Sprache Adjektive, die aus Partizipien entstanden sind wie z.B. *idući* (kommend) oder *budući* (zukünftig) etc. und Gattungsadjektive auf *-ji* bzw. *-i* sowie Adjektive mit Suffixen wie *-ji, -šnji, -ski* u.a. z.B. *pasji* (Hunde-) zu *pas* (Hund) oder *gradski* (städtisch) zu *grad* (Stadt) etc. (vgl. ebd.).

Die indeterminierten Formen haben Possessivadjektive auf *-ov/-ev* (selten auch *-ljev* und *-in*), z.B. *prijateljev* zu *prijatelj* (Freund) oder *Mirkov* zu *Mirko* (männl. Vorname) (vgl. Kunzmann-Müller 2002: 127).

Im Folgenden wird die Deklination der determinierten und indeterminierten Adjektive in ihren Standardendungen dargestellt (Silić/Pranjković 2007: 135 ff.):

Tabelle 8: Deklination der determinierten Adjektive im Kroatischen

	Singular			Plural		
	mask.	neutr.	fem.	mask.	neutr.	fem.
Nom	*-ī*	*-ō*	*-ā*	*-ī*	*-ā*	*-ē*
Gen	*-ōg(a)*		*-ē*	*-īh*		
Dat	*-ōm(u,e)*		*-ōj*	*-īm/-īma*		
Akk	= Nom bzw. Gen	*-ō*	*-ū*	*-ē*	*-ā*	*-ē*
Vok	*-ī*	*-ō*	*-ā*	*-ī*	*-ā*	*-ē*
Lok	*-ōm(u,e)*		*-ōj*	*-īm/-īma*		
Instr	*-īm*		*-ōm*	*-īm/- īma*		

Tabelle 9: Deklination der indeterminierten Adjektive im Kroatischen

	Singular			Plural		
	mask.	neutr.	fem.	mask.	neutr.	fem.
Nom	*-Ø*	*-o*	*-a*	*-i*	*-a*	*-e*
Gen	*-a*		*-ē*	*-īh*		
Dat	*-u*		*-ōj*	*-īm/-īma*		
Akk	= Nom bzw. Gen	*-o*	*-ū*	*-e*	*-a*	*-e*
Vok	*-ī*	*-ō*	*-ā*	*-ī*	*-ā*	*-ē*
Lok	*-u*		*-ōj*	*-īm/-īma*		
Instr	*-īm*		*-ōm*	*-īm/-īma*		

Wie aus den Deklinationsmustern ersichtlich wird, unterscheidet sich die determinierte von der indeterminierten Deklination lediglich in einigen Formen des Singulars.

Die maskulinen und neutralen Formen des Plurals und die femininen Singular- und Pluralformen sind in beiden Deklinationsarten formal gleich. Differenzierungen entstehen durch Wechsel des Akzents und aufgrund der Tonquantität (vgl. hierzu im Detail ebd.: 131f.)

Die Komparation der Adjektive besteht im Kroatischen so wie im Deutschen auch aus den Gliedern Positiv, Komparativ und Superlativ.

Im Deutschen wird die Komparation sowohl im Komparativ als auch im Superlativ durch bestimmte Morpheme gekennzeichnet. Im Kroatischen tritt der morphologische Charakter nur im Komparativ auf.

Während im Deutschen die Komparation mithilfe des Suffixes *-er* gebildet wird, stehen der kroatischen Sprache zur Bildung des Komparativs mehrere

Suffixe mit einer bestimmten Distribution zur Verfügung: Die Suffixe sind *-j-* und *-ij-*. Ein paar wenige Adjektive werden mit dem Suffix *-š-* kompariert. Je nach Silbenzahl und Intonation verteilen sich die Suffixe auf unterschiedliche Weise: So wird bei der Mehrzahl der einsilbigen Adjektive, die eine lang fallende Intonation haben, das Suffix *-j-* verwendet, z.b. *crn – crnjī* (schwarz) oder *grub – grubljī* (grob).

Auch einige Adjektive mit einer kurz fallenden Intonation werden auf dieselbe Weise kompariert, z.B. *strog – strozī* (streng) oder *mrk – mrčī* (düster).

Bei einsilbigen Adjektiven mit einer fallenden Intonation, die auf *-ć, -đ, -lj, -nj, -š, -ž* und *-r* enden, wird der Komparativ ebenfalls mit dem Suffix *-j-* gebildet, wobei die auslautenden Phoneme dabei unverändert bleiben, z.B. *vrúć – vrúčī* (heiß).

Das Suffix *-ij-* wird bei der Komparation zwei- oder mehrsilbiger Adjektive verwendet, z.B. *marljiv* zu *marljiviji* (fleißig) oder *darovit* zu *darovitiji* (begabt) (ebd.: 136f.).[70]

Während die Superlativformen im Deutschen mit morphologischen Mitteln, d.h. mit dem Suffix *-(e)st* gebildet werden, haben die kroatischen Superlativformen keinen morphologischen Charakter. Sie werden durch ein präfixähnliches Element *naj-* und den Komparativ gebildet, z.B. *najjednostavniji* (der einfachste) oder *najnoviji* (der neueste) (vgl. ebd.: 139).

Sowohl die Komparativ- als auch die Superlativformen werden im Kroatischen wie Adjektive mit einem weichen Stammauslaut dekliniert (vgl. hierzu ebd.: 140).

Präpositionen

Die Präpositionen im Kroatischen fordern – wie auch in der deutschen Sprache – einen entsprechenden Kasus. Hinsichtlich ihrer internen Struktur werden die kroatischen Präpositionen wie folgt unterschieden (in Anlehnung an Kunzmann-Müller 2002: 186f.):

(a) Einfache, sog. primäre Präpositionen wie *u* (bei), *do* (bis), *od* (von), *među* (zwischen), *na* (auf), *pred* (vor), *nad* (über), *iz* (aus), *zbog* (wegen).

(b) Komplexe Präpositionen, die auf unterschiedliche Art entstanden sind:
• durch die Verfestigung von Kasusformen, z.B. *putem* (mittels), *povodom* (anlässlich), *silom* (mit Gewalt) etc.

---

70 Für weitere Möglichkeiten zur Bildung des Komparativs im Kroatischen vgl. Kunzmann-Müller (2002: 137ff.).

- durch Wortartwechsel, z.B. aus Adverbien, z.B. *blizu* (neben), *duž* (entlang), *poslije* (nach), *niže* (unterhalb).
- durch Zusammenrückungen, v.a. durch Verbindungen von zwei Präpositionen, z.B. *naokolo* (um ... herum), *nasuprot* (gegenüber), *ponad* (über), *ispod* (unter) etc.

Die Präpositionen stehen im Kroatischen in der Regel vor dem Nomen, das sie regieren. In anderen Fällen können sie auch als sog. Postpositionen dem jeweiligen Nomen nachfolgen, z.B. *radi* (wegen), *usprkos* (trotz):

(3) *Volio je doći razgovora **radi*** vs. *Volio je doći **radi** razgovora* (Er kam gern des Gesprächs wegen).

(4) *Nastavili su napore svemu tome **usprkos*** vs. *Nastavili su napore **usprkos** svemu tome* (Sie setzten ihre Bemühungen trotz alledem fort).

Eine Vielzahl der kroatischen Präpositionen zeigt neben syntaktischen auch komplexe semantische Beziehungen[71] an (ebd.: 187).

Pluralbildung

Die Pluralbildung des Kroatischen weist bei der Mehrzahl einsilbiger Substantive im gesamten Pluralparadigma eine Stammerweiterung auf: Bei hart auslautenden Stämmen folgt *-ov-*, bei weich auslautenden Stämmen *-ev-*, z.B. zu *grad* (Stadt): *grad-ov-i, grad-ov-a, grad-ov-ima* etc. oder *kraj* (Gegend): *kraj-ev-i, kraj-ev-a, kraj-ev-ima* etc. (vgl. ebd.: 107).

Teilweise finden sich auch Doppelformen, d.h. neben den erweiterten gibt es auch nicht erweiterte Pluralbildungen, z.B. zu *zvuk* (Klang): *zvuk-ov-i* und *zvuc-i* oder zu *sin* (Sohn): *sin-ov-i* und *sin-i*.

Die kurzen Formen sind in der Regel stilistisch als poetisch o. Ä. deutlich markiert. Ab dem Genitiv Plural werden für gewöhnlich die erweiterten Formen verwendet, z.B. *zvuk-ov-a*. (ebd.)

Auch zweisilbige Substantive können eine Pluralbildung mit Stammerweiterung aufweisen, wenn sie eine Länge auf der vorletzten Silbe haben, z.B. zu *gavrān* (Rabe): *gavran-i* und *gavrān-ov-i* oder zu *vitēz* (Ritter): *vitēz-i* und *vitēz-ov-i* (ebd.: 108).

---

71 lokale, temporale, kausale, finale, konditionale, konzessive, konsekutive und modale Beziehungen, Vgl. hierzu die detaillierte Auflistung von Kunzmann-Müller (2002: 188).

Keine Stammerweiterung dagegen zeigen zweisilbige Substantive mit dem Suffix -ac, z.B. zu *glumac* (Schauspieler): *glumci* oder zu *pisac* (Schriftsteller): *pisci* etc. (vgl. ebd.)

Eine Reihe einsilbiger Substantive weist im Kroatischen keine Stammerweiterung auf (vgl. hierzu edb.: 108f.).

3.2.4 Syntax

Der kroatische Satzbau ähnelt dem deutschen und folgt in der Regel der Reihenfolge *Subjekt – Prädikat – Objekt*, wobei das Verb nicht zwingend an zweiter Stelle stehen muss, z.B. (vgl. Mayer 2008: 138).

Beispiele:[72]

(5)	*Iva čita novine.*	Iva liest (die) Zeitung
(6)	*Iva danas čita novine.*	Iva heute liest (die) Zeitung.

Werden die Satzbausteine umgestellt oder Adverbien vorangestellt, ergibt sich ein dem deutschen Satzbau sehr ähnliches Muster (vgl. ebd.):

(7)	*Napetu knjigu čita Danijel.*	(Ein) spannendes Buch liest Daniel.
(8)	*Večeras čitam novu knjigu.*	Heute Abend lese (ich) (ein) neues Buch.

Auch Wortfragen ähneln dem Deutschen und werden wie folgt gebildet: *Fragewort – Prädikat – Angabe*:

(9)	*Kada ideš u kino?*	Wann gehst (du) ins Kino?
(10)	*Kamo idu Ivor i Dejan?*	Wohin gehen Ivor und Dejan?
(11)	*Tko je u stanu?*	Wer ist in der Wohnung?

Satzfragen werden durch Zugabe des Fragepartikels *li* gebildet:

(12)	*Ideš li sutra u kino?*	Gehst du morgen ins Kino?
(13)	*Je li Nevena kod kuće?*	Ist Nevena zu Hause?

Im Kroatischen gibt es weder trennbare Verben noch eine Verbklammer. Es findet sich jedoch ein ähnliches Phänomen beim Gebrauch der Modalverben

---

72   Die folgenden Beispielsätze (5)-(20) sind entnommen aus Mayer 2008: 138f.

und im Perfekt, „wenn die Teile des Prädikats nicht beisammen stehen und von Angaben oder ganzen Nebensätzen unterbrochen werden" (ebd.):

(14) *Možeš sutra ujutro doći k meni.*   Du kannst morgen früh zu mir
                                          kommen.
(Wörtlich: Kannst morgen früh kommen zu mir.)

(15) *Smiješ li sutra bez pitanja ići na kupanje?*
     Darfst du morgen ohne zu fragen baden gehen?
(Wörtlich: Darfst morgen ohne Frage gehen aufs Baden?)

(16) *Ja sam prošle godine kada sam imala 17 godina krenula u autoškolu.*
     Ich habe letztes Jahr, als ich 17 Jahre alt war, mit der Fahrschule angefangen.
(Wörtlich: Ich bin letztes Jahr als ich bin gehabt 17 Jahre losgegangen in Fahrschule.)

(17) *On je, nakon što je cijelu godinu naporno učio, s uspjehom položio posljednji ispit.*
     Nachdem er das ganze Jahr fleißig gelernt hat, hat er die letzte Prüfung erfolgreich bestanden.
(Wörtlich: Er ist, nachdem ist ganzes Jahr fleißig gelernt, mit Erfolg bestanden letzte Prüfung.)

Es wird somit ersichtlich, dass das flektierte Verb nicht in Endstellung steht, sondern gefolgt wird von mindestens einem weiteren Satzelement (ebd.: 139).

Relativsätze finden sich im Kroatischen häufiger als im Deutschen, zumal in der deutschen Sprache Partizipien verwendet werden.

Die Konjunktionalsätze werden wie im Deutschen mit Konjunktionen eingeleitet, allerdings steht das Verb nicht wie im deutschen Konjunktionalsatz am Ende des Satzes, sondern direkt nach der Konjunktion (vgl. Beispiele 18 und 20) oder hinter Adverbien (vgl. Beispiel 19):

(18) *Iva mi je rekla tajnu koju neću zaboraviti.*
     Iva hat mir ein Geheimnis gesagt, das ich nicht vergessen werde.
(Wörtlich: Iva mir ist gesagt Geheimnis, das werde nicht vergessen.)

(19) *Mislim da je pametan jer uvijek riješi sve najteže zadatke.*
Ich finde, dass er klug ist, weil er immer alle Aufgaben löst, die am schwersten sind.
(Wörtlich: Finde, dass ist klug, weil immer löst alle Aufgaben, die sind am schwersten).

(20) *Nisam mogla doći na tvoju zabavu, jer sam čitala jako zanimljivu knjigu.*
Ich konnte nicht zu deiner Party kommen, weil ich ein sehr interessantes Buch gelesen habe.
(Wörtlich: Nicht konnte kommen zu deiner Party, weil bin gelesen sehr interessantes Buch.)

Wie bereits in Kapitel 3.2.3 angeführt, wird die Vergangenheitsform mit dem Hilfsverb „sein" gebildet, das im Deutschen lediglich bei Verben der Bewegung verwendet wird (z.B. *Ich bin in die Stadt gegangen. Lisa ist die Treppe hinuntergefallen*).

Personalpronomen werden nicht benötigt, da die jeweilige Verbendung auf die Person schließen lässt (vgl. ebenfalls Kap. 3.2.3).

3.2.5 Wortschatz und Semantik

Der kroatische Wortschatz besteht größtenteils aus Wörtern slawischen Ursprungs, weist jedoch auch eine hohe Anzahl an Entlehnungen auf. Diese stammen im Wesentlichen aus fünf Sprachen: Latein, Deutsch, Italienisch, Ungarisch und Türkisch.

Italienische und ungarische Entlehnungen finden sich jedoch in der Regel nur in den regionalen Dialekten Istriens und Dalmatiens (Mayer 2008: 140). Lateinische, deutsche und türkische Entlehnungen gehören dagegen zur kroatischen Standardsprache, z.B. *šunka* = Schinken, *celer* = Sellerie, *cilj* = Ziel, *čarapa* (türk.: çorap) = Socke, *jastuk* (türk.: yastık) = Kissen, *kajsija* (türk.: kayısı) = Aprikose, *šećer* (türk.: şeker) = Zucker (ebd.: 141).

Jedoch gibt es auch einige Germanismen und Turzismen, die ebenfalls nur regional im Norden und/bzw. im Osten Kroatiens verwendet werden und parallel gültige kroatische Entsprechungen aufweisen, z.B. *rerna* (dt.: Backröhre), Standardsprache: *pećnica*; *šrafciger* (dt.: Schraubenzieher), Standardsprache: *odvijač*; *ćošak* (türk.: köşe), Standardsprache: *ugao*, *kut* = Ecke; *pendžer* (türk.: pencere), Standardsprache: *prozor* = Fenster (ebd.).

Darüber hinaus zeichnet sich das Kroatische durch zahlreiche Internationalismen aus, die – etymologisch betrachtet – aus dem Griechischen, Arabischen oder Französischen stammen. Zudem haben in den letzten Jahren sehr viele englische Entlehnungen Eingang in die kroatische Sprache gefunden (insbesondere im technischen Bereich), z.b. *hardver* (engl.: hardware), *džojstik* (engl.: joystick), *stjuardesa* (engl.: stewardess).

Wörter serbischen Ursprungs sind seit einigen Jahren unerwünscht und werden in der Regel durch kroatische ersetzt (ebd.).

3.3 Kontrastivanalyse: Griechisch vs. Deutsch

3.3.1 Die griechische Sprache – grundlegende Informationen

Das Neugriechische ist eine indogermanische, dem Deutschen also verwandte Sprache (Eideneier 1976: 8). Die griechische Sprache bildet innerhalb der indoeuropäischen Sprachfamilie einen eigenen Sprachzweig (Pagonis 2008: 105). Trotz der sprachtypologischen Verwandtschaft besteht keine große Ähnlichkeit zwischen Griechisch und Deutsch (Ruge 2002: 11).

Dennoch lassen sich auf sprachstruktureller Ebene (Formenbildung, Satzbau) und auch im Bereich des Wortschatzes gewisse Übereinstimmungen feststellen, z.b. ΤΡΕΙΣ ΜΗΤΕΡΕΣ (altgriechische Aussprache: *tres metéres*, neugriechische Aussprache: *tris mitéres*) und deutsch: *drei Mütter* (Pagonis 2008: 105; Ruge 2002: 11).

Die offizielle Amtssprache Griechenlands und Zyperns ist das Neugriechische[73] (*Noelkinikí Kiní*) und wird von etwa 12 Millionen Menschen weltweit als Muttersprache gesprochen.[74] Zudem bildet sie eine der offiziellen Amtssprachen der Europäischen Union und wird von etwa 300.000 Griechen in Deutschland gesprochen (Pagonis 2008: 106).

---

73 Das Neugriechische wird im Folgenden synonym zu „Griechisch" verwendet.
74 Die griechische Sprache ist ein klassischer Fall von *Diglossie*, d.h. dass neben dem „natürlichen" Neugriechischen auch eine ältere, künstliche Varietät verwendet wird (vgl. Ruge 2002: 13).

3.3.2 Das griechische Alphabet – Aussprache und Orthographie

Die griechische Orthographie ist seit ca. 2500 Jahren (403 v. Chr.) unverändert. Das griechische Alphabet geht auf das nordseminitische Schriftsystem zurück und unterscheidet sich sehr stark vom deutschen Alphabet (ebd.: 107). Das Neugriechische besitzt 25 Phoneme (5 Vokale und 20 Konsonanten) und 24 Grapheme (vgl. Ruge 2002: 16).

Tabelle 10: Das griechische und deutsche Alphabet im Vergleich

Großbuchstabe	Kleinbuchstabe	Name des Buchstabens	Deutsche Entsprechung
A	α	álfa	*a* wie in *fast*
B	β	víta	*w* wie in *weich*
Γ	γ	γámma	wie norddt. *g* in *sagen*
Δ	δ	δélta	wie engl. *th* in *that*
E	ε	épsilon	*e* wie in *selbst*
Z	ζ	zíta	*s* wie *sein* (stimmhaft)
H	η	íta	*i* wie in *divers*
Θ	θ	θíta	wie engl. *th* in *think*
I	ι	jóta	*i* wie in *divers*
K	κ	kápa	*k* wie in *Skat* (unaspiriert)
Λ	λ	lámδa	*l* wie in *lachen*
M	μ	mi	*m* wie in *mich*
N	ν	ni	*n* wie in *nicht*
Ξ	ξ	ksi	*ks* wie in *Keks*
O	o	ómikron	*o* wie in *voll*
Π	π	pi	*p* wie in *spät* (unaspiriert)
P	ρ	ro	wie ital. *r* in *amore*
Σ	σ, ς [76]	síγma	*s* wie in *aus* (stimmlos)
T	τ	taf	*t* wie in *still* (unaspiriert)
Y	υ	ípsilon	*i* wie in *divers*
Φ	φ	fi	*f* wie in *fallen*
X	χ	çi	*ch* wie in *ich*[77]
Ψ	ψ	psi	*ps* wie in *psychisch*
Ω	ω	oméγa	*o* wie in *voll*

Während die griechische Orthographie über Jahrtausende gleich geblieben ist (historische Orthographie), hat sich die Aussprache im Griechischen dagegen deutlich verändert (ebd.: 15). So gibt es im Griechischen beispielsweise sechs

---

75 Am Wortende ς, sonst σ , z.B.: σας (vgl. Ruge 2002: 15).
76 vor *e*- und *i*-Lauten, ansonsten *ch* wie in *Bach* (vgl. ebd.).

verschiedene Grapheme (bzw. Graphemverbindungen) für den Laut [i]: *η, υ, ει, οι, υι* und *ι*. Früher existierten für diese Buchstaben auch sechs Laute.

Auch im Griechischen gibt es wie im Deutschen Buchstabenverbindungen, die einen Laut wiedergeben, z.b. *ου* = [u] und Einzelbuchstaben, die eine Lautverbindung darstellen, z.B. *ξ* = [ks] (Pagonis 2008: 107).

Die Unterscheidung zwischen langen und kurzen Vokalen existiert im Griechischen nicht. Ferner wird auch nicht wie im Deutschen zwischen halbgeschlossenen und halboffenen Vokalen, gerundeten und ungerundeten (bei vorderen Vokalen), ungespannten und gespannten (bei geschlossenen Vokalen) unterschieden (Eidemeier/Ruge 1976: 18).

Wie im Deutschen taucht auch im Griechischen die Kontaktassimilation auf, wenn zwei Konsonanten oder Vokale aufeinandertreffen. So wird beispielsweise das stimmlose [s] im Auslaut des Wortes [ios] (*γιος* = Sohn) zu einem stimmhaften [z] [ioz], wenn der nachfolgende Konsonant ebenfalls stimmhaft ist: [iozmu] (*γιος μου* = mein Sohn).

Treffen zwei unterschiedliche Vokale aufeinander, kann einer von beiden ausgelassen werden (Ellision). Welcher Vokal wegfällt, bestimmt eine Hierarchie: *to agapo* (*το αγα πω* = ich liebe es) wird zu *tagapo* (*ταγαπω*) (Pagonis 2008: 108)[77].

Die Betonung fällt im Neugriechischen (wie auch im Altgriechischen) auf eine der drei letzten Silben des Wortes (Dreisilbenregel), z.B. *δημοκρατικός, δημοκρατία, Δημόκριτος* (Ruge 2002: 23).

Der jeweilige Wortakzent wird durch einen Akut (´) ausgedrückt. Dadurch wird die markierte betonte Silbe lauter gesprochen als die unbetonten. Wird an ein auf der drittletzten Silbe betontes Wort eine weitere Silbe angehängt (wie z.B. das Pluralmorphem *τα*), verschiebt sich der Hauptakzent um eine Silbe nach hinten. Auf diese Weise wird die Dreisilbenregel bewahrt (Pagonis 2008: 108).

Da sich in der griechischen Sprache viele Wörter nur durch die Betonung voneinander unterscheiden, übernimmt die Betonung im Griechischen eine deutlich umfassendere bedeutungsunterscheidende Funktion als im Deutschen, z.B. *῾ποτε* (wann) vs. *πο᾽τε* (nie) (vgl. ebd.).

Während die griechische Orthographie stark von der deutschen abweicht, sind die Satzzeichen in beiden Sprachen in weiten Teilen identisch (Punkt, Komma,

---

77 Zu den „Lautveränderungen in laufender Rede" vgl. detailliert Ruge (2002: 24ff.).

Ausrufezeichen, Doppelpunkt etc.). Der einzige Unterschied liegt bei dem griechischen Fragezeichen, das als ein deutsches Semikolon (;) verschriftlicht wird. Im Griechischen werden alle Wörter außer Eigennamen, Titel, Wochennamen usw. sowie am Satzanfang kleingeschrieben (ebd.: 109).

3.3.3 Morphologie und Wortbildung – Formenlehre

Das Griechische ist eine flektierende Sprache, weist aber auch eine Tendenz zu analytischen Konstruktionen auf (Pagonis 2008: 109).

So wie im Deutschen gibt es auch im Griechischen sowohl zwei Numeri (Singular und Plural) als auch drei Genera: Maskulinum, Femininum und Neutrum. Auch können parallel zum Deutschen griechische Substantive, die unbelebte Dinge bezeichnen, maskulin oder feminin sein. Jedoch kann dieselbe Sache in beiden Sprachen mit einem jeweils unterschiedlichen Genus auftreten. Übereinstimmungen in der Genuszuweisung sind zufällig. So ist z.B. die Tür zufälligerweise im Griechischen auch feminin (η πόρτα) und der Kaffee maskulin (ο καφές).

Jedoch ist *die Tafel* beispielsweise maskulin (ο πίνακας), *das Glück* feminin (η τύχη) und *der Tisch* neutrum (το τραπέζι). Das grammatische Geschlecht kann wie auch im Deutschen mit dem natürlichen in Konflikt geraten. So haben z.B. *der Junge* (το αγόρι) und *das Mädchen* (το κορίτσι) beide ein neutrales Genus im Griechischen (vgl. Ruge 2002: 28).

Anders als im Deutschen wird das grammatische Genus in der griechischen Sprache in der Regel durch eine entsprechende Endung am Substantiv markiert[78] (vgl. Pagonis 2008: 111):

Tabelle 11: Genuszuweisung im Griechischen

Substantive, die im Nominativ/Singular auf -ς enden, sind i. d. R. **maskulin**	Substantive, die im Nominativ/Singular auf -α und -η enden, sind i. d. R. **feminin**	Substantive, die im Nominativ/Singular auf -o und -ι enden, sind i. d. R. **neutrum**
ο ουρανος (*der Himmel*)	η χωρα (*das Land*)	το βουνο (*der Berg*)
ο αναπτηρας (*das Feuerzeug*)	η ζαχαρη (*der Zucker*)	το σπιτι (*das Haus*)

---

78 Bestimmte Auslaute können in verschiedenen Geschlechtern auftauchen (vgl. Pagonis 2008: 111).

Konjugation der Verben

Die Konjugation weist im Griechischen eine hohe morphologische Komplexität auf. Zwar sind grundlegende Ähnlichkeiten zwischen der deutschen und der griechischen Formbildung festzustellen, jedoch gibt es auch wesentliche Unterschiede.

Die Kategorien Person, Numerus, Tempus (Vergangenheit/Nicht-Vergangenheit), Handlungsform (Aktiv/Passiv), Modus (Indikativ, Konjunktiv, Imperativ) und Aspekt (Imperfektiv, Perfektiv, Perfekt) werden durch folgende Bildungen markiert (vgl. ebd.):

(1) durch Anfügung grammatischer Einheiten (Prä- bzw. Suffixe) an den Verbstamm
(2) durch zusammengesetzte Verbformen (z.B. Hilfs- + Vollverben)
(3) durch den Gebrauch unterschiedlicher Verbstämme des gleichen Verbs.

Beispiele (vgl. ebd.):

(1) (a) γραφω   (gravo; *(ich) schreibe*)
      (b) γραφεις   (gravis; *(du) schreibst*)
      (c) γραφουμε   (gravoume; *(wir) schreiben*)

      (d) εγραφα   (egrava; *(ich) schrieb*)
      (e) εγραφες   (egraves; *(du) schriebst*)
      (f) γραφαμε   (gravame; *(wir) schrieben*)

(2) (a) θα γραφω   (tha gravo; *(ich) werde* (fortwährend) *schreiben*)
      (b) εχω γραψει   (echo grapsi; *(ich) habe geschrieben*)

(3) (a) θα γραψω   (tha grapso; *(ich) werde* (punktuell) *schreiben*)
                           (aoristischer oder perfektiver Aspekt)
      (b) θα γραφω   (tha gravo; *(ich) werde* (fortwährend) *schreiben*)
                           (imperfektiver Aspekt)

Ein wesentlicher Unterschied zum Deutschen besteht somit darin, dass in der griechischen Verbkonjugation der Aspekt (in allen Tempora) morphologisch markiert wird. Dabei liegen drei unterschiedliche Stämme des Verbs vor.

Die griechische Sprache unterscheidet vier Vergangenheitsformen (Aorist, Imperfekt, Perfekt und Plusquamperfekt). Imperfekt, Perfekt und Plusquamperfekt haben in weiten Teilen die gleiche Funktion wie die entsprechenden deutschen Vergangenheitsformen.

Wie auch im Deutschen werden die Formen des Perfekts und Plusquamperfekts mit dem Hilfsverb „haben" und einer Grundform gebildet (vgl. auch obiges Bsp. (2b)). Das Hilfsverb „sein" wird im Griechischen allerdings nur in Vergangenheitsformen des Passivs verwendet. Das griechische Imperfekt bezeichnet den sich wiederholenden Verlauf einer Handlung in der Vergangenheit oder einen nicht abgeschlossenen Zustand, z.b. Εγραφα (egrafa = Ich war beim Schreiben). Es wird vom Präsensstamm abgeleitet und lässt sich somit nicht mit dem deutschen Präteritum der starken Verben vergleichen (Meese et al. 1980: 61).

Der Aorist[79] bezeichnet eine einmalige, in der Vergangenheit abgeschlossene Handlung (vgl. Beispielsätze 1 (d)-(f)).

Die Verwendung der Personalpronomen ist im Griechischen nicht obligatorisch. Anders als im Deutschen wird das Personalpronomen im Griechischen selten als Subjekt verwendet, da die konjugierte Endung des Verbs auf das Subjekt (Person) schließen lässt, z.B. Βλεπω το φως (= sehe Licht) (vgl. Meese et al. 1980: 58f.).

Im Griechischen wird zudem zwischen starken und schwachen Personalpronomina unter-schieden. In der Regel werden letztere verwendet, die in Bezug auf die Wortstellung strengen Regeln unterliegen[80]. Die starken Personalpronomina werden bei Emphase, bei Kontrastierung, in prädikatslosen Sätzen und nach Präpositionen (vgl. Ruge 2002: 53) gebraucht, z.B.:

(4) Εγώ πληρώνω   (Emphase)   *Ich zahle.*

(5) Θέλεις εμένα ή αυτήν; (Kontrastierung)   *Wünscht du **mich** oder **sie** (zu sprechen)?*

(6) Ποιος ήρθε; - Εγώ   (prädikatsloser Satz) *Wer ist gekommen? **Ich**.*

(7) Το αγόρι ήρθε σ' εμένα (nach Präposition) *Der Junge kam zu **mir**.*

---

79 Zudem wird zwischen dem Aorist mit (regelmäßige Bildung) und ohne Sigma (s) (unregelmäßige, stammverändernde Aoristbildung) unterschieden. Meese et al. (1980: 61) sehen hier eine Parallele zu der Unterscheidung zwischen starken und schwachen Verben bei der Präteritumbildung im Deutschen.

80 Zu den Wortstellungsregeln der schwachen Personalpronomina vgl. Ruge (2002: 117f.).

Ein weiterer Unterschied zwischen dem Griechischen und Deutschen liegt in der Verwendung der Modalverben. Die entsprechenden griechischen Konstruktionen stellen zwar auch komplexe und analytische Ausdrücke dar, jedoch sind sie unterschiedlich aufgebaut. Sie bestehen nicht wie im Deutschen aus Modalverb und Infinitiv (z.B. *Ich **will tanzen; Du darfst weggehen**.*), sondern aus einem Verb wie θελω (thelo (*wollen*)) und einem Nebensatz, der mit να eingeleitet wird, z.B.: (vgl. Pagonis 2008: 112)

(8) θελω   να   χο ρεψω
     Will (1. Pers. Sing.)   dass   tanze
     Ich will tanzen.

(9) μ πο ρεις   να   φυγεις
     kannst/darfst   dass   weggehst
     Du kannst/darfst weggehen.

Satz (9) macht deutlich, dass bestimmte Bedeutungsdifferenzierungen im Griechischen nicht lexikalisch wiedergegeben werden, die im Deutschen durch Modalverben ausgedrückt werden. Je nach Kontext kann z.B. das Verb μπορω *können* oder *dürfen* bedeuten.

Einen Infinitiv gibt es im Griechischen nicht. Stattdessen wird als Lexikoneintrag die 1. Person Singular des Präsens verwendet (ebd.: 113).

Kasus und Deklination
Im Griechischen gibt es vier Kasusformen: Nominativ, Genitiv, Akkusativ und Vokativ. Beim Substantiv wird durch die Endung auch Numerus und Kasus ausgedrückt (vgl. Ruge 2002: 28):

Tabelle 12: Deklination der Substantive im Griechischen

	Singular	Plural
Nominativ	γάτος *(der, ein) Kater*	γάτοι *(die) Kater*
Genitiv	γάτου *(des, eines) Katers*	γάτων *(der) Kater*
Akkusativ	γάτο *(den, einen) Kater*	γάτους *(die) Kater*
Vokativ	γάτε *(du) Kater!*	γάτοι *(ihr) Kater!*

Eigennamen können einen Plural haben, wenn es entweder um mehrere Referenten mit demselben Namen geht oder die Eigenschaften des Referenten generalisiert werden (vgl. ebd.: 120).

Beispiele:

(10) Σήμερα γιορτάζουν οι Γιάννηδες. *Heute haben alle, die Jannis heißen, Namenstag.*

(11) Πλάτωνες δεν υπάρχουν πια. *Männer wie Platon gibt's nicht mehr.*

Das Griechische besitzt wie das Deutsche einen bestimmten und einen unbestimmten Artikel (außer im Vokativ).[81] Der unbestimmte Artikel taucht jedoch im Griechischen seltener auf als im Deutschen und wird in der Regel nur verwendet, um einem Satz Nachdruck zu verleihen (vgl. Ruge 2002: 134). Anders als im Deutschen wird die Genusunterscheidung der griechischen Artikel auch im Plural aufrechterhalten (ebd.: 29).

Im Griechischen gibt es drei Deklinationsarten, die nach folgenden Kriterien eingeteilt werden (vgl. ebd.: 30):

1. Deklination des S-Prinzips (Nicht-Neutra):
Substantive, die nach dem S-Prinzip dekliniert werden, zeichnen sich dadurch aus, dass maskuline Substantive ein -*s* im Nominativ nach dem Stammvokal des Singulars haben, während die femininen Substantive ein -*s* im Genitiv haben:[82]

			Maskulin	Feminin
(12)	Nominativ	Sing.	-s	-Ø
	Beispiel		πατέρα-ς	μητέρα-Ø
(13)	Genitiv Sing.		-Ø	-s
	Beispiel		πατέρα-Ø	μητέρα-ς

---

81 Vgl. die Deklinationstabellen des unbestimmten und bestimmten Artikels bei Ruge (2002: 29).
82 Vgl. hierzu auch die Formen für den Akkusativ und Vokativ bei Ruge (2002: 32).

2. Deklination der sieben Formen (Nicht-Neutra):

Diese Substantive können bis zu sieben verschiedene Deklinationsformen haben, vier verschiedene Formen im Singular und drei im Plural. Nur der Nominativ und der Vokativ haben immer die gleiche Form. Hierbei handelt es sich um Maskulina und einzelne Feminina auf -ος.

3. Deklination der Neutra:

Bei den Neutra ist die Form für Nominativ, Akkusativ und Vokativ immer gleich (Singular und Plural). Ein neutrales Substantiv hat folglich insgesamt vier verschiedene Formen (vgl. ebd.: 38):

(a) eine gemeinsame für Nom., Akk. und Vok. des Singulars, z.B. κύμα, μέρος, βουνό,

(b) eine für den Genitiv Singular[83], z.B. κύματος, μέρους, βουνού,

(c) eine gemeinsame für Nominativ, Akkusativ und Vokativ des Plurals, z.B. κύματα, μέρη, βουνά,

(d) eine für den Genitiv Plural, z.B. κύματων, μέρών, βουνών.

Bei einzelnen Substantiven können unterschiedliche Deklinationsformen auftauchen. So kann beispielsweise γείτονας (1. Deklination) (= Nachbar) im Genitiv Singular statt γείτονα die Form γείτόνου nach der 2. Deklination erhalten. Solche Substantive werden *heteroklitisch* genannt.

Manchen Substantiven fehlen gewisse Formen, wie z.B. bei ζάχαρη (= Zucker), das keinen Genitiv Plural besitzt. Solche Substantive bezeichnet man als *defektiv*. Ferner sind manche Lehnwörter unflektierbar, wie z.B. η πλαζ, της πλαζ usw. (< frz. *plage*). Numerus und Kasus erkennt man beispielsweise am Adjektiv oder Adjektivattribut (ebd.).

Die Adjektivdeklination folgt anderen Prinzipien als die Substantivdeklination und lässt sich in drei Deklinationsarten aufteilen (vgl. ebd.: 42):

1. Maskulin Genitiv Singular auf -ου
1.1 Maskulin Nominativ Singular auf -ος
καλός – καλή – καλό
παλιός – παλιά – παλιό

---

83 Die Endung des Genitivs Singular verweist auf eine weitere Einteilung. Vgl. hierzu detailliert ebd.: 38ff.

1.2 Maskulin Nominativ Singular auf -ίς
βαθύς – βαθιά – βαθύ
σταχτής – σταχτιά – σταχτί

Die 1. Adjektivdeklination enthält die meisten Adjektive, sowohl in Bezug auf den Wortschatz als auch auf die tatsächliche Verwendung in laufender Rede und Schrift (ebd.: 43).

2. Maskulin nach dem S-Prinzip und mit Pluralstamm durch Addition
2.1 Maskulin Nominativ Singular auf -ης
ζηλιάρης – ζηλιάρα – ζηλιάρικο

2.2 Maskulin Nominativ Singular auf -άς
φαγάς – φαγού – φαγάδικο

Bei der 2. Adjektivdeklination folgt das Maskulinum Singular dem S-Prinzip. Der maskuline Pluralstamm wird immer durch Addition gebildet. Ferner können die Maskulin- und Femininformen substantivischen Charakter haben, z.B. γκρινιάρης (=griesgrämig und Nörgler) (ebd.: 45).

3. „Gelehrte" Adjektive
3.1 auf –ης –ης -ες
διεθνής – διεθνής – διεθνές

3.2 auf –ων –ων -ον
σώφρων – σώφρων – σώφρον

3.3 auf –υς -εια -υ
ευρύς – ευρεία – ευρύ

3.4 Altgriechische Partizipien
γράφων – γράφουσα – γράφον

Die 3. Adjektivdeklination folgt Regeln, die dem Altgriechischen entnommen sind. Diese Adjektive haben einen abstrakten und/oder gelehrten Charakter, auf die man insbesondere in der Fachprosa und manchmal auch in der Belletristik trifft (ebd.: 46).

Für die Komparation der Adjektive finden sich im Griechischen vier Komparationsgrade: Positiv, Komparativ, Superlativ und Elativ. Der Komparativ wird wie im Deutschen durch Ableitung oder wie in den romanischen Sprachen durch Umschreibung gebildet. Das Ableitungssuffix für die griechische Komparation ist -τερ-, das an den Stamm (des Positivs) angehängt wird und diejenigen Endungen erhält, die Adjektive auf -ος im Positiv haben, z.B. ωραιότερος, βαθτερος, επιμελέστερος.

Die Umschreibung erfolgt durch das Adverb πιο (= mehr) (vgl. ital. *più*, frz. *plus*), z.B. πιο ωραίος, πιο βαθύς, πιο επιμελής (ebd.: 48).

Der Superlativ wird bei den Adjektiven mit dem bestimmten Artikel und dem Komparativ gebildet, z.B. ο ωραιότερος oder ο πιο ωραίος (vgl. ital. *il più bello*, frz. *le plus beau*).

Mit dem Elativ (manchmal auch absoluter Superlativ genannt) wird im Griechischen ein sehr hoher Grad ohne Vergleich zum Ausdruck gebracht, wie der deutsche Superlativ in *äußerst* (vgl. ital. *bellissimo*). Das Ableitungssuffix ist -τατ-, das an den Stamm (des Positivs) gehängt wird und diejenigen Endungen erhält, die Adjektive auf -ος im Positiv haben, z.B. ωραιότατος, βαθύτατος, επιμελέστατος (vgl. ebd.).

Wie auch im Deutschen gibt es im Griechischen Adjektive, die unregelmäßig kompariert werden, wie z.B. καλός (= gut), μεγάλος (= groß), πολύς (= viel) (vgl. ebd.: 49).[84]

Präpositionen

In der griechischen Sprache tauchen weitaus weniger Präpositionen auf als im Deutschen. Die folgende Übersicht verdeutlicht die Asymmetrie (vgl. Pagonis 2008: 115):

(14) σε in, auf, an, zu, nach
(15) απο von, durch, seit

Die Präpositionen σε und απο sind folglich mehrdeutig, und der jeweilige Kontext entscheidet über die Interpretation der verwendeten Präposition, z.B. (vgl. ebd.):

(16) η ζώνη ειναι στην ντουλαπα
      Der Gürtel ist PRÄP. σε + ARTIKEL Schrank
      *Der Gürtel ist **in** dem Schrank. Oder: Der Gürtel ist **auf** dem Schrank.*

---

84 Vgl. hierzu detailliert Ruge (2002: 49).

Aus dem obigen Kontext heraus würde man *Der Gürtel ist **im** Schrank* verstehen. Befände sich der Gürtel auf dem Schrank, müsste eine weitere Spezifikation mit dem Lokaladverb πανω erfolgen, das vor der Präposition σε steht:

(17) η ζωνη   ειναι   πανω   στην   ντουλαπα
      Der Gürtel ist   oben   PRÄP. σε + ARTIKEL   Schrank
      Der Gürtel ist auf dem Schrank.

Nach den Präpositionen σε und απο folgt im Griechischen stets der Akkusativ. Anders als im Deutschen wird also nicht zwischen dem präpositionalen Ausdruck der Richtung (*Ich lege den Stift auf **den** Tisch. Wohin?* → Akkusativ) und dem präpositionalen Ausdruck des Ortes (*Der Stift liegt auf **dem** Tisch. Wo?* → Dativ) unterschieden (vgl. ebd.: 116):

(18) βαζω   το μολυβι   στο   τραπεζι
      lege   den Bleistift   PRÄP. σε + ARTIKEL (Akk.)   Tisch
      Ich lege den Bleistift auf den Tisch.

(19) το μολυβι   ειναι   στο   τραπεζι
      der Bleistift   ist   PRÄP. σε + ARTIKEL (Akk.)   Tisch
      Der Bleistift ist auf dem Tisch.

3.3.4 Syntax

Wie im vorherigen Kapitel aufgezeigt wurde, ist das Griechische eine hochgradig flektierende Sprache. Dies wirkt sich auch auf den griechischen Satzbau aus, zumal bereits durch die morphologische Form eindeutig markiert wird, welches Wort bzw. welche Phrase Subjekt oder direktes Objekt im Satz ist. Das bedeutet, dass die Wortstellung im Griechischen keine syntaktische Funktion übernimmt. „Vielmehr wird durch das Abweichen von der „neutralen" Wortstellung SVO (Subjekt-Verb-Objekt) eine spezielle Gewichtung einer im Satz enthaltenen Information erreicht" (Pagonis 2008: 113).

Die Wortstellung ist im Griechischen somit freier als im Deutschen (Ruge 2002: 115). Aus diskurspragmatischen Gründen (Topikalisierung) kann nicht nur das Objekt an die erste Stelle im Satz rücken, sondern auch das Verb (vgl. Pagonis 2008: 113).

Beispiele[85]:
(20) ο πατερας μου   διαβαζει   Νιτσε
      der Vater mein   liest   Nietzsche
      S   V   O
Mein Vater liest Nietzsche.

(21) Νιτσε   διαβαζει   ο πατερας   μου
      Nietzsche liest   der Vater   mein
      O   V   S
Nietzsche liest mein Vater (und nicht Schopenhauer).

(22) διαβαζει   ο πατερας   μου   Νιτσε
      liest   der Vater   mein   Nietzsche
      V   S   O
(Oh, doch!) Mein Vater liest Nietzsche.[86]

Diese Flexibilität der Wortstellung bietet der Aussagesatz im Deutschen nicht.
Ähnliches lässt sich auch bei der Abfolge von Subjekt und Verb erkennen,
wenn an erster Stelle des Satzes ein anderes Satzglied als das Subjekt (z.B. ein
temporales Adverbial) steht.

Während im Deutschen Subjekt und Verb zur Wahrung der Verbzweitstellung vertauscht werden (Inversion), gibt es im Griechischen keine Einschränkungen. Das Verb kann sowohl vor als auch nach dem Subjekt stehen (vgl.
ebd.: 114).

Beispiele:

(23) αυριο   η Μαρια   θα παει   στην   Αθηνα
      morgen   die Maria   wird gehen   (Präp.)   Athen
      Adv   S   VP   PP
Morgen wird Maria nach Athen fahren.

(24) αυριο   θα παει   η Μαρια   στην   Αθηνα
      morgen   wird gehen   die Maria   (Präp.)   Athen
      Adv   VP   S   PP
Morgen wird Maria nach Athen fahren.

---

85   Die Beispielsätze (20)-(26) sind entnommen aus Pagonis (2008: 113ff.).
86   Die VSO-Wortstellung wird teilweise auch als Grundwortstellung im Griechischen
     betrachtet. Vgl. Pagonis (2008: 114) und Mackridge (1992: 235).

Die beiden Beispielsätze machen zudem deutlich, dass es keine Trennung der Prädikatsbestandteile θα (= wird) παει (= fahren) gibt. Die für das Deutsche charakteristische Verbklammer existiert im Griechischen nicht (vgl. ebd.).

Ein wesentlicher Unterschied zum Deutschen zeigt sich auch in den griechischen Neben- und Fragesätzen, sofern die Hauptsatzstellung des Verbs beibehalten wird, z.B. (vgl. ebd.: 115):

(25) δεν θελω να ερθω,   γιατι   ειμαι   κουρασμενος
     nicht will zu mitkomme   weil   bin   müde
     Ich will nicht mitkommen, weil ich müde bin.

Der Fragesatz lässt sich in der gesprochenen Sprache nur durch die Intonation, in der Schriftsprache durch das Fragezeichen vom Aussagesatz unterscheiden (vgl. Ruge 2002: 116 und ebd.):

(26) θα   ερθεις   αυριο (;)
     Futurpartikel   kommst   morgen (?)
     Du kommst morgen.   Oder: *Kommst du morgen?*

Der griechische Nebensatz verlangt im Allgemeinen keine besondere Wortstellung (Ruge 2002: 116). Nebensätze im Griechischen werden so wie im Deutschen durch eine Konjunktion und Relativsätze durch ein Relativpronomen bzw. Relativadverb eingeleitet (vgl. ebd.).[87]

Eine weitere Besonderheit des griechischen Satzbaus ist, dass ein vollständiger Satz im Griechischen aus einem einzigen Wort bestehen kann. Dabei sind folgende Konstruktionen möglich (vgl. Ruge 2002: 107): Der Satz besteht nur aus einem Prädikat (häufig bei Wetteraussagen), z.B.:

(27) χιονίζει   *Es schneit.*
(28) Έβρεχε   *Es regnete.*

Der Satz besteht aus einer finiten Verbform, die sowohl als Prädikat als auch als Subjekt fungiert, z.B.:

(29) Δουλεύουμε   *Wir arbeiten.*

---

87   Eine detaillierte Aufführung der griechischen Nebensätze bietet Ruge (2002: 180-203).

3.4 Zusammenfassung Kontrastivanalyse

In den vorherigen Kapiteln wurden grundlegende Gemeinsamkeiten und Unterschiede der für diese Forschungsarbeit relevanten Sprachen Türkisch, Kroatisch, Griechisch und Deutsch aufgezeigt. Die dabei durchgeführten kontrastiven Analysen und die Darstellung der wichtigsten typologischen Merkmale der jeweiligen Erstsprachen werden die Grundlage für die Interpretation der empirischen Daten (Kap. 5.8 und 5.9) bilden.

Die in der Zweitsprache Deutsch auftauchenden sprachlichen Fehlerphänomene sollen dabei auf mögliche Einflüsse der Erstsprache hin überprüft werden. Ziel soll dabei sein, herauszufinden, ob und inwieweit sich die sprachlichen Konstruktionen der türkisch-deutschen, kroatisch-deutschen und griechisch-deutschen Schülerschaft in der Zweitsprache Deutsch voneinander unterscheiden. Die Ergebnisse sollen zudem Aussagen darüber ermöglichen, inwieweit eine fundierte zweisprachliche Förderung der Berücksichtigung erstsprachlicher Strukturen bedarf.

Hierfür muss geklärt werden, welchen Einfluss die linguistische Struktur der Erstsprache (in diesem Fall Türkisch, Kroatisch oder Griechisch) auf den Erwerb des Deutschen als Zweitsprache hat (vgl. Kap. 1.1, Fragestellung (1)). Erst dann wird es möglich sein, der Frage nachzugehen, wie dieses kontrastive Wissen um strukturelle Ähnlichkeiten und Unterschiede zwischen Erst- und Zweitsprache im Schulunterricht effizient umgesetzt werden kann und wie sich daraus nachhaltige Förderkonzepte für DaZ-Lehrende und -Lernende ableiten lassen (vgl. Fragestellung (4)).

An dieser Stelle soll nochmals darauf verwiesen werden, dass im Rahmen der vorausgegangenen Kontrastivanalysen ganz bewusst (noch) keine Aussagen über „mögliche" Interferenzen der Schülerinnen und Schüler getroffen wurden. Erst die statistische Auswertung der dieser Arbeit zugrunde liegenden Daten erlaubt eine aussagekräftige und empirisch belegbare Interpretation der sprachlichen Konstruktionen der Probanden im Hinblick auf einen möglichen erstsprachlichen Einfluss.

Im Folgenden werden die typologischen Merkmale des Türkischen, Kroatischen, Griechischen und Deutschen zur besseren Veranschaulichung in tabellarischer Form zusammenfassend gegenübergestellt.

Tabelle 13: Gegenüberstellung der typologischen Merkmale des Türkischen, Kroatischen, Griechischen und Deutschen

	Türkisch	Kroatisch	Griechisch	Deutsch
Ortho-graphie	• lautgetreues Alphabet (8 Vokale und 21 Kons.) • keine GuK • selten Konsonantenverdoppelung bzw. -häufung	• lautgetreues Alphabet (5 Vokale, 25 Kons.) • keine GuK • keine Doppelkonsonanz • viele Konsonantenhäufungen	• keine 1:1 Phonem-Graphem-Korrespondenz (5 Vokale, 20 Kons.) • keine GuK • selten Konsonantenverdoppelung bzw. -häufung	• keine 1:1 Phonem-Graphem-Korrespondenz • GuK • häufig Konsonantenverdoppelung bzw. -häufung
Morpho-logie	• produktive Agglutinierungsprozesse • Endungen unterliegen der Vokalharmonie • regelmäßige Konjugation der Verben durch Suffigierung • Sechs Kasus: Nom., Akk., Lok., Abl., Gen. • Deklination durch Agglutinierung • kein Genus • keine Artikel • Präpositionen durch Kasusendung/Postpositionen • Pluralbildung durch Suffixe -ler und -lar • Keine Adjektivdeklination • Komparation der Adjektive	• Flexionssprache • Flexion nach Kasus, Numerus, Genus mit entsprechenden Deklinationsendungen • Konjugation der Verben durch unterschiedl. morphologische Formen • Sieben Kasus: Nom., Gen., Dat., Akk., Vok., Lok., Instr. • Drei Deklinationsarten • Drei Genera: mask., fem., neutr. • Genuszuweisung durch Endung • keine Artikel • Präpositionen mit Kasus • Pluralbildung mit Stammerweiterung • Deklination der Adjektive • Komparation der Adjektive	• Flexionssprache mit analytischen Konstruktionen • Flexion nach Kasus u. Numerus • Konjugation der Verben morphologisch markiert mit unterschiedl. Verbstämmen • Vier Kasus: Nom., Gen., Akk., Vok. • Drei Deklinationsarten • Drei Genera: mask., fem., neutr. • Bestimmter u. unbest. Artikel • Präpositionen mit Kasus • Plural durch Numerusendung • Deklination der Adjektive • Komparation der Adjektive	• Flexionssprache • Flexion nach Kasus, Numerus, Genus mit entsprechenden Deklinationsendungen • Regelmäßige und unregelm. Konjugation der Verben • Vier Kasus: Nom., Gen., Akk., Dat. • Drei Deklinationsarten • Drei Genera: mask., fem., neutr. • Bestimmter u. unbest. Artikel • Präpositionen mit Kasus • Acht verschiedene Pluralformen • Deklination der Adjektive • Komparation der Adjektive
Syntax	• Subjekt-Objekt-Prädikat-Sprache • Keine trennbaren Verben, keine Verbklammer	• Subjekt-Prädikat-Objekt-Sprache (Verb muss nicht zwingend an zweiter Stelle stehen) • Keine trennbaren Verben, keine Verbklammer	• Subjekt-Prädikat-Objekt-Sprache mit relativ freier Wortstellung • Keine trennbaren Verben, keine Verbklammer	• Subjekt-Prädikat-Objekt-Sprache • Trennbare Verben, Verbklammer

TEIL B EMPIRISCHER TEIL

4. Anlage und Vorgehensweise der empirischen Untersuchung

4.1 Datenerhebung

Die Datenerhebung der vorliegenden Untersuchung erfolgte in den Jahren zwischen Anfang 2009 und Anfang 2011. Der dieser Forschungsarbeit zugrunde liegende Korpus setzt sich aus insgesamt 510 Textproduktionen zusammen, die von 330 Schülerinnen und Schülern verfasst wurden. Dabei handelt es sich zum einen um 30 zweisprachig türkisch-deutsche, 28 kroatisch-deutsche und 30 griechisch-deutsche Hauptschüler/innen und um 27 zweisprachig türkisch-deutsche, 30 kroatisch-deutsche und 31 griechisch-deutsche Gymnasiast/inn/en.

Um einen Maßstab für das Sprachniveau in der Zweitsprache Deutsch zu erhalten und mögliche sprachliche Abweichungen adäquat einschätzen zu können, wird zum anderen jeweils 30 monolingual deutschen Schülerinnen und Schülern in beiden Schultypen (Hauptschule und Gymnasium) die gleiche Aufgabe gestellt.

Das Heranziehen von Schülerschaften unterschiedlicher Schulniveaus soll Aufschluss darüber geben, in welchem Zusammenhang gute bzw. schlechte Kompetenzen in Erst- und Zweitsprache und schulischer Erfolg bzw. Misserfolg stehen (vgl. Kap. 1.1, Fragestellung (3)).

Der jeweilige monolinguale Entwicklungsstand in der Erstsprache der Schülerinnen und Schüler wird durch einen Vergleich der Texte mit ebenfalls jeweils 30 einsprachigen Schülerinnen und Schülern gleichen Alters aus dem jeweiligen Herkunftsland erfasst, die denselben Schreibauftrag erhalten.

Die Daten wurden bei Sechst-, Siebt- und Achtklässlern aus der Türkei, Kroatien und Griechenland erhoben. Diese Länder haben im Gegensatz zu Deutschland kein selektives Schulsystem. Das heißt, dass alle Schülerinnen und Schüler bis zum achten (Türkei, Kroatien) bzw. sechsten Schuljahr (Griechenland) die gleiche Schulform besuchen, die als „Grundschule" bezeichnet wird.

Das folgende Schaubild gibt Aufschluss über die einzelnen Probandengruppen dieser Untersuchung und die entsprechenden Datenerhebungen in Türkisch, Kroatisch, Griechisch und Deutsch. Anschließend (Kap. 4.2) werden die einzelnen Probandengruppen beschrieben.

Datenerhebung in Deutschland:

Zweisprachige Schülerschaft

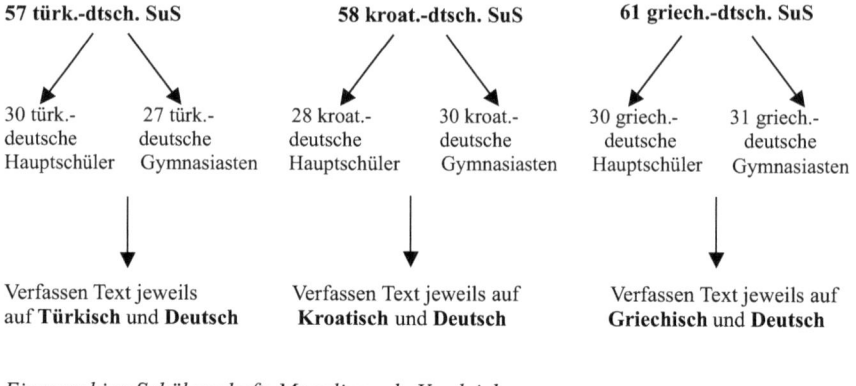

Einsprachige Schülerschaft: Monolinguale Vergleichsgruppe

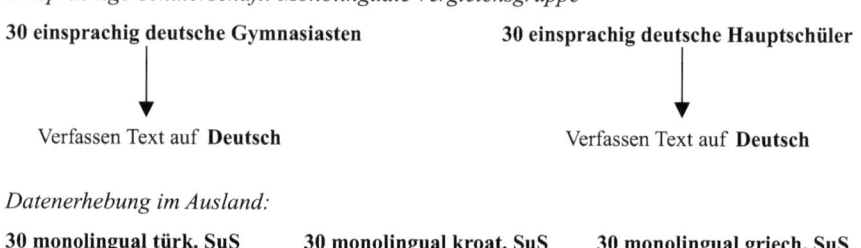

Datenerhebung im Ausland:

30 monolingual türk. SuS   **30 monolingual kroat. SuS**   **30 monolingual griech. SuS**

↓   ↓   ↓

Verfassen Text auf **Türkisch**   Verfassen Text auf **Kroatisch**   Verfassen Text auf **Griechisch**

Abbildung 4:   Probanden der Untersuchung

Die zweisprachigen Schülerinnen und Schüler beider Schultypen (Hauptschule und Gymnasium) schreiben die Bildergeschichte einmal auf Deutsch und einmal in ihrer jeweiligen Erstsprache (Türkisch, Kroatisch oder Griechisch). Die monolingual deutschen Schülerinnen und Schüler verfassen die Bildergeschichte auf Deutsch. Die monolingual einsprachigen Vergleichsgruppen im Ausland, bestehend aus türkisch-, kroatisch- und griechischsprachigen Schülerinnen und Schülern, schreiben die Bildergeschichte in ihrer jeweiligen Muttersprache Türkisch, Kroatisch bzw. Griechisch. Bevor im nächsten Kapitel das Untersuchungsmaterial vorgestellt wird, werden zunächst die an dieser Studie teilnehmenden Probandengruppen vorgestellt.

4.2 Beschreibung der einzelnen Probandengruppen

Die dieser Arbeit zugrunde liegende, sehr umfangreiche Datenerhebung (s.o.) ließ sich u.a. nur durch einen bereits vorhandenen persönlichen Kontakt zu den Schulen bzw. Schulleitungen durchführen.[88] Die Auswahl der zweisprachigen Probanden setzte voraus, dass erstens die sprachliche Herkunft der Schülerinnen und Schüler im Vorfeld überprüft wurde und die Eltern der in Frage kommenden Schülerschaft informiert und um eine Einverständniserklärung gebeten wurden.

Die Datenerhebungen in der Türkei, in Kroatien und in Griechenland wurden durch muttersprachliche Kontaktpersonen[89] vor Ort ermöglicht.

4.2.1 Zweisprachige Probandengruppe Gymnasium

Die zweisprachige Probandengruppe am Gymnasium setzt sich aus 27 türkisch-deutschen, 30 kroatisch-deutschen und 31 griechisch-deutschen Schülerinnen und Schülern der Klassen sechs bis acht zusammen. Die zwei Gymnasien, an denen die Datenerhebung erfolgte, befinden sich in Stuttgart. Das Schickhardt-Gymnasium liegt im Stuttgarter Süden, das Zeppelin-Gymnasium im Stuttgarter Osten. Die genannten Schulen wurden ausgewählt, da sie einerseits einen hohen Anteil zweisprachiger Schülerinnen und Schüler aufweisen und andererseits die Verfasserin an beiden Gymnasien ihr Referendariat absolviert hat und der Kontakt daher mühelos hergestellt werden konnte.

Die Daten am Zeppelin-Gymnasium wurden von der Verfasserin selbst erhoben[90], die Datenerhebung am Schickhardt-Gymnasium erfolgte mit Hilfe der stellvertretenden Schulleiterin[91] und wurde von den jeweiligen Deutsch-Lehrkräften durchgeführt.

---

88 Aufgrund des organisatorischen Aufwands erklärten sich nur wenige Schulen (unabhängig von der Schulart) dazu bereit, an solch einer umfangreichen Datenerhebung teilzunehmen.

89 Besonderen Dank möchte ich an dieser Stelle Frau Güzel in der Türkei, Frau Suzana Derk in Kroatien und Frau Veranna Kyprioti in Griechenland aussprechen.

90 Ich danke Herrn Tim Praßel für die große Unterstützung und den reibungslosen Ablauf der Datenerhebung.

91 Frau Ursula Schwarz danke ich für das große Interesse an meiner Arbeit und für die zügige Veranlassung der Datenerhebung.

4.2.2 Monolingual deutsche Vergleichsgruppe Gymnasium

Die monolinguale Vergleichsgruppe am Gymnasium setzt sich aus 30 einsprachig deutschen Schülerinnen und Schülern der Klassen sechs bis acht zusammen. Die Datenerhebung erfolgte zusammen mit der zweisprachigen Schülerschaft, da diese Vorgehensweise zum einen den Ablauf der Datenerhebung logistisch erleichterte und zum anderen die Hinweise für das Schreiben der Bildergeschichte für die Probandengruppen (nahezu) identisch waren (vgl. Kap. 4.3, Hinweise für das Schreiben der Bildergeschichte).

4.2.3 Zweisprachige Probandengruppe Hauptschule

Die zweisprachigen Probandengruppen an der Hauptschule setzen sich aus 30 türkisch-deutschen, 28 kroatisch-deutschen und 30 griechisch-deutschen Schülerinnen und Schülern der Klassen sechs bis acht zusammen. Die Datenerhebung gestaltete sich hier jedoch wesentlich komplizierter als an den Gymnasien. Die türkischen Daten konnten problemlos an zwei Hauptschulen (GHS Ostheim in Stuttgart und Mozartschule in Schwäbisch Gmünd) erfasst werden, da der Anteil zweisprachig türkisch-deutscher Schülerinnen und Schüler für die Erhebung der Daten ausreichend war und die genannten Schulen kooperativ mitwirkten. Jedoch konnten nur wenige griechische und kroatische Probanden gefunden werden.

Die Suche nach weiteren Hauptschulen mit in Frage kommenden Schülerinnen und Schülern gestaltete sich aussichtslos und scheiterte nicht nur an zu geringen Schülerzahlen, sondern auch an organisatorischen Unzulänglichkeiten: So war es beinahe unmöglich, die den Schülerinnen und Schülern ausgeteilten Einverständniserklärungen von Seiten der Eltern unterschrieben zurückzubekommen, womit eine Erhebung der Daten nicht möglich war.

So wurden von der Verfasserin die Generalkonsulate kontaktiert, um die Daten im Rahmen des kroatischen bzw. griechischen muttersprachlichen Unterrichts erfassen zu können.[92] Die griechischen und kroatischen Daten wurden von den jeweils muttersprachlich griechischen bzw. kroatischen Lehrerinnen

---

92 Die Suche nach den kroatischen Probanden, die eine Hauptschule besuchen, war trotz der Unterstützung des kroatischen Konsulats äußerst mühselig.

während des Unterrichts erhoben. Die griechischen und kroatischen Schülertexte entstammen folglich unterschiedlichen Hauptschulen.[93]

4.2.4 Monolingual deutsche Vergleichsgruppe Hauptschule

Die Datenerhebung der monolingualen Vergleichsgruppe erfolgte an der
Grund- und Hauptschule Ostheim in Stuttgart und an der Mozartschule in
Schwäbisch Gmünd, Hussenhofen. Auch hier handelt es sich um 30 Schülertexte, die von den Probanden in ihrer Muttersprache Deutsch verfasst wurden. Die Erfassung der Daten erfolgte an beiden Schulen durch die zuständigen
Deutsch-Lehrer/innen der Schülerinnen und Schüler. Die Probanden befanden
sich zum Zeitpunkt der Datenerhebung in der sechsten bis achten Klasse. Die
Hinweise und die Rahmenbedingungen zum Schreiben der Bildergeschichte
waren auch hier identisch.

4.2.5 Monolingual türkische Vergleichsgruppe

Die Datenerhebung der monolingual türkischen Probanden wurde an der „Baş
Öğretmen Atatürk Ilk Öğretim Okulu", einer Schule im Westen der Türkei in
der Stadt Antalya, durchgeführt. Die Schülerinnen und Schüler besuchten zum
Zeitpunkt der Datenerhebung die sechste Klasse einer sog. „Grundschule"[94].
Die Hinweise und die Rahmenbedingungen zum Schreiben der Bildergeschich-
te waren auch hier identisch: Die Probanden erhielten 45 Minuten Zeit für das
Verfassen der Texte, die Hinweise wurden in türkischer Sprache gegeben. Das
Alter der Schülerinnen und Schüler bewegte sich zum Zeitpunkt der Datener-
hebung (Februar 2010) zwischen 13 und 14 Jahren. Auch hier wurde somit eine
Homogenität des Alters gewährleistet.

Die Schule wurde ausgewählt, da sie sich in einem Teil der Türkei befindet,
in dem in weiten Teilen die türkische Standardsprache gesprochen wird und di-
alektale Verfärbungen in Schülerschreibungen nur selten anzutreffen sind. Die
Daten wurden in Kooperation mit der türkischen Klassenlehrerin vor Ort von
der Verfasserin selbst erhoben. Da sich die Klassengrößen in der Türkei auf

---

93 Die griechischen und kroatischen Probanden der Hauptschule besuchen unterschiedliche
    Hauptschulen, werden jedoch im muttersprachlichen Unterricht gemeinsam unterrichtet.
    Die Namen der einzelnen Schulen können hier nicht aufgeführt werden, da es sich – wie
    bereits erwähnt – um mehrere Hauptschulen handelt, die aus logistischen Gründen nicht
    alle einzeln erfasst werden konnten.
94 Vgl. hierzu die Erläuterungen in Kap. 4.1.

etwa 40 Schülerinnen und Schüler belaufen, haben 41 Probanden an der Datenerhebung teilgenommen. Um eine Einheitlichkeit der Daten zu gewährleisten, werden jedoch nur 30 Schülertexte für die Datenauswertung herangezogen.

4.2.6 Monolingual kroatische Vergleichsgruppe

Die Datenerhebung der monolingual kroatischen Probanden wurde an der „Mladost Schule" in Utrine, Zagreb, durchgeführt. Auch hier wurde bei der Wahl der Schule darauf geachtet, dass sie sich in einer Region befindet, in der (in weiten Teilen) die kroatische Standardsprache verwendet wird. Die Probanden besuchten zum Zeitpunkt der Datenerhebung (Februar 2009) eine siebte Klasse und waren zwischen 13 und 14 Jahre alt.[95]

An der Untersuchung haben 30 Schülerinnen und Schüler teilgenommen. Die Daten wurden zusammen mit einer kroatischen Kontaktperson und der Klassenlehrerin vor Ort von der Verfasserin selbst erhoben. Die Anweisungen zum Schreiben der Bildergeschichte waren auch hier identisch und erfolgten auf Kroatisch.

4.2.7 Monolingual griechische Vergleichsgruppe

Die Daten der monolingual griechischen Probanden wurden am „1. Gymnasio Rodou" (1. Gymnasium Rhodos) auf Rhodos in Griechenland erhoben. Die Erhebung wurde von einer griechischen Kontaktperson in Kooperation mit der Klassenlehrerin vor Ort durchgeführt. Die Probanden erhielten ebenfalls in ihrer Muttersprache Griechisch die gleichen Hinweise zum Schreiben der Bildergeschichte.

Das „Gymnasio" in Griechenland hat drei Klassen: A, B und C. Die Schülerinnen und Schüler besuchten zum Zeitpunkt der Datenerfassung die Klasse B und waren durchschnittlich 13 Jahre alt. Da die „Grundschule" in Griechenland sechs Jahre dauert, entspricht die Klasse B etwa dem achten Schuljahr in Deutschland.

---

95 Vgl. auch hier die gemeinsame „Grundschulzeit" von acht Jahren in Kroatien.

4.3 Untersuchungsmaterial

Grundlage zur Erfassung der sprachlichen Kompetenz der Schülerinnen und Schüler und zur Überprüfung der Fragestellungen dieser Untersuchung ist die Vorgabe einer Bildergeschichte, zu der alle Probanden einen Text verfassen.[96]

Abbildung 5:   Bilder als Vorgabe für das Schreiben der Bildergeschichte (Plauen 1982)

---

96   Alle an dieser Untersuchung teilnehmenden Schülerinnen und Schüler (sowohl die ein- als auch die zweisprachige Schülerschaft) erhielten die gleichen Bilder als Vorlage.

Diese Vorgehensweise wurde gewählt, um vergleichbare Rahmenbedingungen zu schaffen und um sicherzustellen, dass jeder/jede Schüler/in etwas zu schreiben weiß.

Es wurde daher ganz bewusst eine verhältnismäßig „einfache" Aufgabe herangezogen, die alle Probanden problemlos sprachlich meistern können sollten. Zudem wurde durch Rücksprache mit den jeweiligen Klassenlehrer/inne/n (im In- und Ausland) sichergestellt, dass alle Probanden dieser Untersuchung mit der Gattung „Bildergeschichte" vertraut und somit auch die Umsetzung einer solchen keine Schwierigkeiten bereiten dürfte. Die genaue Vorgabe der Aufgaben (siehe Abb. 6) stellte zusätzlich sicher, dass ein in etwa einheitlicher quantitativer Rahmen gegeben war.

Der zeitliche Rahmen war auf 45 Minuten pro Sprache festgelegt. Das heißt, den zweisprachigen Probanden wurden zum Schreiben der Bildergeschichte jeweils zwei Schulstunden, den einsprachigen (sowohl in Deutschland als auch im Ausland) jeweils eine Schulstunde zur Verfügung gestellt.

Um eine Verfälschung der Daten zu verhindern, wurde sichergestellt, dass die Schülerinnen und Schüler die Texte selbstständig und ohne Hilfestellung verfassten. Den Probanden in Deutschland (ein- und zweisprachig) wurden vor dem Verfassen des Textes folgende Hinweise ausgeteilt:[97]

Hinweise für das Schreiben der Bildergeschichte

<u>Hinweise für **ALLE**:</u>

    1.) Schreibe deinen **Namen**, deine **Klasse** und dein **Alter** auf dein Blatt.
    2.) Schreibe eine Bildergeschichte zu den vorgegebenen Bildern.
    3.) Schreibe zu jedem Bild <u>**mindestens 3 Sätze**</u>!
    4.) Finde eine passende **Überschrift** für deine Bildergeschichte.

Zusätzliche Hinweise für die <u>**zweisprachigen** Schülerinnen und Schüler</u>:

Schreibe die Sprachen, mit denen du aufgewachsen bist, auf dein Blatt. z.B.: griechisch-deutsch, türkisch-deutsch, kroatisch-deutsch

Schreibe die Bildergeschichte ein Mal **auf Deutsch** und ein Mal **in deiner Muttersprache** (z.B. Türkisch, Griechisch, Kroatisch)

Wenn du die Bildergeschichte <u>**nicht** in deiner **Muttersprache**</u> schreiben kannst, dann vermerke dies auf deinem Blatt (z.B.: „Ich kann die Bildergeschichte nicht in meiner Muttersprache schreiben".)

Herzlichen Dank und viel Spaß beim Schreiben der Bildergeschichte!

Abbildung 6:   Hinweise für das Schreiben der Bildergeschichte

---

97   Diese Hinweise wurden bei den Datenerhebungen im Ausland in die jeweilige Sprache übersetzt.

Die einsprachigen Probanden im Ausland erhielten ebenfalls die Hinweise 1.) - 4.) (siehe oben) in der jeweiligen Muttersprache Türkisch, Kroatisch und Griechisch.

4.4 Datenauswertung – Ziele der Fehleranalyse

Das Ziel einer Fehleranalyse ist es, sprachliche Kompetenzen und mögliche Abweichungen zu erfassen. Es wird davon ausgegangen, dass die Fehler, die ein/e Schüler/in macht, Hinweise auf das zugrunde liegende sprachliche System, die sog. „Lernersprache", liefern (vgl. Kniffka 2010: 218). Dabei wird in der Forschungsliteratur darauf hingewiesen, dass „Fehler" nicht als Defizit-Erscheinungen aufgefasst werden sollten, „sondern als Merkmale der jeweiligen Lernersprache und Indikatoren für den bereits erreichten Sprachstand einer/s Lernenden" (ebd.: 219). So stellt auch Corder[98] bereits in den siebziger Jahren folgenden Anspruch an die Interpretation von „Fehlern":

> The assumption underlying the description of errors is that they are evidence of a system, not the system of the target language, but the system of some "other" language. To describe that "other" language is precisely the theoretical objective of error analysis. (Corder 1974: 268, zitiert in ebd.)

Die Fehleranalyse hat insbesondere dahingehend Kritik erfahren, dass sie nur eine statische Sichtweise auf den Zweitspracherwerb leiste und keinen Einblick in die Lernersprache und die jeweiligen Erwerbsprozesse liefere. Ellis (2008) greift diese Kritik auf und relativiert die seines Erachtens nach „übertriebene" Problematisierung der Fehleranalyse:

> A frequently mentioned limitation is that EA fails to provide a complete picture of learner language. We need to know what learners do correctly as well as what they do incorrectly. This problem has been overstated, however. First, Corder (1971b) explicitly recognized the importance of examining the totality of the learner's production. Second, there is nothing to prevent the researcher doing this. (Ellis 2008: 61)

Ellis weist u. a. darauf hin, dass sich die Fehleranalyse auch für Longitudinalstudien eigne, da „a study of how learners' errors change from one stage to another can shed light on the process of L2 acquisition" (ebd.).

---

98 Corders Ausführungen zur Fehleranalyse finden in der Forschungsliteratur breite Akzeptanz. Daher wird sich auch die Fehleranalyse der vorliegenden Studie in weiten Teilen auf diese stützen.

Durch die Fehleranalyse kann zum einen festgestellt werden, über welche Sprachkenntnisse Lerner verfügen, zum anderen können spezielle Mechanismen der Sprachverwendung erkannt werden (vgl. Aytemiz 1990: 42). Auch Diehl et al. (2000) teilen diese Auffassung von Fehlern (vgl. Kniffka 2010: 219):

> Es sollte ein neues Verständnis für die Funktion von Fehlern im Spracherwerbsprozess entwickelt werden. Fehler sind Indizien für den jeweiligen Erwerbsstand der Schüler, für die Phasen, in denen sie sich befinden, und für die Prozeduren, auf die sie rekurrieren. (Diehl et al. 2000: 382, zitiert in ebd.)

Diese Ansicht über Fehler ist in der Zweitspracherwerbsforschung nicht neu, allerdings findet sie in der schulischen Praxis selten Beachtung (ebd.).

Als Grundlage für eine Fehleranalyse werden in der Forschungsliteratur zunehmend das Heranziehen freier Schülerschreibungen gefordert, da diese einen genaueren Einblick in den aktiven Schreibwortschatz, in die grammatischen Strukturen und in das orthographische Regelwissen der Schülerinnen und Schüler ermöglichen. Dabei werden Merkmale der Lernersprache mit den Merkmalen der Zielsprache verglichen. Die Fachliteratur fordert nach der Datenerhebung folgenden Dreischritt für die Fehleranalyse (vgl. Corder 1973: 256ff. und Kniffka 2010: 219):

1. Ermittlung von Fehlern
2. Beschreibung von Fehlern
3. Erklärung von Fehlern

Die Fehleranalyse erscheint für die Zwecke der vorliegenden Arbeit am sinnvollsten, da bei der Identifizierung der Fehler zum einen unterschiedliche sprachliche Ebenen abgedeckt werden und zum anderen dem Forscher – je nach zugrunde liegender Fragestellung(en) – genügend Freiraum für die Klassifikation der Fehler gegeben wird.

Im Folgenden werden die Schritte 1-3 in Anlehnung an die Datenauswertung des dieser Arbeit zugrunde liegenden Korpus erläutert.

4.4.1 Ermittlung von Fehlern

In einem ersten Schritt werden die Fehler bzw. Abweichungen in jedem einzelnen Text identifiziert. Um sprachliche Abweichungen auch als solche zu erkennen, müssen diese (wie bereits oben angeführt) mit der Zielsprache verglichen werden. Dabei werden die sprachlichen Äußerungen mit so genannten „rekonstruierten Äußerungen" verglichen, „das heißt mit korrekten Äußerungen, die die vom Lernenden beabsichtigte Bedeutung haben" (Corder 1972: 40, zitiert in Aytemiz 1990: 46).

Zu Recht wird in der Forschungsliteratur immer wieder darauf hingewiesen, dass die Identifikation von Fehlern nicht unproblematisch ist, zumal der Interpretationsspielraum der Fehleranalyse groß ist und diesem somit eine entscheidende Rolle zukommt (vgl. Aytemiz 1990: 46). So verdeutlicht Kniffka (2010) die Schwierigkeit unterschiedlicher Interpretationsmöglichkeiten:

> Es gibt Äußerungen von Lernenden, die offensichtlich abweichend – in Bezug zur Zielsprache – sind, wie *Die Vogel kommte* [...]. Darüber hinaus kann es aber auch Äußerungen geben, die nicht offensichtlich abweichend sind. Dabei handelt es sich um Lerneräußerungen, die an der Oberfläche wohlgeformt sind, aber nicht das ausdrücken, was der oder die Lernende tatsächlich meint, z.B. *Ich liebe die Deutsche*, wenn nicht eine deutsche Frau, sondern die deutsche Sprache gemeint ist. (Kniffka 2010: 220)

Eine weitere Schwierigkeit stellt die Anwendung von Normen dar. Diese müssen – je nachdem, ob es sich um eine mündliche oder schriftliche Lerneräußerung handelt – mit der entsprechenden Norm verglichen werden. Das heißt, dass beispielsweise eine mündliche Äußerung als sprachlich akzeptabel gelten kann, diese aber für einen Deutschaufsatz nicht als angemessen gilt (vgl. ebd.: 231).

Die Fehleranalyse der Daten dieser Untersuchung orientiert sich an der schriftsprachlichen Norm. Die schriftsprachlichen Konstruktionen werden im Falle einer Abweichung interpretiert und dann in der jeweiligen Zielsprache rekonstruiert. Dies setzt voraus, dass die „Textauswertung" in der jeweiligen Sprache durch kompetente Muttersprachler erfolgt, die zugleich über linguistische Fähigkeiten verfügen, um sprachliche Abweichungen benennen, rekonstruieren und u. U. auch erklären zu können.

Die Datenauswertung des vorliegenden Korpus erfolgt daher durch ausgewählte Muttersprachler der jeweiligen Herkunftssprachen. Die „Textauswerterinnen" verfügen alle über das notwendige linguistische Wissen zur Klassifikation und Bewertung der fehlerhaften Konstruktionen der Schülerinnen und Schüler.

4.4.2 Beschreibung von Fehlern

Um Fehler qualitativ und einheitlich beschreiben zu können, bedarf es einer Klassifizierung von Fehlern. Corder (1973) unterscheidet bei der Beschreibung von Fehlern zwischen der „phonologisch/orthographischen", der „grammatischen" und der „lexikalischen" Ebene. „Phonologisch/orthographisch" umfasst Aussprachefehler bei mündlichen Sprachäußerungen bzw. „orthographisch" die Rechtschreibung bei schriftlichen Texten. Die Ebene „grammatisch" bezieht sich auf morphologische und syntaktische Abweichungen und „lexikalisch" auf den Wortschatz.

Bei der Art des Verstoßes unterscheidet Corder zwischen Weglassung, Hinzufügung, Selektion und Anordnung (vgl. Kniffka 2010: 223):

sprachliche Ebene/ Art des Verstoßes	phonologisch/ orthographisch	grammatisch	lexikalisch
Weglassung			
Hinzufügung			
Selektion			
Anordnung			

Abbildung 7:　Matrix zur Klassifikation von Fehlern nach Corder (1973)[99]

Da es sich im Rahmen dieser Untersuchung ausschließlich um schriftsprachliche Texte handelt, findet die phonologische Ebene konsequenterweise keine Berücksichtigung.

Das für die vorliegende Datenauswertung manuell erstellte Kriterienraster zur Beschreibung der Fehler besteht aus den Kategorien Orthographie, Morphologie, Syntax und Semantik. Die von Corder als „grammatisch" verstandenen Abweichungen bilden somit eigene Kategorien, nämlich die der Morphologie und der Syntax. Die Kategorie „Semantik" bezieht sich auch wie bei Corder auf den Wortschatz und erfasst Abweichungen auf der Bedeutungsebene von Wörtern. Das Kriterienraster der dieser Arbeit zugrunde liegenden Datenauswertung wird im Folgenden dargestellt:

99　Abbildung entnommen aus Kniffka (2010: 223).

Sprachliche Ebene	Orthographie	Morphologie	Syntax	Semantik
Art der Abweichung	orthographische Fehlschreibungen, z.B. Groß- und Kleinschreibung, Phonem-Graphem-Korrespondenzen, Doppelkonsonanz, Getrennt- und Zusammenschreibung	Abweichungen im Bereich der Flexion: Deklination, Konjugation, Komparation. Pluralbildung Wortbildung (Zusammensetzungen und Ableitungen)	Satzbau: Haupt- und Nebensatzkonstruktionen, Kommasetzung zur Trennung von Haupt- und Nebensatz bzw. Haupt- und Hauptsatzkonstruktionen, Konjunktionen, Satzschlusszeichen	Abweichende Wortbedeutungen, z.B. „Topf" statt „Eimer"

Abbildung 8:   Kriterienraster zur Klassifikation der Fehler in der Datenauswertung

Die Klassifikation der Fehler erfolgt bei allen Schülertexten – unabhängig von der jeweiligen Sprache – identisch. Dass sich die Art der Abweichungen bei den einzelnen sprachlichen Ebenen ändert bzw. bestimmte Variablen, wie z.B. die Groß- und Kleinschreibung im Türkischen, Kroatischen und Griechischen, nicht vorhanden sind (vgl. Kap. 3), stellt kein linguistisches Problem dar, zumal die sprachlichen Ebenen die gleichen sind.

Die quantitative Auswertung der Schülertexte soll Aufschluss darüber geben, auf welchen sprachlichen Ebenen sich die Abweichungen (anteilige Fehlerbetrachtung) bewegen.

In einem weiteren, qualitativen Schritt werden die Art der zweitsprachlichen Abweichungen diskutiert und in Beziehung zu den typologischen Merkmalen der jeweiligen Erstsprache gesetzt (Kap. 5.8), um daraus Möglichkeiten der sprachlichen Förderung abzuleiten (Kap. 6).

Die für diese Arbeit generierte Datenmenge erlaubt es nicht, alle auftretenden Fehlertypen zu berücksichtigen.

Aufgrund der Komplexität der deutschen Interpunktion, die im Türkischen, Kroatischen und Griechischen nicht existiert und da daher eine Vergleichbarkeit nicht gewährleistet ist, werden im Bereich der Orthographie nicht alle Interpunktionsfehler in die Bewertung mit aufgenommen.

Es wird davon abgesehen, Zeichensetzungsfehler in der wörtlichen Rede (Anführungszeichen und Komma) zu bewerten. Ferner werden auch nicht alle Kommasetzungsfehler berücksichtigt. Lediglich Kommata, die Haupt- und Nebensätze bzw. zwei Hauptsätze voneinander trennen, werden in die Bewertung miteinbezogen und dem Bereich der Syntax zugeordnet. Diese Kommasetzungsregel wurde deshalb in den syntaktischen Bereich mitaufgenommen, weil sich hier zeigt, inwiefern die Schülerinnen und Schüler einen Satzbegriff aufgebaut und das Komma in seiner Durchgliederungsfunktion erkannt haben und dieses Wissen in eigenen Texten entsprechend nutzen können.

Tauchen Abkürzungen in einem Schülertext auf (z.B. „1 min"), werden diese ebenfalls nicht als „Fehler" gewertet. Der häufig auftretende Tempuswechsel (von Imperfekt zu Präsens und andersherum) in den deutschen Texten wird nicht als Fehler markiert, aber bei auffällig häufigem Auftreten entsprechend festgehalten.

Das in Abb. 8 vorgestellte Kriterienraster wird im Folgenden an einzelnen Schülertexten exemplarisch aufgezeigt, damit die durchgeführte Analyse für den Leser nachvollziehbar und transparent wird. In Kapitel 4.4.3 folgt die Erklärung einiger der hier vorgestellten Fehler.

Text 1: Schüler türk_bil_HS_6 (türkisch/deutsch Hauptschule, Klasse 6, 12 Jahre)

Text auf Deutsch:

Der Fisch

An einem Sonnigen (1) Samstag mittag (2) gingen Mustafa und sein Vattar (3) (4) Angeln (5). Der Vatter (Wiederh.) hatte ein (6) großes (7) Fisch gefangen (8) Mustafa freute sich.

Mustafa ging mit sein (9) Vatar (Wiederh.) und den (10) Fisch im Eimer Nachauser (11) (12) (13) (14) Mustafa war sehr augeregt (15).

Als sie zuhause Ankammen (16) (17) wollte der Vater den Fisch Mit (18) der (19) Messer durch (20), aber Mustafa fing an zu weinen (21) er wollte nicht das (22) der Fisch Stirbt (23)

Sie gingen Mit (24) den (25) Fisch im Eimer zum Bach. der (26) Vater würfte (27) den Fisch ins (28) Bach (29) Mustafa freute sich das (30) Der (31) Fisch wieder im Wasser ist.

Als der Fisch im wasser (32) war, war da ein Hai. Der Hai aß den Fisch und Mustafa war treurig (33).

Die Anwendung des Kriterienrasters auf Text 1 ergibt folgendes Ergebnis:

Original	Rekonstruktion	Sprachliche Ebene/Art der Abweichung
An einem Sonnigen (1) Samstag mittag (2) gingen Mustafa und sein Vattar (3) (4) Angeln (5).	An einem sonnigen Samstagmittag gingen Mustafa und sein Vater angeln.	(1) Orthographie/Groß- und Kleinschreibung (2) Orthographie/Getrennt- und Zusammenschr. (3) Orthographie/Vokalquantität (Doppelk.) (4) Orthographie/Phonem-Graphem-Korresp. (5) Orthographie/Groß- und Kleinschreibung
[...] hatte ein (6) großes (7) Fisch gefangen (8) Mustafa freute sich.	[...] hatte einen großen Fisch gefangen. Mustafa freute sich.	(6) Morphologie/Artikeldeklination (7) Morphologie/Adjektivdeklination (8) Syntax/Satzbau (Kommasetzung)
Mustafa ging mit sein (9) Vatar (Wiederh.)[100] und den (10) Fisch im Eimer Nachauser (11) (12) (13) (14) Mustafa war sehr augeregt (15).	Mustafa ging mit seinem Vater und dem Fisch im Eimer nach Hause/ nachhause.	(9) Morphologie/Deklination (10) Morphologie/Artikeldeklination (11) Orthographie/Groß- und Kleinschreibung (12) Orthographie/Weglassung von „h" (13) Orthographie/Hinzufügung von „r" (14) Syntax/Satzbau (Satzschlusszeichen) (15) Orthographie/Weglassung von „f"
Als sie zuhause Ankammen (16) (17), wollte der Vater den Fisch Mit (18) der (19) Messer durch (20), aber Mustafa fing an zu weinen (21) er wollte nicht das (22) der Fisch Stirbt (23)	Als sie zuhause ankamen, wollte der Vater den Fisch mit dem Messer durchschneiden, aber Mustafa fing an zu weinen. Er wollte nicht, dass der Fisch stirbt.	(16) Orthographie/Groß- und Kleinschreibung (17) Orthographie/Vokalquantität (Doppelk.) (18) Orthographie/Groß- und Kleinschreibung (19) Morphologie/Artikeldeklination (20) Morphologie/zusammenges. Verb (Auslassung des zweiten Verbbestandteils) (21) Syntax/Satzbau (Komma- bzw. Punktsetzung) (22) Syntax/Nebensatz (Konjunktion „dass") (23) Orthographie/Groß- und Kleinschreibung
Sie gingen Mit (24) den (25) Fisch im Eimer zum Bach.	Sie gingen mit dem Fisch im Eimer zum Bach.	(24) Orthographie/Groß- und Kleinschreibung (25) Morphologie/Artikeldeklination

---

100 Wiederholungsfehler werden bei der Fehleranalyse nicht berechnet, sondern lediglich mit aufgeführt und als „(Wiederh.)" markiert.

der (26) Vater würfte (27) den Fisch ins (28) Bach (29) Mustafa freute sich das (30) Der (31) Fisch wieder im Wasser ist.	Der Vater warf den Fisch in den Bach. Mustafa freute sich, dass der Fisch wieder im Wasser ist.	(26) Orthographie/Groß- und Kleinschreibung (27) Morphologie/Konjugation (28) Morphologie/Artikeldeklination (29) Syntax/Satzbau (Satzschlusszeichen) (30) Syntax/Nebensatz (Konjunktion „dass") (31) Orthographie/Groß- und Kleinschreibung
Als der Fisch im wasser (32) war, [...]	Als der Fisch im Wasser war, [...]	(32) Orthographie/Groß- und Kleinschreibung
[...] und Mustafa war treurig (33).	[...] und Mustafa war traurig.	(33) Orthographie/„e" statt „a"

Text 2: Schüler türk_bil_HS_6 (türkisch/deutsch Hauptschule, Klasse 6, 12 Jahre)

Text auf Türkisch:

Balık

Öylen wakti (1) Mustafa ve Babası (2) Balık (3) tutmya (4) gidiler (5). Mustafanın Baba sı (6) (Wiederh.) büyük bir Balık (Wiederh.) tutdu (7). Mustafa çok sevinmişti.

Mustafa babasinlan (8) eve gidiyiordu (9) Balik (10) da Kovanin (11) (12) içindeydi.

Mustafa çok heyçanliydi (13) (14) (15).

Eve wardilar (16) (17). Mustafanin (18) Babasi (19) Balğı (20) masanin (21) üstüne koydu ve piçaklan (22) wurçakti (23) (24) ama Mustafa birden Ağlamaya (25) başladi (26). Mustafa (27) ölsün istemiyiordu (28). Mustafa ve Babasi (Wiederh.) Balığı (Wiederh.) Kovanin (Wiederh.) içine koyup gene göle gidiler (Wiederh.). Mustafa nin (29) (30) Babasi (Wiederh.) Balğı (Wiederh.) göle atdilar (31) (32) ver (33) Mustafa çok sevindi. tam (34) Balık (Wiederh.) gidçekt (35) (36) (37) bir Köpek (38) balığı geld (39) ve Balığı (Wiederh.) yede (40). Mustafa çok üzülmüşdü (41) (42).

Die Fehleranalyse anhand des Kriterienrasters ergibt für Text 2 folgendes Ergebnis:

Original	Rekonstruktion	Sprachliche Ebene/Art der Abweichung
Öylen wakti (1) Mustafa ve Babası (2) Balık (3) tutmya (4) gidiler (5).	Öylen vakti Mustafa ve babası balık tutmaya gittiler.	(1) Orthographie/„w" statt „v" (2) Orthographie/Groß- statt Kleinschreibung[101] (3) Orthographie/Groß- statt Kleinschreibung (4) Orthographie/Auslassung von „a". (5) Orthographie/ „d" statt „tt"
Mustafanın Baba sı (6) (Wiederh.) [...] tutdu(7).	Mustafanın babası [...] tuttu.	(6) Orthographie/babası = ein Wort (7) Orthographie/ „td" statt „tt"
Mustafa babasinlan (8) eve gidiyiordu (9) Balik (10) da Kovanin (11) (12) içindeydi.	Mustafa babasınlan eve gidiyordu balık da kovanın içindeydi.	(8) Orthographie/ „i" statt „ı" (9) Orthographie/Hinzufügen von „i" (10) Orthographie/„i" statt „ı" (11) Orthographie/„i" statt „ı" (12) Orthographie/Groß- statt Kleinschreibung
Mustafa çok heyçanliydi (13) (14) (15).	Mustafa çok heycanlıydı.	(13) Orthographie/ „ç" statt „c" (14) Orthographie/„i" statt „ı" (15) Orthographie/„i" statt „ı"
Eve wardilar (16) (17).	Eve vardılar.	(16) Orthographie/„w" statt „v" (17) Orthographie/„i" statt „ı"
Mustafanin (18) Babasi (19) Balğı (20) masanin (21) [...]	Mustafanın babası balığı masanın [...]	(18) Orthographie/„i" statt „ı" (19) Orthographie/„i" statt „ı" (20) Orthographie/Auslassung von „ı" (21) Orthographie/„i" statt „ı"
[...] ve piçaklan (22) wurçakti (23) (24) ama Mustafa birden Ağlamaya (25) başladi (26).	[...] ve bıçaklan vurcaktı ama Mustafa birden ağlamaya başladı.	(22) Orthographie/ „p" statt „b" (23) Orthographie/ „w" statt „v" (24) Orthographie/ „i" statt „ı" (25) Orthographie/Groß- statt Kleinschreibung (26) Orthographie/„i" statt „ı"
Mustafa (27) ölsün istemiyiordu (28).	Mustafa balık ölsün istemiyordu.	(27) Syntax/Auslassung des Objekts (28) Orthographie/Hinzufügung von „i"
Mustafa nin (29) (30) Babasi (Wiederh.) Balığı (Wiederh.) göle atdilar (31) (32) ver (33) [...]	Mustafanın babası balığı göle attı ve [...]	(29) Orthographie/Mustafanın = ein Wort (30) Orthographie/„i" statt „ı" (31) Orthographie/ „d" statt „t" (32) Morphologie/Pluralendung „lar" (33) Orthographie/Hinzufügung von „r"

---

101 Da es im Türkischen keine Groß- und Kleinschreibung gibt (vgl. Kap. 3.1.2), werden solche Abweichungen nicht als Groß- und Kleinschreibungsfehler betrachtet, sondern wie in (2) als „Groß- statt Kleinschreibung" beschrieben.

tam (34) Balık (Wiederh.) gidçekt (35) (36) (37) bir Köpek (38) balığı geld (39) ve Balığı (Wiederh.) yede (40).	Tam balık gidecekti bir köpek balığı geldi ve balığı yedi.	(34) Orthographie/Kleinschreibung am Satzanfang (35) Orthographie/Auslassung von „e" (36) Orthographie/„ç" statt „c" (37) Orthographie/Auslassung von „i" (38) Orthographie/Groß- statt Kleinschreibung (39) Orthographie/Auslassung von „i" (40) Orthographie/ „e" statt „i"
Mustafa çok üzulmüşdü (41) (42).	Mustafa çok üzüldü.	(41) Orthographie/ „u" statt „ü" (42) Morphologie/Verwendung der unbestimmten Vergangenheit in diesem Kontext nicht möglich

4.4.3 Erklärung von Fehlern

Die Erklärung von Fehlern setzt sich zum Ziel, die Ursachen von Fehlern zu erkennen, was nicht immer ganz unproblematisch ist, da streng genommen zugleich linguistische, psychologische und didaktische Faktoren berücksichtigt werden müssen (vgl. Aytemiz 1990: 47). Corder (1974) teilt die Ursachenerklärung von Fehlern in drei Kategorien ein: Transferfehler, Übergeneralisierungen und Fehler, die ihre Ursache im Unterricht haben (Kniffka 2010: 225). Kniffka (2010) führt zu Recht an, dass es beinahe unmöglich ist, Letztere nachzuweisen. Daher finden diese auch im Rahmen der vorliegenden Fehleranalyse keine Berücksichtigung.

Transferfehler treten auf, wenn Lerner Strukturen und/oder Elemente aus der Erstsprache auf die Zweitsprache übertragen. Ein Beispiel für den Transfer aus der Erstsprache wird im Folgenden exemplarisch am Text 1 (s.o.) (Schüler türk_bil_HS_6) aufgezeigt:

* *Der Vatter hatte **ein großes** Fisch gefangen.*

In diesem Beispiel zeigt sich, dass der Schüler Schwierigkeiten im Bereich der Artikel- (*ein*) und Adjektivdeklination (*großes*) hat. Dies ist mit hoher Wahrscheinlichkeit auf seine Erstsprache Türkisch zurückzuführen, da es im Türkischen kein Genus gibt (vgl. Kapitel 3.1.3) und der Schüler dem Nomen Fisch das falsche Genus zuweist (neutrum statt maskulin). Durch eine nicht korrekte Genuszuweisung entsteht folglich auch eine falsche Deklination des dem Nomen Fisch vorausgehenden Artikels und Adjektivs. Derselbe fehlerhafte Transfer zeigt sich auch im folgenden Satz:

* *Mustafa ging mit **sein** Vatar und **den** Fisch im Eimer Nachauser.*

Auch hier wird deutlich, dass der Schüler den falschen Kasus verwendet. Die Präposition *mit* fordert im Deutschen den Dativ. Im Türkischen hingegen existieren solche präpositionalen Konstruktionen nicht, vielmehr werden die Präpositionen mit einer entsprechenden Kasusmarkierung nach dem agglutinierenden Prinzip an das Nomen angehängt (vgl. Kap. 3.1.3). Diese Art von Transferfehlern lassen sich im Text 1 durchweg finden.

Aus der obigen Fehleranalyse wird ersichtlich, wie häufig der Schüler im Bereich der Deklination (morphologische Ebene) fehlerhafte Konstruktionen aufweist. Jedoch lassen sich nicht alle Fehler „automatisch" auf die Erstsprache Türkisch zurückführen. Der folgende Satz soll dies verdeutlichen: * *der Vater würfte den Fisch ins Bach.*

Während die Konstruktion *ins Bach* als typischer Transferfehler betrachtet werden kann (erneut falsche Genuszuweisung (*das* vs. *der Bach*) und damit verbunden eine fehlerhafte Deklination (*ins Bach* statt *in den Bach*) ersichtlich wird), weist die falsche Konjugation von werfen (*würfte*) Diskussionsbedarf auf.

Im Türkischen gibt es zwar keine unregelmäßige Konjugation der Verben, jedoch zeigt sich immer wieder und nicht zuletzt bei den Schülertexten dieser Datenerhebung, dass auch einsprachig deutsche Schüler in diesem Bereich große Schwierigkeiten haben.

Text 2 desselben Schülers lässt erkennen, dass Transferfehler nicht nur von der Erst- auf die Zweitsprache, sondern auch umgekehrt von der Zweit- auf die Erstsprache erfolgen können.

Insbesondere im orthographischen Bereich scheint sich Schüler türk_bil_ HS_6 an seiner Zweitsprache Deutsch zu orientieren. So tauchen sehr viele großgeschriebene Nomen auf, z.B. *Babası, *Balık, *Kovanın, *Köpek balığı etc. (vgl. auch obige Fehlerbeschreibung), obwohl diese im Türkischen kleingeschrieben werden (vgl. Kap. 3.1.2).

Bei den Beispielen *wakti und *wardilar liegt eine Graphemverwechslung vor, die als klassischer Interferenzfehler auf graphematischer Ebene bewertet werden kann. Da es im türkischen Alphabet kein *w* gibt, bei *vakti* und *vardılar* jedoch ein *w* zu hören ist, greift der Schüler auf sein orthographisches Wissen in der Zweitsprache Deutsch zurück, bei der das *w* als solches Teil des Alphabets ist.

Übergeneralisierungen tauchen auf, wenn Lerner bestimmte Regeln in der Zweitsprache gelernt haben, aber noch nicht alle bzw. die genauen Kategorien kennen, bei der die entsprechende Regel angewendet werden muss (vgl. ebd.: 226). So kann die sprachliche Konstruktion *würfte aus Text 1 als Übergeneralisierung betrachtet werden. Der Schüler weiß, dass die erste Vergangenheitsform im Präteritum durch die Endung *-te* markiert wird (z.B. sagen – er sagte), wendet diese Regel jedoch auf ein Verb an, das im Deutschen unregelmäßig konjugiert wird (werfen – er warf). Betont werden sollte jedoch in diesem Zusammenhang, dass Übergeneralisierungen kein spezifisches Zweitsprachenlernerproblem sind, sondern auch bei monolingualen Schülerinnen und Schüler häufig zu beobachten sind (vgl. Text 3 eines monolingual deutschen Schülers).

Im Folgenden soll exemplarisch ein weiterer Schülertext eines monolingual deutschen Probanden vorgestellt werden. Auch hier erfolgt die Fehleranalyse nach dem bereits vorgestellten Kriterienraster (vgl. Abb. 8). In einem zweiten Schritt wird analog zum obigen Beispiel der Versuch unternommen, einen Teil der Fehler zu erklären, d.h. möglichen Ursachen zuzuordnen. In einem weiteren Schritt soll es darum gehen, potenzielle Unterschiede zwischen den Fehlern der Schüler (bilingual vs. monolingual) herauszufiltern. Hierfür wird ein Schülertext ausgewählt, der einen ähnlich hohen Fehlerquotienten aufweist wie Text 1 von Schüler türk_bil_HS_6 (in der Zweitsprache Deutsch).

Text 3: Schüler dtsch_mono_HS_1 (monolingual dt. Hauptschule, Klasse 6, 13 J.)

> Der Unglückliche (1) Fisch
> An einem Schönen (2) Tag wahren (3) Tom und sein Groß vatter (4) (5) unterwegs.
> Sie gingen zum Fischen an einem (6) See (7) Sie fagten (8) einen Fisch. Der Sohn namens Tom kuckte (9) den Fisch die ganze zeit (10) an (11) freute sich über den Fisch.
> Tom wohlte (12) den Fisch (13) einen Namen geben und er sagte: „Ich nenne dich Hanz. Als sie zu hause (14) waren sagte der groß Vatter (15): „So wir werden den Fisch jetzt Essen (16). Tom kuckte (Wiederh.) Hanz an und weinte (17) nach 1 min sagte der groß vatter (Wiederh.): „Ok lass (18) wir den Fisch Namens (19) Hanz wieder frei. Als sie am See ankammen (20) lassten (21) sie Hanz frei.
> Als er im Wasser war kamm (Wiederh.) ein großer Fisch und frass (22) in (23) auf (24)
> Tom war Traurig (25) und ging nach hause (Wiederh.) mit seinen (26) großvatter (Wiederh.).

Original	Rekonstruktion	Sprachliche Ebene/Art der Abweichung
Der Unglückliche (1) Fisch	Der unglückliche Fisch	(1) Orthographie/Groß- und Kleinschreibung
An einem Schönen (2) Tag wahren (3) Tom und sein Groß vatter (4) (5) unterwegs.	An einem schönen Tag waren Tom und sein Großvater unterwegs.	(2) Orthographie/Groß- und Kleinschreibung (3) Orthographie/Phonem-Graphem-Korrespond. (4) Orthographie/Vokalquantität (Doppelk.) (5) Orthographie/Getrennt- und Zusammenschr.
Sie gingen zum Fischen an einem (6) See (7) Sie fagten (8) einen Fisch.	Sie gingen zum Fischen an einen See. Sie fingen einen Fisch.	(6) Morphologie/Artikeldeklination (7) Syntax/Satzbau (Satzschlusszeichen) (8) Morphologie/Konjugation
Der Sohn namens Tom kuckte (9) den Fisch die ganze zeit (10) an (11) freute sich über den Fisch.	Der Sohn namens Tom guckte den Fisch die ganze Zeit an und/er freute sich über den Fisch.	(9) Orthographie/Phonem-Graphem-Korrespond. (10) Orthographie/Groß- und Kleinschreibung (11) Syntax/Weglassen der Konjunktion bzw. des Personalpronomens
Tom wohlte (12) den Fisch (13) einen Namen geben [...]	Tom wollte dem Fisch einen Namen geben [...]	(12) Orthographie/Vokalquantität, Doppelkons. (13) Morphologie/Artikeldeklination
Als sie zu hause (14) waren sagte der groß Vatter (15): „So wir werden den Fisch jetzt Essen (16).	Als sie zu Hause waren, sagte der Großvater: „So, wir werden den Fisch jetzt essen."	(14) Orthographie/Groß- und Kleinschreibung (15) Orthographie/Groß- und Kleinschreibung + Wiederholungsfehler siehe (4) (16) Orthographie/Groß- und Kleinschreibung
Tom kuckte (Wiederh.) Hanz an und weinte (17) nach 1 min sagte [...]	Tom guckte Hanz/s an und weinte. Nach 1 Min./einer Minute sagte [...]	(17) Syntax/Satzbau, Satzschlusszeichen
„Ok lass (18) wir den Fisch Namens (19) Hanz wieder frei.	„Ok, lassen wir den Fisch namens Hanz wieder frei."	(18) Morphologie/Konjugation (19) Orthographie/Groß- und Kleinschreibung
Als sie am See ankammen (20) lasten (21) sie Hanz frei.	Als sie am See ankamen, ließen sie Hanz frei.	(20) Orthographie/Vokalquantität (21) Morphologie/Konjugation

[...] ein großer Fisch und frass (22) in (23) auf (24)	[...] ein großer Fisch und fraß ihn auf.	(22) Orthographie/Vokalquantität, „ss" statt „ß" (23) Orthographie/Vokalquantität, Ausl. von „h" (24) Syntax/Satzschlusszeichen
Tom war Traurig (25) und ging nach hause (Wiederh.) mit seinen (26) großvatter (Wiederh.)	Tom war traurig und ging nach Hause mit seinem Großvater.	(25) Orthographie/Groß- und Kleinschreibung (26) Morphologie/Deklination

Schülertext 3 weist auf orthographischer Ebene einige „Defizite" auf. Wie auch in Text 1 von Schüler türk_bil_HS_6 liegen die Schwierigkeiten insbesondere im Bereich der Groß- und Kleinschreibung. Das wiederum deutet darauf hin, dass Probleme bei der Groß- und Kleinschreibung bei zweisprachig türkisch-deutsch aufwachsenden Schülerinnen und Schülern nicht zwangsläufig auf die Erstsprache Türkisch – die keine Groß- und Kleinschreibung kennt – zurückzuführen sind (vgl. hierzu Kap. 5.8).

Die Konstruktionen *Sie fagten einen Fisch und *[...] lassten sie Hanz frei sind typische Übergeneralisierungen, die auch in Text 1 beim zweisprachigen Schüler auftauchen (s.o.).

Auch im Bereich der Vokalquantität, d.h. bei der Unterscheidung zwischen kurzen und langen Vokalen und der darauf basierenden orthographischen Regelmäßigkeiten (z.B. Doppelkonsonanz) scheinen beide Schüler Schwierigkeiten zu haben.

Auffällig ist jedoch, dass Schüler türk_bil_HS_6 deutlich mehr Fehler auf morphologischer Ebene aufweist als sein monolingualer Altersgenosse (vgl. hierzu auch die Berechnung der Fehler in Kap. 4.4.4). Interessant dabei ist jedoch, dass auch der einsprachig deutsche Schüler dtsch_mono_HS_1 einzelne fehlerhafte Konstruktionen im Bereich der Deklination macht, wie z.B. *Sie gingen zum Fischen an einem See oder *[...] und ging nach hause mit seinen großvatter.

Die beim zweisprachig türkisch-deutschen Schüler auftretenden Fehler im Bereich der Deklination wurden als „wahrscheinliche" Transferfehler bewertet (s.o.), da das Türkische als agglutinierende Sprache das Prinzip der Flexion nicht kennt.

Worauf die Fehler beim einsprachig deutschen Schüler zurückzuführen sind, bleibt eine spannende Frage, der jedoch im Rahmen dieser Arbeit nicht weiter nachgegangen werden kann. Auch sind einzeln auftauchende sprachliche Abweichungen in Schülertexten nicht aussagekräftig. Umso wichtiger erscheinen die statistische Häufigkeitsauszählung und deren Interpretation (vgl. Kapitel 5). Dies setzt zunächst voraus, dass nach der Beschreibung der einzelnen Fehler (gemeint ist damit die Zuordnung der einzelnen Fehler zu der jeweiligen Kategorie, vgl. Kap. 4.4.2) die Berechnung der Fehler erfolgt.

Im folgenden Kapitel wird erläutert, wie diese im Rahmen der Datenauswertung in der vorliegenden Arbeit erfolgt. Zudem wird die Fehlerberechnung exemplarisch an Schülertext 1 und Schülertext 3 durchgeführt. Die Ergebnisse werden im Anschluss gegenübergestellt, um mögliche Unterschiede bei der Verteilung der Fehler aufzuzeigen.

4.4.4 Berechnung von Fehlern

Die Berechnung der Fehler in den Schülertexten erfolgt zunächst durch ein manuelles Vorgehen. Hierfür wird von jedem Schülertext in einem ersten Schritt die Gesamtfehlerzahl ermittelt. Diese wird in Relation zur Wortzahl des Textes gesetzt, um den Gesamtfehlerquotienten des Textes zu erfassen.

In einem zweiten Schritt werden mit Hilfe des oben vorgestellten und beschriebenen Kriterienrasters die Fehler den jeweiligen sprachlichen Ebenen (Orthographie, Morphologie, Syntax, Semantik) zugewiesen. Auf diese Weise wird der Fehlerquotient auf der jeweiligen sprachlichen Ebene ermittelt.

Schüler türk_bil_HS_6 hat in seinem deutschen Text insgesamt 33 Fehler gemacht. Die Wortzahl des Textes liegt bei 109 Wörtern. Zur Ermittlung des Gesamtfehlerquotienten wird die Fehlerzahl durch die Wortzahl dividiert und mit Hundert multipliziert. So ergibt sich folgende Variable für die Berechnung des Gesamtfehlerquotienten:

$$\frac{\text{Fehler gesamt}}{\text{Anzahl geschriebener Wörter}} \times 100 = \text{Gesamtfehlerquotient des Textes}$$

Übertragen auf den vorliegenden Schülertext, erhält man folgendes Ergebnis:

$$\frac{33 \text{ Fehler}}{109 \text{ Wörter}} \times 100 = 30{,}28\% \text{ Gesamtfehlerquotient}$$

Nach der Zuweisung der Fehler in die jeweiligen linguistischen Kategorien (vgl. Kap. 4.4.2) erfolgt die Ermittlung des Fehlerquotienten der jeweiligen sprachlichen Ebene. Die sprachlichen Abweichungen („Fehler") werden dann erneut in Relation zur Wortzahl des Textes gesetzt, woraus sich folgende Variable ergibt:

Variable für die Berechnung des Fehlerquotienten in der jeweiligen linguistischen Kategorie:

$$\frac{\text{Fehler in der jeweiligen Kategorie}}{\text{Anzahl geschriebener Wörter}} \times 100 = \text{Fehlerquotient der jeweiligen Kategorie}$$

Die Anwendung des Kriterienrasters auf Text 1 ergibt folgendes Ergebnis: 18 der gemachten Fehler bewegen sich auf der orthographischen Ebene, 9 auf der morphologischen und 6 auf der syntaktischen Ebene. Daraus entsteht folgende Berechnung:

$$\frac{18 \text{ orthographische Fehler}}{109 \text{ Wörter}} \times 100 = 16{,}51\% \text{ orthographische Fehler}$$

$$\frac{9 \text{ morphologische Fehler}}{109 \text{ Wörter}} \times 100 = 8{,}26\% \text{ morphologische Fehler}$$

$$\frac{6 \text{ syntaktische Fehler}}{109 \text{ Wörter}} \times 100 = 5{,}50\% \text{ syntaktische Fehler}$$

In einem weiteren Schritt folgt die anteilige Berechnung der in den einzelnen Kategorien jeweils gemachten Fehler. Hierfür werden die in der jeweiligen Kategorie gemachten Fehler in Relation zur Gesamtfehlerzahl gesetzt, woraus sich folgende Variable ergibt:

$$\frac{\text{Anzahl Fehler in der jeweiligen Kategorie}}{\text{Gesamtfehlerzahl}} \times 100 = \text{Fehleranteil in der jew. Kategorie}$$

Übertragen auf obiges Schülertextbeispiel, entsteht folgendes Ergebnis bei der Berechnung der Fehleranteile in den jeweiligen Kategorien:

$$\frac{18 \text{ orthographische Fehler}}{33 \text{ Gesamtfehler}} \quad \text{x } 100 = \text{Anteil orthographische Fehler} = 27{,}27\%$$

$$\frac{9 \text{ morphologische Fehler}}{33 \text{ Gesamtfehler}} \quad \text{x } 100 = \text{Anteil morphologische Fehler} = 27{,}27\%$$

$$\frac{6 \text{ syntaktische Fehler}}{33 \text{ Gesamtfehler}} \quad \text{x } 100 = \text{Anteil syntaktische Fehler} = 18{,}18\%$$

Die Berechnung der Fehler von Schülertext 3 (dtsch_mono_HS_1) ergibt folgendes Ergebnis: Schüler dtsch_mono_HS_1 schreibt 121 Wörter und weist insgesamt 23 Fehler auf, woraus sich ein Gesamtfehlerquotient von 21,49% ergibt. Aus der Berechnung der Fehlerprozente in den jeweiligen Kategorien resultiert folgendes Bild:[102]

13,22% orthographische Fehler, 4,96% morphologische Fehler und 2,48% syntaktische Fehler.

Die anteilige Berechnung in den jeweiligen Kategorien ergibt folgendes Ergebnis:

Der Anteil der orthographischen Fehler liegt bei 61,54%, auf morphologischer Ebene beträgt der Fehleranteil 23,08%, der Anteil syntaktischer Fehler liegt bei 11,54%. Stellt man nun die Ergebnisse der Fehlerberechnungen gegenüber, wird deutlich, dass:

1. gemessen am Gesamtfehlerquotienten, der monolingual einsprachige Hauptschüler im Vergleich zu seinem zweisprachigen türkisch-deutschen Altersgenossen ein um etwa 10 Prozentpunkte besseres Ergebnis aufweist (21,49% vs. 30,28%).
2. im Hinblick auf die Fehlerquotienten in den einzelnen Kategorien der zweisprachig türkisch-deutsche Proband auf orthographischer Ebene ein um etwa 3 Prozentpunkte besseres Ergebnis erzielt, auf morphologischer und syntaktischer Ebene jedoch jeweils doppelt so hohe Fehlerquotienten wie der monolinguale Schüler aufweist.
3. in Bezug auf die Fehleranteile in den jeweiligen Kategorien der türkisch-deutsche Schüler auf orthographischer Ebene anteilig etwa 7 Prozentpunkte

---

102 Die Berechnung der Fehlerquotienten bzw. -anteile erfolgte nach demselben Prinzip wie bei Schülertext 1, wird hier jedoch nicht weiter aufgeführt, da die Vorgehensweise bereits detailliert an Schülertext 1 erläutert wurde.

weniger Fehler, im morphologischen Bereich 4 Prozentpunkte und auf syntaktischer Ebene etwa 7 Prozentpunkte mehr Fehler aufweist.

4. beide Probanden auf semantischer Ebene keine Schwierigkeiten erkennen lassen.

Die Gegenüberstellung der obigen Textauswertungsergebnisse erlaubt selbstverständlich noch keine Aussagen darüber, ob die Sprachkompetenz zweisprachiger Schülerinnen und Schüler generell „schlechter" als die ihrer einsprachigen Altersgenossen ist. Ferner können auch noch keine Aussagen darüber getroffen werden, inwiefern die linguistische Struktur des Türkischen Einfluss auf die Fehlerhäufigkeit in den einzelnen sprachlichen Ebenen genommen hat. Dieses Kapitel sollte vielmehr die Vorgehensweise der Fehleranalyse verdeutlichen, um eine Nachvollziehbarkeit der in Kapitel 5 vorgestellten Auswertungsergebnisse und die daran anschließende Erklärung der Fehleranteile zu gewährleisten.

4.4.5 Statistische Tests

Die in Kapitel 1.1 formulierten Hypothesen werden statistisch mit Hilfe des Statistikprogramms SPSS 19 überprüft. Hierzu werden zunächst zur Überprüfung der Hypothesen (1) und (2) auf rein deskriptiver Ebene Mittelwertsvergleiche innerhalb der einzelnen Fehlerkategorien für die jeweiligen Subgruppen (siehe Abbildung 4: Probanden der Untersuchung) berechnet und miteinander verglichen. Zur Überprüfung von Hypothese (3) werden Korrelationen zwischen den erst- und zweitsprachlichen Fähigkeiten, orientiert am Gesamtfehlerquotienten, innerhalb der einzelnen Subgruppen berechnet. Hypothese (4) wird mit Hilfe eines T-Tests für unabhängige Stichproben überprüft. Dieser soll zeigen, ob es signifikante Leistungsunterschiede in der Erstsprache zwischen den Schularten gibt.

5. Auswertungsergebnisse

Im Folgenden werden die Textanalyseergebnisse aller an dieser Untersuchung untersuchten Probandengruppen vorgestellt. Die Darstellung der Ergebnisse erfolgt nach folgendem Prinzip: Um Aussagen über das zweisprachliche Niveau der betrachteten zweisprachigen Probandengruppe innerhalb der jeweiligen Schulart treffen zu können, werden zunächst die Textanalyseergebnisse der zweisprachigen Schülerschaften denen der monolingualen Vergleichsgruppe derselben Schulform gegenübergestellt. Dabei werden in einem ersten Schritt die Mittelwerte der Gesamtfehlerquotienten und die Fehlerquotienten auf orthographischer, morphologischer, syntaktischer und semantischer Ebene vergleichend betrachtet, gefolgt von der Darstellung der Fehleranteile in den jeweiligen Kategorien.

Für die Beschreibung der Kompetenzen in der jeweiligen Erstsprache werden anschließend die erstsprachlichen Textanalyseergebnisse der Hauptschüler und der Gymnasiasten denen der monolingualen Vergleichsgruppe (aus dem jeweiligen Ausland) gegenübergestellt.

Dabei soll überprüft werden, ob sich das sprachliche Niveau in der Erstsprache schulartabhängig voneinander unterscheidet. In einem weiteren Schritt werden die Textanalyseergebnisse der zweisprachigen Hauptschüler und Gymnasiasten in der Zweitsprache miteinander verglichen, um der Frage nachzugehen, inwieweit die erstsprachlichen Leistungen der Probanden mit den Fähigkeiten in der Zweitsprache korrelieren.

Um zu prüfen, ob es signifikante, schulartabhängige Differenzen in den erstsprachlichen Leistungen aller Probandengruppen gibt, wird in Kapitel 5.4 ein T-Test für unabhängige Stichproben durchgeführt.

Im Anschluss daran werden die Mittelwerte der zweisprachlichen Textergebnisse aller Probandengruppen innerhalb der jeweiligen Schulform (Hauptschule und Gymnasium) gegenübergestellt (Kap. 5.5 und 5.6), um mögliche Unterschiede in der anteiligen Verteilung der Fehler aufzuzeigen und dadurch u. U. Rückschlüsse auf den Einfluss der linguistischen Struktur der Erstsprache auf die Zweitsprache zu ziehen.

Die Menge der Daten erlaubt es nicht, wie im vorherigen Kapitel exemplarisch durchgeführt, die individuellen Ergebnisse aller Schülertexte dieser Studie zu diskutieren.

Bei der Erklärung der Fehleranteile (Kap. 5.8) wird der Versuch unternommen, die statistisch erfassten Fehlerschwerpunkte der Probanden in Beziehung zu einem möglichen Einfluss der jeweiligen Erstsprache zu setzen.

Den Überlegungen entsprechend, werden daher lediglich ausgewählte Schü-lertextausschnitte exemplarisch qualitativ analysiert. Diese Vorgehensweise dient insbesondere der Ableitung möglicher Fördermöglichkeiten für die zwei-sprachige Schülerschaft, die in Anlehnung an die statistischen Auswertungser-gebnisse sprachliche Auffälligkeiten aufweist und einer systematischen Förde-rung bedarf.

5.1 Textanalyseergebnisse der zweisprachig türkisch-deutschen Probanden

5.1.1 Zweisprachig türkisch-deutsch, Hauptschule

Tabelle 14: Gegenüberstellung der zweitsprachlichen Textergebnisse der türkisch-deut-schen Hauptschüler und der Ergebnisse der monol. deutschen Vergleichs-gruppe

	türkisch-deutsche Schülerschaft Hauptschule (N=30)	monolingual deutsche Vergleichsgruppe Hauptschule (N=30)
Gesamtfehlerquotient in %	**17,2**	**11,5**
Durchschnittliche Wortzahl	116,3	176,4
Fehlerquotient **orthographisch** in %	8,6 (=48,3)	8,0 (=69,7)
Fehlerquotient **morphologisch** in %	5,0 (=31,7)	1,8 (=15,3)
Fehlerquotient **syntaktisch** in %	3,3 (=18,5)	1,7 (=14,5)
Fehlerquotient **semantisch** in %	0,2 (=1,4)	0,1 (=0,5)

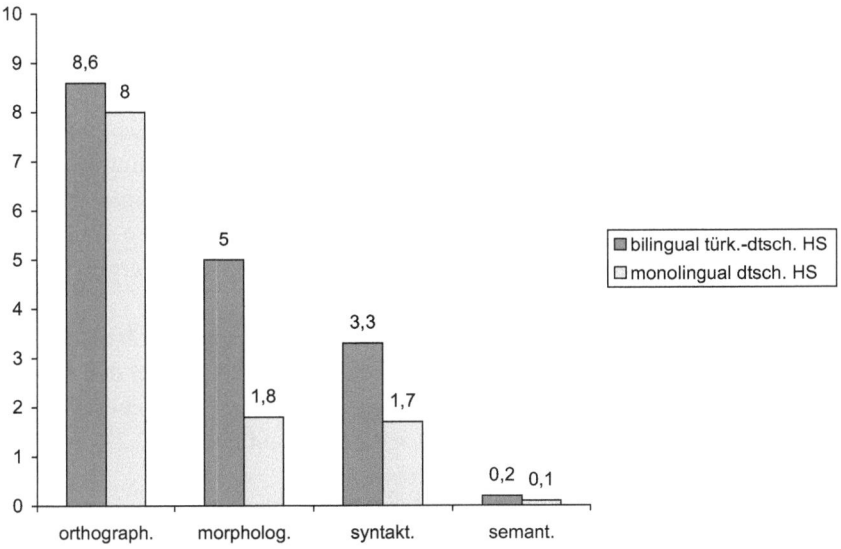

Diagramm 1: Gegenüberstellung der Fehlerquotienten der bilingual türkisch-deutschen Hauptschüler und der Ergebnisse der monol. deutschen Vergleichsgruppe an der Hauptschule

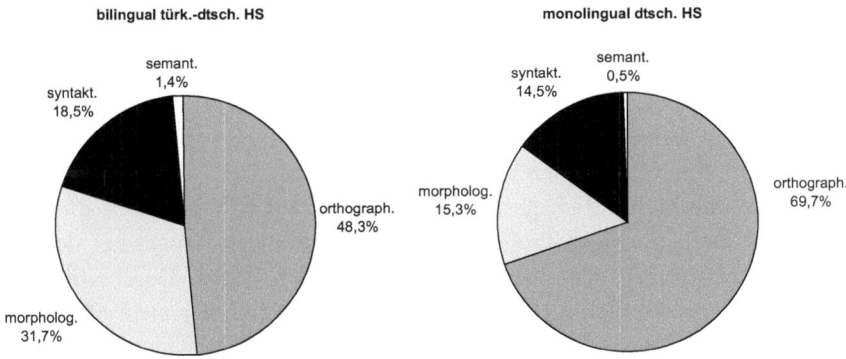

Diagramm 2: Gegenüberstellung der Fehleranteile der bilingual türkisch-deutschen Hauptschüler und der Ergebnisse der monolingual deutschen Vergleichsgruppe an der Hauptschule

Der Mittelwertsvergleich der Gesamtfehlerquotienten beider Probandengruppen macht deutlich, dass die zweisprachig türkisch-deutschen Schülerinnen und Schüler ein insgesamt deutlich schwächeres Ergebnis als ihre monolingualen Altersgenossen aufweisen.

Im Bereich der Orthographie weichen die Fehlerquotienten nicht stark voneinander ab (8,6% bei den bilingualen vs. 8,0% bei den monolingualen Probanden). Auf morphologischer Ebene ist jedoch eine signifikante Differenz zu verzeichnen. So ist der Fehlerquotient bei den zweisprachigen Hauptschülern (5,0%) fast dreimal so hoch wie bei der monolingualen Vergleichsgruppe (1,8%).

Auch im syntaktischen Bereich weisen die zweisprachigen Probanden einen nahezu doppelt so hohen Fehlerquotienten auf (3,3% zu 1,7% bei den einsprachigen Probanden). Auf semantischer Ebene ist der Wert zwar ebenfalls doppelt so hoch, jedoch lässt der sehr niedrige Fehlerquotient von 0,2% auf keine Auffälligkeiten im semantischen Bereich schließen.

Die anteilige Betrachtung der Fehler lässt erkennen, dass die monolingualen Schülerinnen und im orthographischen Bereich deutlich mehr Fehler (rund 20 Prozentpunkte) machen als die zweisprachig türkisch-deutschen Probanden.

Auf morphologischer Ebene weisen die zweisprachigen Hauptschüler einen mehr als doppelt so hohen Anteil morphologischer Fehler auf. Auch im syntaktischen Bereich machen die zweisprachigen Schülerinnen und Schüler anteilig mehr Fehler (4 Prozentpunkte) als ihre monolingualen Altersgenossen.

Auf semantischer Ebene sind auch bei der anteiligen Fehlerbetrachtung keine signifikanten Unterschiede festzustellen. Obgleich die zweisprachigen Probanden anteilig betrachtet mehr als doppelt so viele Fehler auf semantischer Ebene machen, kann bei einem anteiligen Wert von 1,4% von keinerlei Auffälligkeiten im semantischen Bereich ausgegangen werden.

Bei der durchschnittlich geschriebenen Wortzahl fällt auf, dass die Leistungen der zweisprachigen Probanden vom quantitativen Aspekt her deutlich unter den Leistungen der einsprachigen Probanden liegen. Durchschnittlich schreiben die zweisprachig türkisch-deutschen Hauptschüler etwa 60 Wörter weniger als ihre einsprachigen Altersgenossen.

5.1.2 Zweisprachig türkisch-deutsch, Gymnasium

Tabelle 15: Gegenüberstellung der zweitsprachlichen Textergebnisse der türkisch-deutschen Gymnasiasten und der Ergebnisse der monol. deutschen Vergleichsgruppe am Gymnasium

	türkisch-deutsche Schülerschaft Gymnasium (N=27)	monolingual deutsche Vergleichsgruppe Gymnasium (N=30)
Gesamtfehler-quotient in %	3,5	2,5
Durchschnittliche Wortzahl	187,6	202,5
Fehlerquotient **orthographisch** in %	1,9 (=52,6)	1,8 (=71,9)
Fehlerquotient **morphologisch** in %	1,3 (= 37,2)	0,5 (=20,3)
Fehlerquotient **syntaktisch** in %	0,2 (=8,2)	0,2 (=7,4)
Fehlerquotient **semantisch** in %	0,1 (=1,9)	0,02 (=0,4)

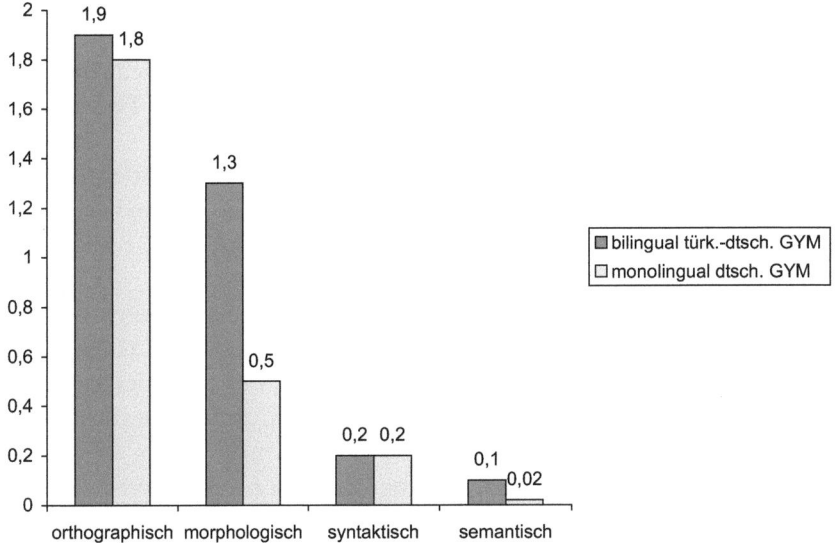

Diagramm 3: Gegenüberstellung der Fehlerquotienten der bilingual türkisch-deutschen Gymnasiasten und der Ergebnisse der monol. deutschen Vergleichsgruppe am Gymnasium

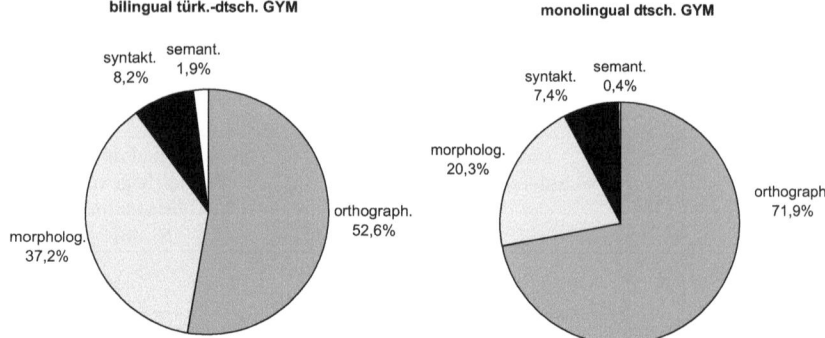

Diagramm 4: Gegenüberstellung der Fehleranteile der bilingual türkisch-deutschen Gymnasiasten und der Ergebnisse der monol. deutschen Vergleichsgruppe am Gymnasium

Der Mittelwertsvergleich der Gesamtfehlerquotienten macht deutlich, dass die zweisprachig türkisch-deutschen Probanden ein nahezu ähnlich hohes Niveau in ihrer Zweitsprache Deutsch aufweisen wie ihre monolingualen Altersgenossen am Gymnasium.

Auch die Betrachtung der Fehlerquotienten in den einzelnen sprachlichen Bereichen lässt erkennen, dass die sprachlichen Leistungen der zweisprachigen Probanden im Bereich der Orthographie und Syntax (nahezu) identisch sind. Auf morphologischer Ebene ist in Bezug auf den Fehlerquotienten eine Abweichung zu erkennen, die jedoch im Hinblick auf einen niedrigen Fehlerquotienten von 1,3% als sehr gering eingeschätzt werden kann.

Betrachtet man die Fehleranteile in den jeweiligen Kategorien (vgl. Diagramm 4), lässt sich erkennen, dass die einsprachigen Gymnasiasten einen deutlich höheren Anteil orthographischer Fehler aufweisen (71,9%) als ihre zweisprachigen Altersgenossen (52,6%).

Auf morphologischer Ebene ist bei den zweisprachig türkisch-deutschen Schülerinnen und Schülern ein deutlich höherer Fehleranteil (37,2%) zu verzeichnen als bei den einsprachigen Probanden (20,3%). Im syntaktischen Bereich sind keine großen Unterschiede festzustellen. Auf semantischer Ebene machen die zweisprachigen Gymnasiasten deutlich mehr Fehler. Allerdings ist der Anteil von 1,9% sehr gering, so dass (wie auch bei den zweisprachig türkisch-deutschen Hauptschülern) der Wert auf keine Auffälligkeiten im semantischen Bereich schließen lässt.

Tabelle 16: Gegenüberstellung der erstsprachlichen Textergebnisse der türkisch-deutschen Hauptschüler und Gymnasiasten und der Ergebnisse der monolingual türkischen Vergleichsgruppe

	türkisch-deutsche Schülerschaft Hauptschule (N=23*)	türkisch-deutsche Schülerschaft Gymnasium (N=19**)	monolingual türkische Vergleichsgruppe (N=30)
Gesamtfehler-quotient in %	**32,9**	**13,2**	**0,5**
Durchschnittliche Wortzahl	66,3	104, 3	181, 2
Fehlerquotient **orthographisch** in %	26,6 (=79,7)	10,7 (=81,2)	0,3 (=57,7)
Fehlerquotient **morphologisch** in %	2,7 (=10,2)	1,2 (=10,9)	0,1 (=24,2)
Fehlerquotient **syntaktisch** in %	2,0 (=5,2)	0,1 (=1,1)	0,02 (=4,5)
Fehlerquotient **semantisch** in %	1,6 (=4,9)	1,1 (=6,8)	0,03 (=13,6)

* 7 von 30 Probanden können nicht in ihrer Erstsprache Türkisch schreiben
** 8 von 27 Probanden können nicht in ihrer Erstsprache Türkisch schreiben

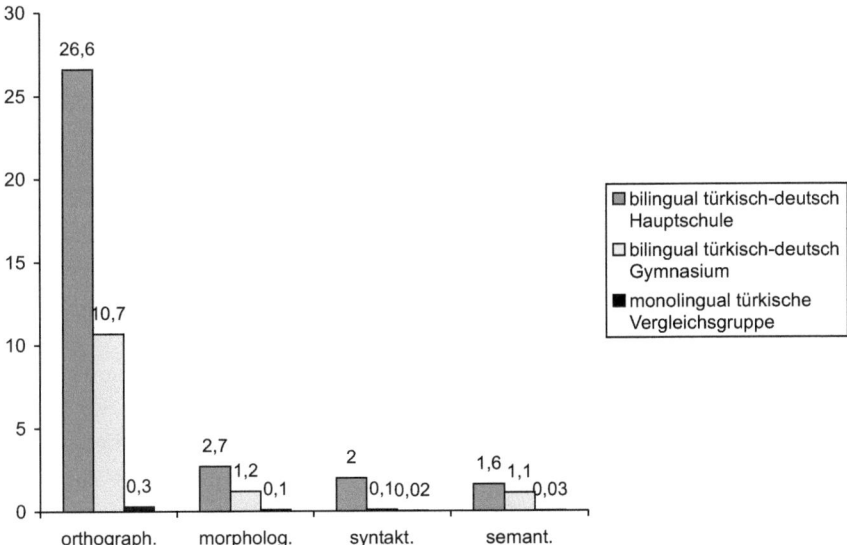

Diagramm 5: Gegenüberstellung der Fehlerquotienten der bilingual türkisch-deutschen Hauptschüler und Gymnasiasten und der Ergebnisse der monolingual türkischen Vergleichsgruppe

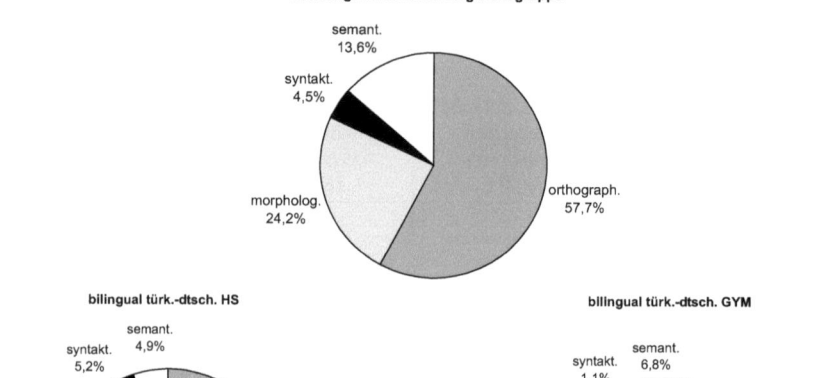

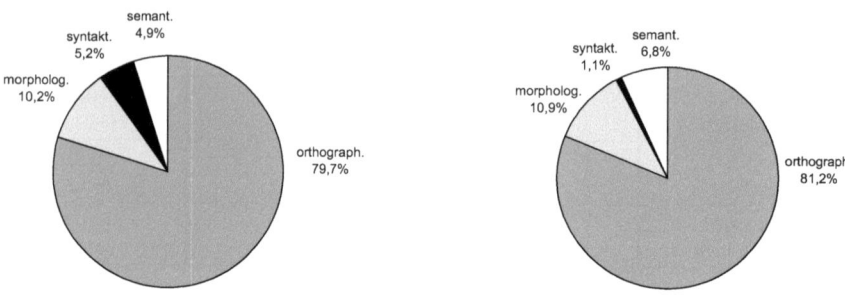

Diagramm 6: Gegenüberstellung der Fehleranteile der bilingual türkisch-deutschen Hauptschüler und Gymnasiasten und der Ergebnisse der monolingual türkischen Vergleichsgruppe

Die Gegenüberstellung der erstsprachlichen Textergebnisse der türkisch-deutschen Hauptschüler und Gymnasiasten mit den Leistungen der monolingual türkischen Vergleichsgruppe lässt ein eindeutiges Ergebnis erkennen: Die zweisprachig türkisch-deutschen Gymnasiasten liefern in ihrer Erstsprache Türkisch auf allen sprachlichen Ebenen deutlich bessere Leistungen als ihre Altersgenossen an der Hauptschule.

Der Mittelwert der Gesamtfehlerquotienten zeigt, dass die zweisprachigen Hauptschüler einen nahezu zweieinhalbfach höheren Gesamtfehlerquotienten aufweisen (32,9%) als die zweisprachigen Gymnasiasten (13,2%).

Im Bereich der Orthographie ist der Fehlerquotient bei den Hauptschülern mehr als doppelt so hoch wie bei den Gymnasiasten (26,6% zu 10,7%).

Auch im morphologischen und syntaktischen Bereich weisen die zweisprachigen Gymnasiasten einen deutlich niedrigeren Fehlerquotienten auf als die zweisprachigen Hauptschüler. Auf morphologischer Ebene ist der Fehlerquotient der Hauptschüler mehr als doppelt so hoch (2,7%) wie bei den Gymnasiasten (1,2%).

Im syntaktischen Bereich weichen die Mittelwerte ebenfalls stark voneinander ab (2,0% Hauptschüler zu 0,1% Gymnasiasten). Die Mittelwerte der Fehlerquotienten auf semantischer Ebene zeigen keine großen Leistungsdifferenzen (1,6% zu 1,1%).

Die Betrachtung der Fehleranteile (vgl. Diagramm 6) lässt erkennen, dass bei beiden Probandengruppen der anteilige Fehlerschwerpunkt mit rund 80% im Bereich der Orthographie liegt. Der Anteil der Fehler auf morphologischer Ebene ist bei beiden Schülerschaften ebenfalls nahezu identisch (rund 10%). Im syntaktischen Bereich machen die Hauptschüler anteilig betrachtet deutlich mehr Fehler (5,2% Hauptschüler zu 1,1% Gymnasiasten).

Auf semantischer Ebene ist der Anteil bei den zweisprachigen Gymnasiasten um 2 Prozentpunkte höher.

Deutliche Leistungsdifferenzen in der Erstsprache spiegeln sich ebenfalls im Hinblick auf die quantitativen Unterschiede der Schülertexte wider. So schreiben die türkisch-deutschen Gymnasiasten durchschnittlich 104,3 Wörter in ihren Texten, während sich die durchschnittliche Wortzahl bei den türkisch-deutschen Hauptschülern bei 66,3 Wörtern bewegt.

Die Gegenüberstellung der erstsprachlichen Leistungen beider zweisprachiger Probandengruppen und der monolingual türkischen Vergleichsgruppe macht deutlich, dass die zweisprachigen Gymnasiasten zwar deutlich bessere sprachliche Kompetenzen in allen betrachteten Bereichen aufweisen als die zweisprachigen Hauptschüler, jedoch sind auch die erstsprachlichen Fähigkeiten der Gymnasiasten von einem „muttersprachlichen Niveau" weit entfernt. Hinzu kommt, dass sowohl bei den zweisprachigen Hauptschülern als auch bei den Gymnasiasten sehr viele Probanden nicht in der Lage sind, die Bildergeschichte in ihrer Erstsprache Türkisch zu schreiben (vgl. Tabelle 16). Bei den Hauptschülern sind es über 20% und bei den Gymnasiasten rund 30%, die über keine schriftsprachlichen Kompetenzen in ihrer Erstsprache Türkisch verfügen.

Die Ergebnisse der Gegenüberstellung der erstsprachlichen Leistungen der türkisch-deutschen Hauptschüler und Gymnasiasten können wie folgt zusammengefasst werden:

- Die erstsprachlichen Textergebnisse der zweisprachig türkisch-deutschen Gymnasiasten lassen auf allen betrachteten sprachlichen Ebenen ein doppelt so gutes Ergebnis wie bei den zweisprachig türkisch-deutschen Hauptschülern erkennen.
- Der quantitative Unterschied der Textlängen weist ebenfalls auf deutliche Leistungsdifferenzen hin.

- Anteilig betrachtet, liegen die Fehlerschwerpunkte in der Erstsprache Türkisch sowohl bei den Hauptschülern als auch bei den Gymnasiasten auf der orthographischen Ebene (etwa 80%).
- Durch die Gegenüberstellung mit der monolingualen Vergleichsgruppe wird deutlich, dass die Leistungen beider zweisprachigen Probandengruppen (Hauptschüler und Gymnasiasten) von einem „muttersprachlichen" Niveau weit entfernt liegen.

Die dieser Arbeit u. a. zugrunde liegende Fragestellung nach dem Einfluss schlechter bzw. guter erstsprachlicher Kompetenzen auf den Zweitspracherwerb und folglich auf schulischen Erfolg würde an dieser Stelle die Vermutung nahelegen, dass die Gymnasiasten aufgrund ihrer besseren erstsprachlichen Fähigkeiten auch in der Zweitsprache Deutsch die besseren Ergebnisse erzielen.

Zunächst soll geklärt werden, inwieweit die zweitsprachlichen Leistungen der zweisprachig türkisch-deutschen Hauptschüler von denen der Gymnasiasten abweichen.

Tabelle 17: Gegenüberstellung der zweitsprachlichen Textergebnisse der türkisch-deutschen Hauptschüler und der Gymnasiasten

	türkisch-deutsche Schülerschaft Hauptschule (N=30)	türkisch-deutsche Schülerschaft Gymnasium (N=27)
Gesamtfehler-quotient in %	**17,2**	**3,5**
Durchschnittliche Wortzahl	116,3	187,6
Fehlerquotient **orthographisch** in %	8,6 (=48,3)	1,9 (=52,6)
Fehlerquotient **morphologisch** in %	5,0 (=31,7)	1,3 (= 37,2)
Fehlerquotient **syntaktisch** in %	3,3 (=18,5)	0,2 (=8,2)
Fehlerquotient **semantisch** in %	0,2 (=1,4)	0,1 (=1,9)

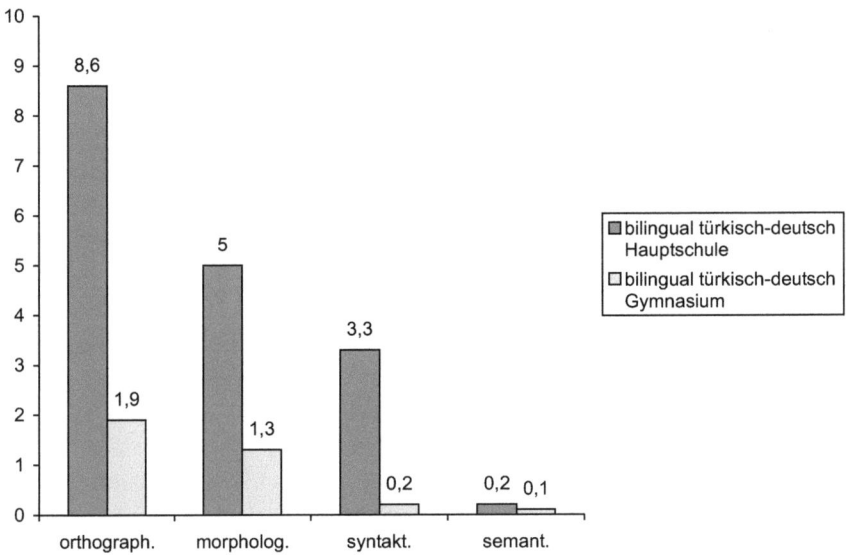

Diagramm 7: Gegenüberstellung der Fehlerquotienten der bilingual türkisch-deutschen Hauptschüler und der Gymnasiasten in der Zweitsprache Deutsch

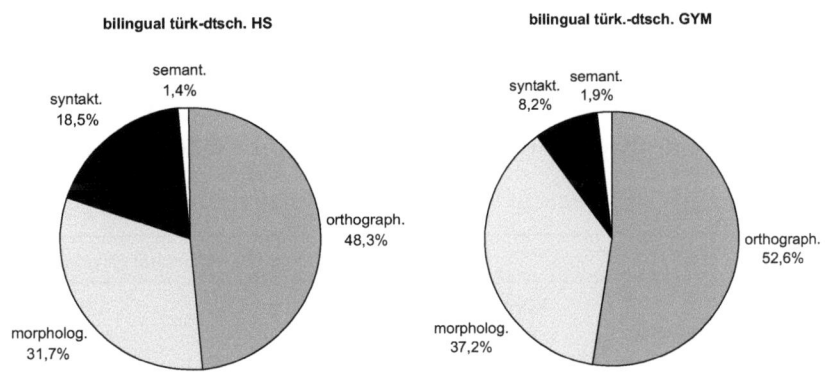

Diagramm 8: Gegenüberstellung der Fehleranteile der bilingual türkisch-deutschen Hauptschüler und der Gymnasiasten in der Zweitsprache Deutsch

Der Vergleich der zweitsprachlichen Leistungen der bilingual türkisch-deutschen Hauptschüler und Gymnasiasten lässt unschwer erkennen, dass die Fähigkeiten in der Zweitsprache Deutsch schulartabhängig auf allen sprachlichen Ebenen stark voneinander abweichen.

Die Probanden der Hauptschule weisen einen mehr als fünffach so hohen Gesamtfehlerquotienten (17,2%) auf als ihre Altersgenossen am Gymnasium (3,5%). Auf orthographischer Ebene lassen die zweisprachigen Hauptschüler einen viereinhalbfach höheren Fehlerquotienten (8,6%) als bei den zweisprachigen Gymnasiasten (1,9%) erkennen.

Im morphologischen Bereich ist ebenfalls ein fast viermal so hoher Fehlerquotient zu verzeichnen (5,0% zu 1,3%), und auf syntaktischer Ebene ist der Fehlerquotient bei den Hauptschülern um das 16,5-fache höher.

Betrachtet man die Fehleranteile (vgl. Diagramm 8), so fällt auf, dass der Anteil morphologischer Fehler bei den zweisprachigen Gymnasiasten um etwa 6 Prozentpunkte höher liegt als bei den zweisprachigen Probanden an der Hauptschule. Der Anteil syntaktischer Fehler ist bei den Hauptschülern mehr als doppelt so hoch wie bei den Gymnasiasten. Auf orthographischer und semantischer Ebene sind anteilig betrachtet keine signifikanten Unterschiede zu verzeichnen.

Zusammenfassend kann also festgehalten werden, dass die zweisprachig türkisch-deutschen Gymnasiasten sowohl in der Erstsprache Türkisch als auch in der Zweitsprache Deutsch deutlich bessere Ergebnisse erzielen.

Um zu ermitteln, ob es einen Zusammenhang zwischen den erst- und zweitsprachlichen Fähigkeiten der Schülerinnen und Schüler gibt, wird ein Signifikanztest (nach Pearson) durchgeführt. Berechnet wird der Korrelationskoeffizient der beiden Gesamtfehlerquotienten L1 und L2 innerhalb der jeweiligen Schulart.

		Fehler_gesamt_prozent_L2
Fehler_gesamt_prozent_L1	Korrelation nach Pearson	,718[**]
	Signifikanz (2-seitig)	,000

Abbildung 9:   Korrelationskoeffizienten L1 und L2 türkisch-deutsch Hauptschule

Bei den zweisprachig türkisch-deutschen Hauptschülern liegt zwischen den Leistungen der Erst- und Zweitsprache eine Korrelation von r = .718 vor. Damit zeigt sich ein deutlicher Zusammenhang zwischen den sprachlichen Fähigkeiten in Erst- und Zweitsprache. Die Korrelation ist auf einem Niveau von p < ,000 höchst signifikant.

		Fehler_gesamt_prozent_L2
Fehler_gesamt_prozent_L1	Korrelation nach Pearson	,732**
	Signifikanz (2-seitig)	,000

Abbildung 10: Korrelationskoeffizienten L1 und L2 türkisch-deutsch Gymnasium

Bei den zweisprachig türkisch-deutschen Gymnasiasten liegt zwischen den erst- und zweitsprachlichen Ergebnissen eine Korrelation von r = .732 vor. Somit ist auch bei den Gymnasiasten ein deutlicher Zusammenhang zwischen den Leistungen in der Erst- und Zweitsprache zu erkennen. Die Korrelation ist auf einem Niveau von p < ,000 höchst signifikant.

Die Erkenntnisse, die aus den Textauswertungsergebnissen der zweisprachig türkisch-deutschen Probanden gewonnen werden konnten, werden im Folgenden nochmals zusammengefasst.

Zusammenfassung der Textanalyseergebnisse der türkisch-deutschen Probanden

1. Die türkisch-deutschen Hauptschüler weisen ein deutlich schlechteres sprachliches Niveau als ihre monolingual deutschen Altersgenossen an der Hauptschule auf. Besonders signifikant sind die Unterschiede im morphologischen Bereich.
2. Die türkisch-deutschen Gymnasiasten erzielen ein nahezu ähnlich hohes sprachliches Niveau wie die monolingual deutsche Vergleichsgruppe am Gymnasium.
3. Im Vergleich zu den zweisprachig türkisch-deutschen Hauptschülern lassen die Gymnasiasten ein deutlich höheres Niveau sowohl in der Erstsprache Türkisch als auch in der Zweitsprache Deutsch erkennen.
4. Die erst- und zweitsprachlichen Fähigkeiten der Hauptschüler und der Gymnasiasten beeinflussen sich gegenseitig. Es kann davon ausgegangen werden, dass hohe bzw. niedrige Kompetenzen in der Erstsprache mit ähnlich hohen bzw. niedrigen Kompetenzen in der Zweitsprache korrelieren.

5.2 Textanalyseergebnisse der zweisprachig kroatisch-deutschen Probanden

5.2.1 Zweisprachig kroatisch-deutsch, Hauptschule

Tabelle 18: Gegenüberstellung der zweitsprachlichen Textergebnisse der kroatisch-deutschen Hauptschüler und der Ergebnisse der monol. deutschen Vergleichsgruppe an der Hauptschule

	kroatisch-deutsche Schülerschaft Hauptschule (N=28)	monolingual deutsche Vergleichsgruppe Hauptschule (N=30)
Gesamtfehlerquotient in %	9,6	11,5
Durchschnittliche Wortzahl	162,1	176,4
Fehlerquotient **orthographisch** in %	5,4 (=57,5)	8,0 (=69,7)
Fehlerquotient **morphologisch** in %	2,2 (=20,6)	1,7 (=15,3)
Fehlerquotient **syntaktisch** in %	1,7 (=18,7)	1,7 (=14,5)
Fehlerquotient **semantisch** in %	0,3 (=3,2)	0,06 (=0,5)

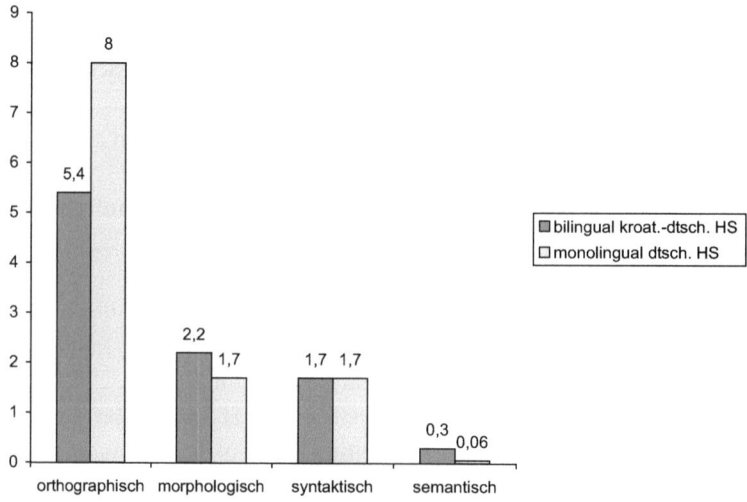

Diagramm 9: Gegenüberstellung der Fehlerquotienten der bilingual kroatisch-deutschen Hauptschüler und der Ergebnisse der monol. deutschen Vergleichsgruppe an der Hauptschule

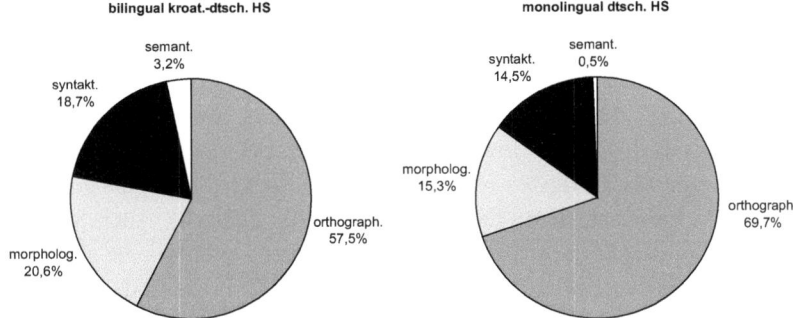

Diagramm 10: Gegenüberstellung der Fehleranteile der bilingual kroatisch-deutschen Hauptschüler und der Ergebnisse der monol. deutschen Vergleichsgruppe an der Hauptschule

Betrachtet man die Gesamtfehlerquotienten beider Probandengruppen, wird ersichtlich, dass die zweisprachig kroatisch-deutschen Hauptschüler ein um etwa 2 Prozentpunkte besseres Ergebnis als die monolingualen Hauptschüler erzielen. Das heißt: Insgesamt betrachtet machen die zweisprachigen Probanden weniger Fehler als ihre einsprachigen Altersgenossen an der Hauptschule.

Die Gegenüberstellung der Fehlerquotienten in den einzelnen sprachlichen Bereichen lässt erkennen, dass die zweisprachig kroatisch-deutschen Hauptschüler im Bereich der Orthographie deutlich bessere Ergebnisse erreichen als die einsprachigen Hauptschüler.

Auf morphologischer Ebene weisen die zweisprachig kroatisch-deutschen Probanden ein etwas schlechteres Ergebnis (2,2%) als ihre monolingualen Altersgenossen (1,7%) auf.

Im syntaktischen Bereich sind die Ergebnisse identisch.

Auf semantischer Ebene liegt der Wert höher (0,3%) als bei den einsprachigen Schülerinnen und Schülern (0,06%). Da es sich jedoch um einen sehr geringen Fehlerquotienten von 0,3% (!) handelt, kann auch hier nicht von Auffälligkeiten im semantischen Bereich ausgegangen werden.

Bei der quantitativen Betrachtung der Schülertexte werden ebenfalls keine großen Unterschiede ersichtlich. Durchschnittlich schreiben die zweisprachigen Probanden etwa 15 Wörter weniger als ihre monolingualen Altersgenossen. Eine eindeutige Leistungsdifferenz lässt sich daher nicht erkennen.

Die anteilige Betrachtung der Fehler zeigt, dass sowohl bei den zweisprachig kroatisch-deutschen Probanden als auch bei der monolingualen Vergleichsgruppe die häufigsten Fehler im Bereich der Orthographie gemacht werden (57,5% kroatisch-deutsch; 69,7% einsprachig deutsch). Auch hier fällt wie bei den bilingual türkisch-deutschen Hauptschülern auf, dass die einsprachigen Probanden einen deutlich höheren Anteil (über 10 Prozentpunkte höher!) an orthographischen Fehlern aufweisen.

Der Anteil der morphologischen Fehler ist bei den zweisprachigen Probanden um etwa 5 Prozentpunkte höher (20,6% kroatisch-deutsch zu 15,3% einsprachig deutsch).

Auch auf syntaktischer Ebene machen die zweisprachigen Hauptschüler etwa vier Prozentpunkte mehr Fehler (18,7% kroatisch-deutsch zu 14,5% einsprachig deutsch).

Im semantischen Bereich liegt der prozentuale Anteil bei den zweisprachig kroatisch-deutschen Probanden deutlich höher (3,2% kroatisch-deutsch zu 0,5% einsprachig deutsch), bewegt sich aber mit einem anteiligen Wert von 3,2% auf einem nicht weiter auffälligen Niveau.

5.2.2 Zweisprachig kroatisch-deutsch, Gymnasium

Tabelle 19: Gegenüberstellung der zweitsprachlichen Textergebnisse der kroatisch-deutschen Gymnasiasten und der Ergebnisse der monol. deutschen Vergleichsgruppe am Gymnasium

	kroatisch-deutsche Schülerschaft Gymnasium (N=30)	monolingual deutsche Vergleichsgruppe Gymnasium (N=30)
Gesamtfehler-quotient in %	**3,4**	**2,5**
Durchschnittliche Wortzahl	185,7	202,5
Fehlerquotient **orthographisch** in %	1,9 (=51,7)	1,8 (=71,9)
Fehlerquotient **morphologisch** in %	0,9 (=29,0)	0,5 (=20,3)
Fehlerquotient **syntaktisch** in %	0,5 (=11,4)	0,2 (=7,4)
Fehlerquotient **semantisch** in %	0,2 (=7,9)	0,02 (=0,4)

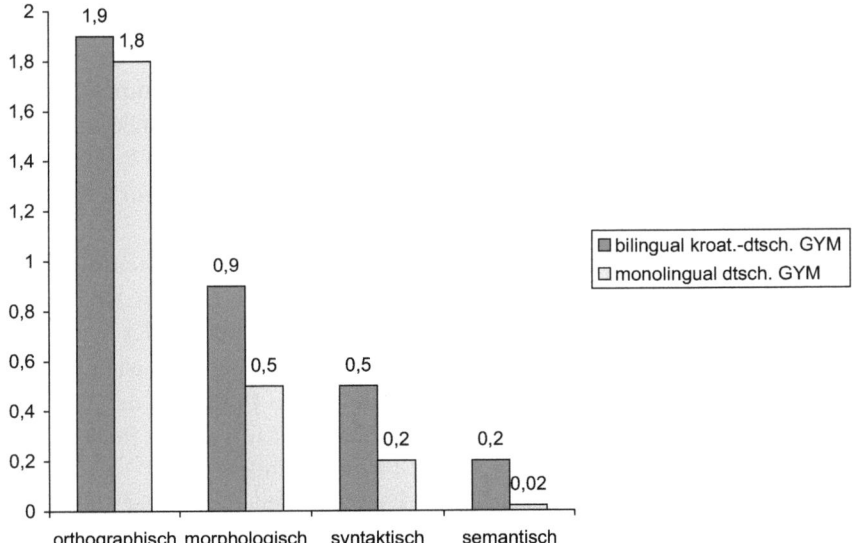

Diagramm 11: Gegenüberstellung der Fehlerquotienten der bilingual kroatisch-deutschen Gymnasiasten und der Ergebnisse der monol. deutschen Vergleichsgruppe am Gymnasium

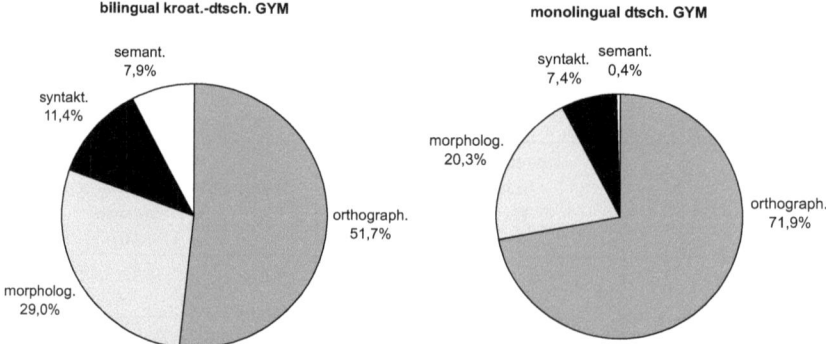

bilingual kroat.-dtsch. GYM

semant.
7,9%

syntakt.
11,4%

orthograph.
51,7%

morpholog.
29,0%

monolingual dtsch. GYM

syntakt. semant.
7,4% 0,4%

morpholog.
20,3%

orthograph.
71,9%

Diagramm 12: Gegenüberstellung der Fehleranteile der biling. kroatisch-deutschen Gymnasiasten und der Ergebnisse der monol. deutschen Vergleichsgruppe am Gymnasium

Die Gegenüberstellung der Gesamtfehlerquotienten macht deutlich, dass die zweisprachig kroatisch-deutschen Probanden einen um lediglich 0,9 Prozentpunkte höheren Mittelwert aufweisen als ihre monolingualen Altersgenossen. Das heißt, die zweisprachigen kroatisch-deutschen Gymnasiasten erreichen ein nahezu ähnlich hohes Niveau wie ihre monolingualen Altersgenossen.

Im orthographischen Bereich weisen die zweisprachig kroatisch-deutschen Schülerinnen und Schüler ein um 0,1 Prozentpunkte schlechteres Ergebnis auf. Auf morphologischer Ebene erreichen die zweisprachigen Gymnasiasten einen um 0,4 Prozentpunkte höheren Fehlerquotienten, im syntaktischen Bereich sind es 0,3 Prozentpunkte und auf semantischer Ebene 0,18 Prozentpunkte. Das heißt, die Werte bewegen sich jeweils auf einem sehr niedrigen Niveau und lassen auf keine größeren Auffälligkeiten schließen.

Anteilig betrachtet, liegen bei den einsprachigen Gymnasiasten die orthographischen Fehler um etwa 20 Prozentpunkte höher als bei den zweisprachigen Probanden (71,9% zu 51,7%). Ein deutlicher Unterschied der Werte wird im morphologischen, syntaktischen und semantischen Bereich ersichtlich. Auf morphologischer Ebene ist der Anteil der gemachten Fehler bei den zweisprachig kroatisch-deutschen Schülerinnen und Schülern um etwa 9 Prozentpunkte höher, auf syntaktischer Ebene sind es 4 Prozentpunkte.

Im semantischen Bereich liegt die Differenz bei über 7 Prozentpunkten. Da sich jedoch die einzelnen Fehlerquotienten in den jeweiligen sprachlichen Bereichen unter 2% bewegen, können die sprachlichen Leistungen der kroatisch-deutschen Gymnasiasten insgesamt betrachtet als sehr hoch eingeschätzt werden.

Tabelle 20: Gegenüberstellung der erstsprachlichen Textergebnisse der kroatisch-deutschen Hauptschüler und Gymnasiasten und der Ergebnisse der monolingual kroatischen Vergleichsgruppe

	kroatisch-deutsche Schülerschaft Hauptschule (N=25)*	kroatisch-deutsche Schülerschaft Gymnasium (N=25)**	monolingual kroatische Vergleichsgruppe (N=30)
Gesamtfehler-quotient in %	**16,0**	**17,9**	**2,3**
Durchschnittliche Wortzahl	125,8	127,5	146,7
Fehlerquotient **orthographisch** in %	8,3 (=51,0)	7,6 (=42,1)	1,5 (=64,2)
Fehlerquotient **morphologisch** in %	4,9 (=30,6)	6,8 (=36,6)	0,5 (=23,7)
Fehlerquotient **syntaktisch** in %	1,9 (=13,9)	1,6 (=10,0)	0,2 (=8,6)
Fehlerquotient **semantisch** in %	0,9 (=4,5)	1,9 (=11,3)	0,08 (=3,5)

* 3 von 28 Probanden können nicht in ihrer Erstsprache Kroatisch schreiben
** 5 von 30 Probanden können nicht in ihrer Erstsprache Kroatisch schreiben

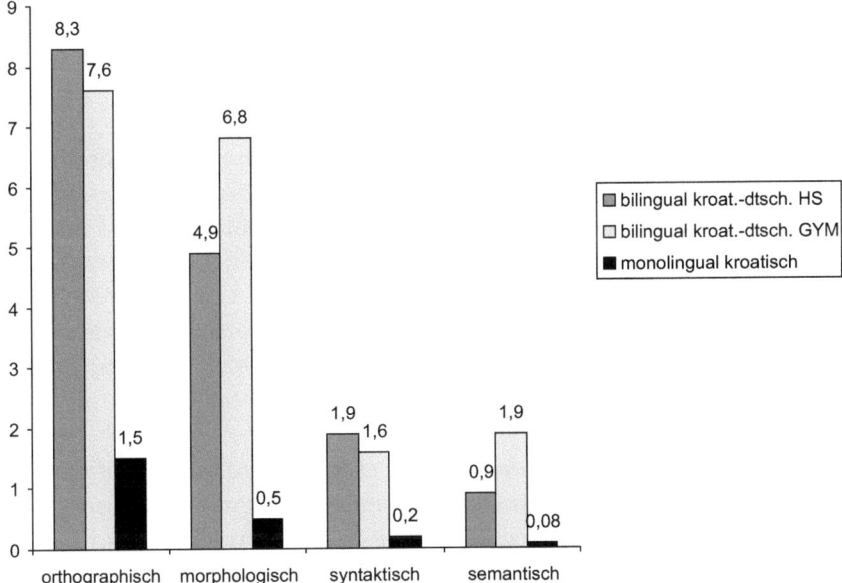

Diagramm 13: Gegenüberstellung der Fehlerquotienten der kroatisch-deutschen Hauptschüler und Gymnasiasten und der Ergebnisse der monolingual kroatischen Vergleichsgruppe

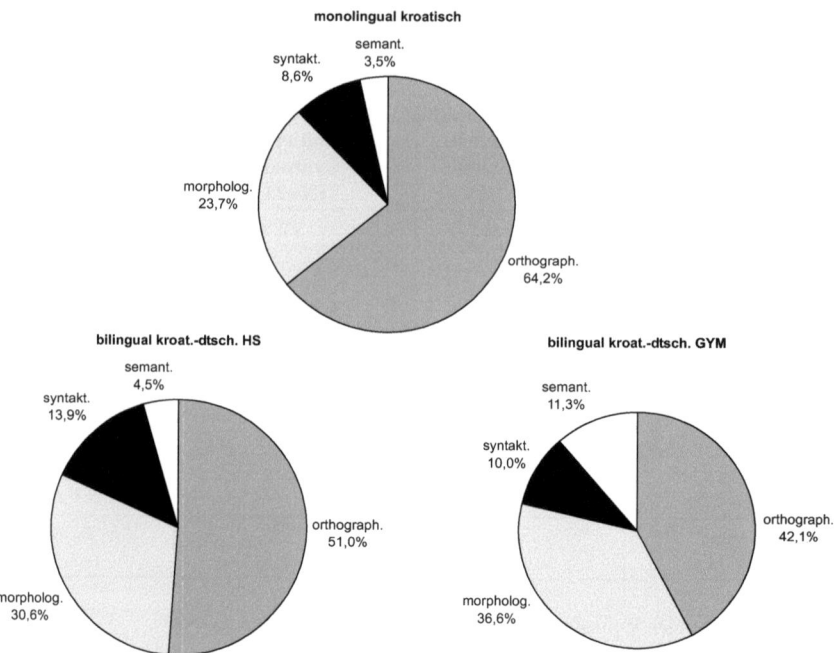

monolingual kroatisch

semant. 3,5%
syntakt. 8,6%
morpholog. 23,7%
orthograph. 64,2%

bilingual kroat.-dtsch. HS

semant. 4,5%
syntakt. 13,9%
orthograph. 51,0%
morpholog. 30,6%

bilingual kroat.-dtsch. GYM

semant. 11,3%
syntakt. 10,0%
orthograph. 42,1%
morpholog. 36,6%

Diagramm 14: Gegenüberstellung der Fehleranteile der kroatisch-deutschen Hauptschüler und Gymnasiasten und der Ergebnisse der monolingual kroatischen Vergleichsgruppe

Der Mittelwertsvergleich der erstsprachlichen Ergebnisse der zweisprachig kroatisch-deutschen Hauptschüler und Gymnasiasten liefert ein überraschendes Ergebnis: Die Gegenüberstellung der Gesamtfehlerquotienten lässt erkennen, dass die zweisprachig kroatisch-deutschen Hauptschüler etwas bessere Leistungen erzielen als die zweisprachig kroatisch-deutschen Gymnasiasten (16% zu 17,9%). Im Bereich der Orthographie weisen die zweisprachigen Gymnasiasten ein besseres Ergebnis auf (Gymnasiasten 7,6% zu Hauptschüler 8,3%), auf morphologischer Ebene erzielen die zweisprachigen Hauptschüler ein um 2 Prozentpunkte besseres Resultat.

Im syntaktischen Bereich weichen die Leistungen um 0,3 Prozentpunkte zugunsten der Gymnasiasten nur leicht voneinander ab. Auffällig ist jedoch, dass die zweisprachig kroatisch-deutschen Gymnasiasten auf semantischer Ebene deutlich mehr Schwierigkeiten in ihrer Erstsprache Kroatisch aufweisen als die Hauptschüler. Die Betrachtung der Fehleranteile (vgl. Diagramm 14) verdeutlicht dies. Während die zweisprachigen Hauptschüler einen semantischen Fehleranteil von 4,5% aufweisen, liegt er bei den zweisprachigen Gymnasiasten bei 11,3%. Im Bereich der Orthographie machen die Probanden am Gymnasium anteilig betrachtet etwa 10 Prozentpunkte weniger Fehler, auf morphologischer Ebene weisen jedoch die Hauptschüler 6 Prozentpunkte weniger Fehler auf. Im Bereich der Syntax erzielen die Hauptschüler ein um rund 4 Prozentpunkte besseres anteiliges Ergebnis.

Stellt man die erstsprachlichen Leistungen beider Probandengruppen (Hauptschüler und Gymnasiasten) den monolingualen Altersgenossen gegenüber, kann festgestellt werden, dass sowohl die kroatisch-deutschen Hauptschüler als auch die Gymnasiasten im Hinblick auf ihre erstsprachlichen Fähigkeiten von dem Niveau der Muttersprachler weit entfernt sind.

Des Weiteren sind 3 von 28 Probanden an der Hauptschule (etwa 11%) und 5 von 30 Probanden am Gymnasium (etwa 17%) nicht in der Lage, in ihrer Erstsprache Kroatisch zu schreiben.

Interessant erscheint die Tatsache, dass sich im Gegensatz zur türkisch-deutschen Probandengruppe die erstsprachlichen Fähigkeiten der kroatisch-deutschen Probanden in beiden Schulformen nicht signifikant voneinander unterscheiden.

Inwieweit dies auch auf die zweisprachlichen Leistungen zutrifft, soll im Folgenden geklärt werden. Des Weiteren soll auch hier ein Korrelationstest zwischen den erst- und zweitsprachlichen Leistungen innerhalb der jeweiligen Schulart durchgeführt werden.

Tabelle 21: Gegenüberstellung der zweitsprachlichen Textergebnisse der kroatisch-deutschen Hauptschüler und der Gymnasiasten

	kroatisch-deutsche Schülerschaft Hauptschule (N=28)	kroatisch-deutsche Schülerschaft Gymnasium (N=30)
Gesamtfehlerquotient in %	9,6	3,4
Durchschnittliche Wortzahl	162,1	185,7
Fehlerquotient **orthographisch** in %	5,4 (=57,5)	1,9 (=51,7)
Fehlerquotient **morphologisch** in %	2,2 (=20,6)	0,9 (=29,0)
Fehlerquotient **syntaktisch** in %	1,7 (=18,7)	0,5 (=11,4)
Fehlerquotient **semantisch** in %	0,3 (=3,2)	0,2 (=7,9)

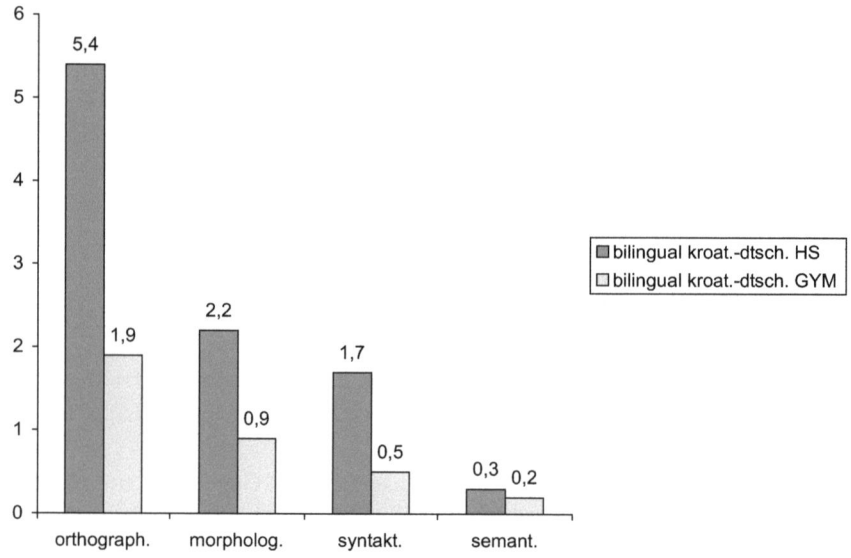

Diagramm 15: Gegenüberstellung der Fehlerquotienten der bilingual kroatisch-deutschen Hauptschüler und der Gymnasiasten in der Zweitsprache Deutsch

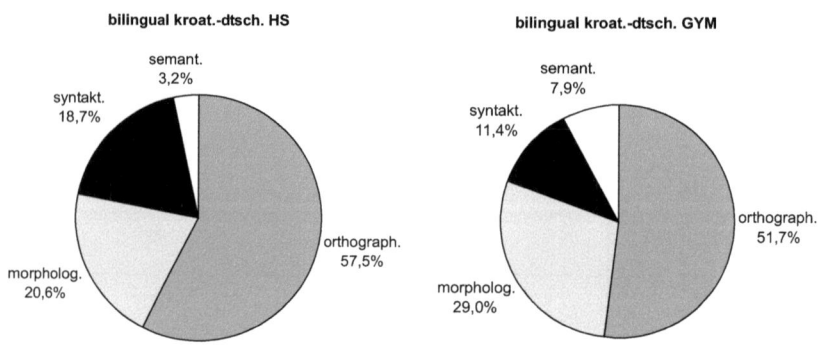

Diagramm 16: Gegenüberstellung der Fehleranteile der bilingual kroatisch-deutschen
Hauptschüler und Gymnasiasten in der Zweitsprache Deutsch

166

Die Gegenüberstellung der zweitsprachlichen Textergebnisse der kroatisch-deutschen Hauptschüler und Gymnasiasten zeigt, dass die Probandengruppe am Gymnasium in allen sprachlichen Bereichen ein deutlich besseres Ergebnis erzielt.

Bereits die Betrachtung der Gesamtfehlerquotienten macht deutlich, dass die zweisprachig kroatisch-deutschen Hauptschüler einen nahezu dreimal so hohen Gesamtfehlerquotienten aufweisen (9,6%) wie die Gymnasiasten (3,4%).

Im Bereich der Orthographie ist der Fehlerquotient dreimal so hoch (5,4% zu 1,9%), auf morphologischer Ebene zweieinhalbfach höher (2,2% zu 0,9%) und im syntaktischen Bereich fast dreieinhalbfach so hoch (1,7% zu 0,5%). Auf semantischer Ebene weichen die Ergebnisse nicht stark voneinander ab (0,3% zu 0,2%).

Quantitativ betrachtet, schreiben die kroatisch-deutschen Gymnasiasten durchschnittlich etwa 20 Wörter mehr als die Hauptschüler.

Betrachtet man die Fehleranteile, so liegen die meisten Fehler – sowohl bei den Hauptschülern als auch bei den Gymnasiasten – im Bereich der Orthographie. Die Hauptschüler weisen einen um etwa 6 Prozentpunkte höheren Anteil orthographischer Fehler auf.

Interessant erscheint, dass die Gymnasiasten auf morphologischer und semantischer Ebene einen höheren Fehleranteil aufweisen. Im syntaktischen Bereich lassen die Hauptschüler einen höheren Fehleranteil erkennen (Hauptschüler 18,7% zu Gymnasiasten 11,4%).

Zusammenfassend kann also festgehalten werden, dass die zweisprachig kroatisch-deutschen Gymnasiasten im Hinblick auf ihre zweitsprachlichen Leistungen den Hauptschülern auf allen sprachlichen Ebenen deutlich überlegen sind.

In den vorherigen Ausführungen konnte gezeigt werden, dass die kroatisch-deutschen Hauptschüler im Vergleich zu den Gymnasiasten in Bezug auf ihre erstsprachlichen Leistungen einen etwas besseren Mittelwert aufweisen, die Leistungen sich insgesamt betrachtet jedoch nicht signifikant voneinander unterscheiden. Daher soll auch hier durch einen Korrelationstest überprüft werden, ob es einen Zusammenhang zwischen den erst- und zweitsprachlichen Fähigkeiten der Probanden an der jeweiligen Schulform gibt.

		Fehler_gesamt_prozent_L2
Fehler_gesamt_prozent_L1	Korrelation nach Pearson	,683**
	Signifikanz (2-seitig)	,000

Abbildung 11: Korrelationskoeffizienten L1 und L2 kroatisch-deutsch Hauptschule

Bei den zweisprachig kroatisch-deutschen Hauptschülern liegt zwischen den Leistungen der Erst- und Zweitsprache eine Korrelation von r = .683 vor. Damit zeigt sich ein recht deutlicher Zusammenhang zwischen den sprachlichen Fähigkeiten in Erst- und Zweitsprache. Die Korrelation ist auf einem Niveau von p < ,000 höchst signifikant.

		Fehler_gesamt_prozent_L2
Fehler_gesamt_prozent_L1	Korrelation nach Pearson	,051
	Signifikanz (2-seitig)	,814

Abbildung 12: Korrelationskoeffizienten L1 und L2 kroatisch-deutsch Gymnasium

Bei den zweisprachig kroatisch-deutschen Gymnasiasten liegt zwischen den Leistungen der Erst- und Zweitsprache eine Korrelation von r = .051 vor. Damit zeigt sich ein statistisch nicht relevanter Zusammenhang zwischen den sprachlichen Fähigkeiten in Erst- und Zweitsprache.

Im Folgenden sollen die Textanalyseergebnisse der zweisprachig kroatisch-deutschen Probanden nochmals zusammengefasst werden:

Zusammenfassung der Textanalyseergebnisse der kroatisch-deutschen Probanden

1. Die kroatisch-deutschen Hauptschüler weisen in der Zweitsprache Deutsch ein besseres Ergebnis als ihre monolingualen Altersgenossen auf.
2. Die zweisprachig-kroatischen Gymnasiasten erzielen ein nahezu ähnlich hohes sprachliches Niveau in der Zweitsprache Deutsch wie die monolingualen Gymnasiasten.
3. Die erstsprachlichen Textanalyseergebnisse der kroatisch-deutschen Hauptschüler und Gymnasiasten weichen nicht stark voneinander ab. Die Hauptschüler weisen ein etwas besseres Ergebnis auf.

4. Die zweisprachigen Gymnasiasten sind im Hinblick auf ihre zweitsprachlichen Leistungen den kroatisch-deutschen Hauptschülern deutlich überlegen.

5. Bei den Probanden an der Hauptschule korrelieren hohe bzw. niedrige Kompetenzen in der Erstsprache mit ähnlich hohen bzw. niedrigen Kompetenzen in der Zweitsprache.

6. Bei den kroatisch-deutschen Gymnasiasten zeigt sich im Gegensatz zu den kroatisch-deutschen Hauptschülern kein Zusammenhang zwischen den sprachlichen Fähigkeiten in Erst- und Zweitsprache.

5.3 Textanalyseergebnisse der zweisprachig griechisch-deutschen Probanden

5.3.1 Zweisprachig griechisch-deutsch, Hauptschule

Tabelle 22: Gegenüberstellung der zweitsprachlichen Textergebnisse der griechisch-deutschen Hauptschüler und der Ergebnisse der monol. deutschen Vergleichsgruppe an der Hauptschule

	griechisch-deutsche Schülerschaft Hauptschule (N=30)	monolingual deutsche Vergleichsgruppe Hauptschule (N=30)
Gesamtfehler-quotient in %	12,5	11,5
Durchschnittliche Wortzahl	179,8	176,4
Fehlerquotient **orthographisch** in %	5,8 (=46,2)	8,0 (=69,7)
Fehlerquotient **morphologisch** in %	3,3 (=28,5)	1,8 (=15,3)
Fehlerquotient **syntaktisch** in %	3,0 (=22,0)	1,7 (=14,5)
Fehlerquotient **semantisch** in %	0,3 (=3,3)	0,06 (=0,5)

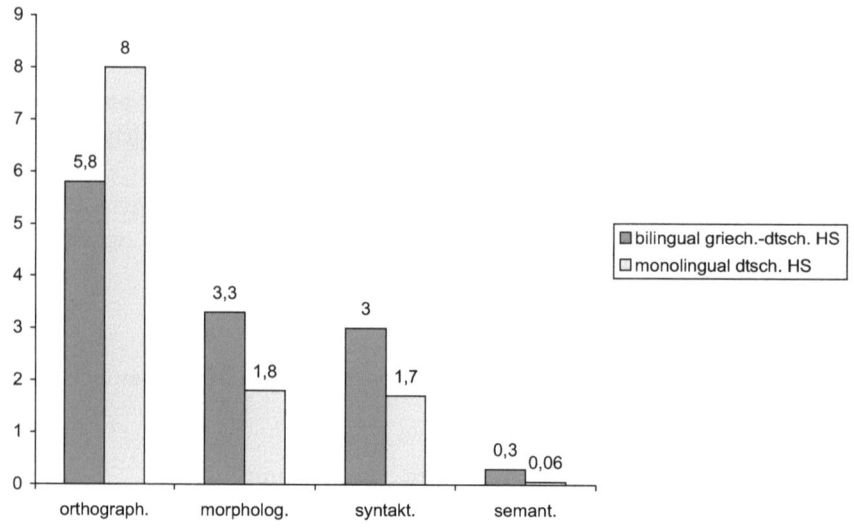

Diagramm 17: Gegenüberstellung der Fehlerquotienten der bilingual griechisch-deutschen Hauptschüler und der Ergebnisse der monol. deutschen Vergleichsgruppe an der Hauptschule

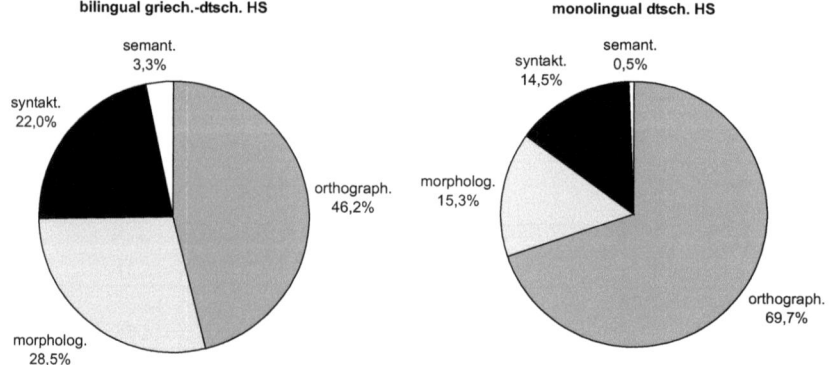

Diagramm 18: Gegenüberstellung der Fehleranteile der bilingual-griechischen Hauptschüler und der Ergebnisse der monol. deutschen Vergleichsgruppe an der Hauptschule

Der Mittelwertsvergleich der Gesamtfehlerquotienten beider Probandengruppen zeigt, dass die zweisprachig griechisch-deutschen Hauptschüler ein um nur einen Prozentpunkt schlechteres Ergebnis erzielen als ihre monolingualen Altersgenossen (12,5% zu 11,5%), d.h., dass das sprachliche Niveau der ein- und zweisprachigen Schülergruppen insgesamt betrachtet nahezu identisch ist.

Im Bereich der Orthographie fällt auf, dass die zweisprachigen Schülerinnen und Schüler deutlich besser sind als die monolingualen Probanden. Dies zeigt sich insbesondere bei der anteiligen Betrachtung der Fehler (vgl. Diagramm 18). Während 46,2% aller gemachten Fehler bei den zweisprachigen Probanden im orthographischen Bereich liegen, sind es bei den einsprachigen Probanden 69,7%.

Auf morphologischer und syntaktischer Ebene weisen die einsprachigen Hauptschüler ein besseres Ergebnis auf. Betrachtet man die Fehlerquotienten in diesen Bereichen, wird ersichtlich, dass die zweisprachig griechisch-deutschen Schülerinnen und Schüler auf morphologischer und syntaktischer Ebene einen fast doppelt so hohen Fehlerquotienten aufweisen (vgl. Diagramm 17). Auch die Gegenüberstellung der Fehleranteile (vgl. Diagramm 18) lässt erkennen, dass die zweisprachigen Probanden in diesen Bereichen anteilig betrachtet deutlich mehr Fehler aufweisen als die einsprachigen Schülerinnen und Schüler.

Im morphologischen Bereich ist der Wert anteilig betrachtet um 13,2 Prozentpunkte, auf syntaktischer Ebene um 7,5 Prozentpunkte höher. Auch auf semantischer Ebene lässt sich erkennen, dass die zweisprachigen Hauptschüler einen deutlich höheren Fehlerquotienten aufweisen, was sich auch in der anteiligen Verteilung der Fehler widerspiegelt. Allerdings sollte auch hier darauf hingewiesen werden, dass es sich um einen sehr niedrigen Fehlerquotienten/-anteil handelt (Fehlerquotient bei 0,3%, Fehleranteil bei 3,3%) und somit größere Schwierigkeiten auf semantischer Ebene bei den zweisprachig griechisch-deutschen Hauptschülern wie auch bei den türkisch-deutschen und kroatisch-deutschen Probanden ausgeschlossen werden können.

Zwar weicht das sprachliche Niveau der zweisprachig griechisch-deutschen Schülerinnen und Schüler insgesamt betrachtet nicht stark von dem der einsprachigen Schülerschaft ab, jedoch verteilen sich die Fehleranteile durchaus unterschiedlich. Deutliche Unterschiede lassen sich insbesondere auf morphologischer und syntaktischer Ebene (s.o.) erkennen.

Die durchschnittliche Textlänge beider Probandengruppen zeigt, dass die zweisprachige Schülerschaft vom quantitativen Aspekt her (wenn auch nur geringfügig) bessere Leistungen erbringt (vgl. Tabelle 22). Die griechisch-deutschen Hauptschüler erreichen somit als einzige zweisprachige Probandengruppe unter den Hauptschülern quantitativ betrachtet ein (wenn auch nur minimal) besseres Ergebnis.

5.3.2 Zweisprachig griechisch-deutsch, Gymnasium

Tabelle 23: Gegenüberstellung der zweitsprachlichen Textergebnisse der griechisch-deutschen Gymnasiasten und der Ergebnisse der monol. deutschen Vergleichsgruppe am Gymnasium

	griechisch-deutsche Schülerschaft Gymnasium (N=31)	monolingual deutsche Vergleichsgruppe Gymnasium (N=30)
Gesamtfehler-quotient in %	**4,0**	**2,5**
Durchschnittliche Wortzahl	239,1	202,5
Fehlerquotient **orthographisch** in %	2,0 (=52,6)	1,8 (=71,9)
Fehlerquotient **morphologisch** in %	1,2 (=25,9)	0,5 (=20,3)
Fehlerquotient **syntaktisch** in %	0,6 (=17,8)	0,2 (=7,4)
Fehlerquotient **semantisch** in %	0,1 (=3,7)	0,02 (=0,4)

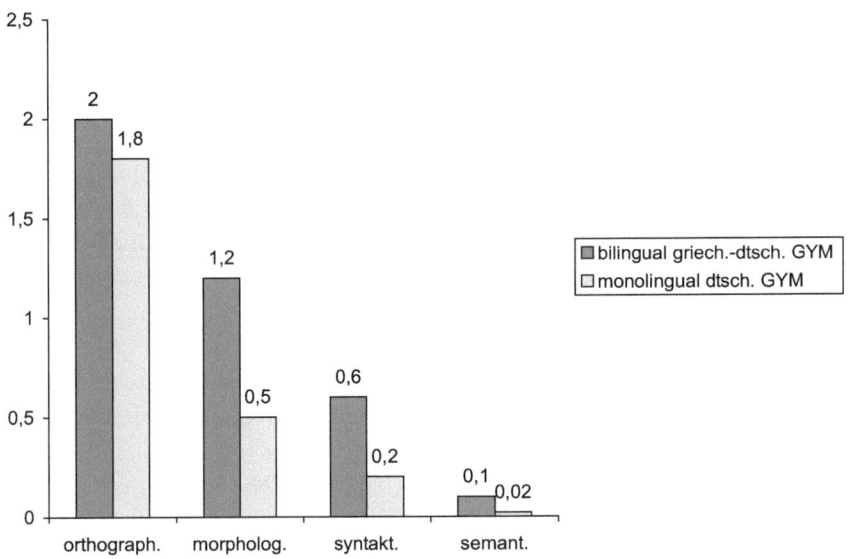

Diagramm 19: Gegenüberstellung der Fehlerquotienten der bilingual griechisch-deutschen Gymnasiasten und der Ergebnisse der monolingual deutschen Vergleichsgruppe am Gymnasium

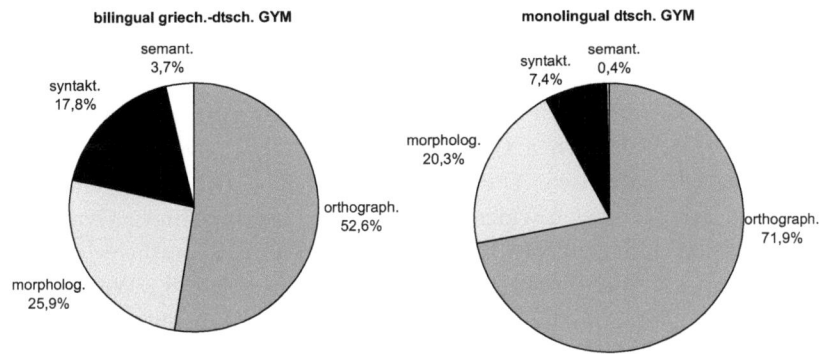

Diagramm 20: Gegenüberstellung der Fehleranteile der bilingual griechisch-deutschen Gymnasiasten und der Ergebnisse der monol. deutschen Vergleichsgruppe am Gymnasium

Die Gegenüberstellung der zweitsprachlichen Leistungen der griechisch-deutschen Gymnasiasten mit der monolingualen Vergleichsgruppe zeigt, dass die zweisprachigen Probanden im Hinblick auf den Gesamtfehlerquotienten ein nur gering schlechteres Ergebnis aufweisen als die einsprachigen Gymnasiasten (4,0% zu 2,5%).

Im Bereich der Orthographie erzielen die einsprachigen Gymnasiasten zwar einen etwas niedrigeren Fehlerquotienten (monoling. dtsch. 1,8% zu biling. griech.-dtsch. 2,0%), jedoch zeigt die Gegenüberstellung der Fehleranteile (vgl. Diagramm 20), dass die zweisprachig griechisch-deutschen Probanden anteilig betrachtet deutlich weniger Fehler auf orthographischer Ebene machen (biling. griech.-dtsch. 52,6% zu monol. dtsch. 71,9%).

Auf morphologischer und syntaktischer Ebene weisen die zweisprachigen Gymnasiasten jedoch deutlich mehr Fehler auf. So liegt der Fehlerquotient im morphologischen Bereich um zweieinhalbfach höher (1,2% zu 0,5%), auf syntaktischer Ebene ist er dreimal so hoch (0,6% zu 0,2%) und im semantischen Bereich fünffach so hoch (0,1% zu 0,02%).

Auch der Vergleich der Fehleranteile in den jeweiligen Kategorien lässt erkennen, dass die zweisprachig griechisch-deutschen Gymnasiasten deutlich höhere Fehleranteile im Bereich der Morphologie und insbesondere im Bereich der Syntax haben.

Auf morphologischer Ebene sind es anteilig 5,6 Prozentpunkte mehr Fehler, auf syntaktischer Ebene sogar über 10 Prozentpunkte.

Im semantischen Bereich machen die zweisprachigen Gymnasiasten anteilig betrachtet rund 3 Prozentpunkte mehr Fehler.

Da sich die Fehlerquotienten auf einem sehr niedrigen Wert bewegen (zwischen 0,02% und 2,0%), kann insgesamt festgehalten werden, dass die zweisprachig griechisch-deutschen Gymnasiasten ein hohes Niveau in der Zweitsprache Deutsch aufweisen. Dies spiegelt sich auch bei der quantitativen Betrachtung der Textlängen wider. So weisen die zweisprachigen Gymnasiasten im Vergleich zu den einsprachigen Probanden (durchschnittliche Textlänge 202,5 Wörter) mit einer durchschnittlichen Wortzahl von 239,1 Wörtern (vgl. Tabelle 23) ein auf quantitativer Ebene deutlich besseres Ergebnis auf.

Tabelle 24: Gegenüberstellung der erstsprachlichen Textergebnisse der griechisch-deutschen Hauptschüler und Gymnasiasten und der Ergebnisse der monolingual griechischen Vergleichsgruppe

	griechisch-deutsche Schülerschaft Hauptschule (N=30)	griechisch-deutsche Schülerschaft Gymnasium (N=28)*	monolingual griechische Vergleichsgruppe (N=30)
Gesamtfehler-quotient in %	**23,3**	**24,1**	**2,5**
Durchschnittliche Wortzahl	152,7	173,0	235,6
Fehlerquotient **orthographisch** in %	21,1 (=90,1)	22,3 (=92,3)	1,9 (=73,3)
Fehlerquotient **morphologisch** in %	0,7 (=2,3)	0,7 (=3,4)	0,1 (=6,8)
Fehlerquotient **syntaktisch** in %	0,9 (=4,1)	0,5 (=2,4)	0,2 (=10,3)
Fehlerquotient **semantisch** in %	0,6 (=3,5)	0,5 (=1,9)	0,2 (=9,6)

* 3 von 31 Probanden können nicht in ihrer Erstsprache Griechisch schreiben

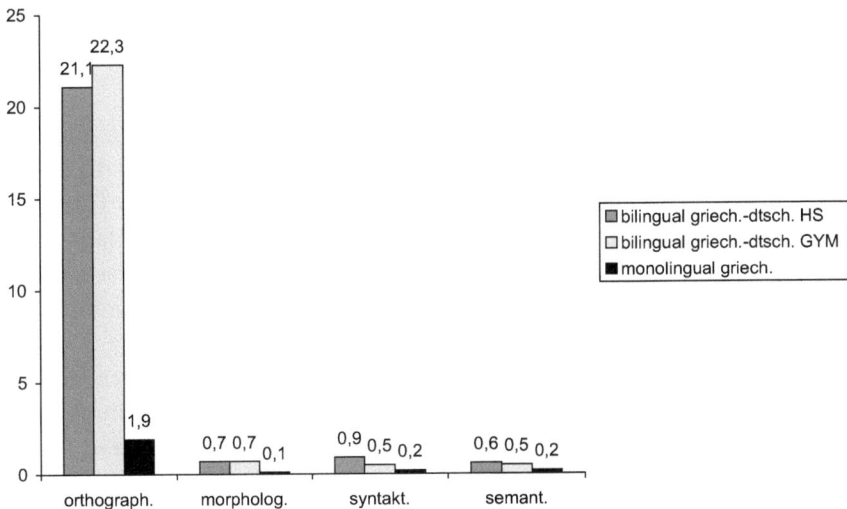

Diagramm 21: Gegenüberstellung der Fehlerquotienten der bilingual griechisch-deutschen Hauptschüler und Gymnasiasten und der Ergebnisse der monolingual griechischen Vergleichsgruppe

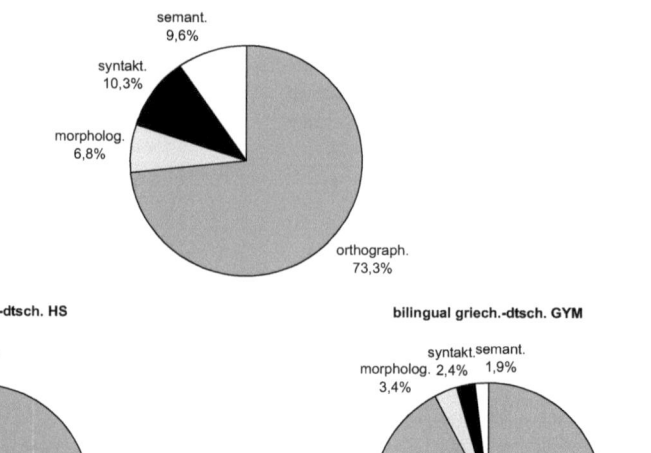

monolingual griechische Vergleichsgruppe

semant.
9,6%

syntakt.
10,3%

morpholog.
6,8%

orthograph.
73,3%

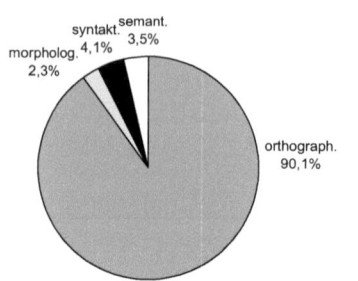

bilingual griech.-dtsch. HS

syntakt. semant.
3,5%
morpholog. 4,1%
2,3%

orthograph.
90,1%

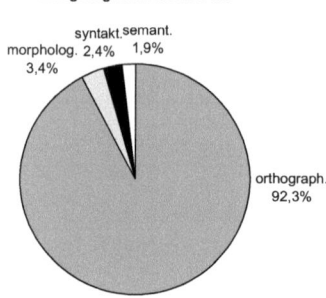

bilingual griech.-dtsch. GYM

syntakt. semant.
morpholog. 2,4% 1,9%
3,4%

orthograph.
92,3%

Diagramm 22: Gegenüberstellung der Fehleranteile der bilingual griechisch-deutschen Hauptschüler und Gymnasiasten und der Ergebnisse der monolingual griechischen Vergleichsgruppe

Der Vergleich der Mittelwerte der erstsprachlichen Ergebnisse der zweisprachig griechisch-deutschen Hauptschüler und Gymnasiasten zeigt, dass die Proban-den an der Hauptschule einen um 0,8 Prozentpunkte niedrigeren Gesamtfeh-lerquotienten erzielen. Im Bereich der Orthographie weisen die Hauptschüler einen etwas niedrigeren Fehlerquotienten auf, was sich auch in der anteiligen Verteilung der orthographischen Fehler widerspiegelt (vgl. Diagramm 22). Die zweisprachigen Probanden am Gymnasium lassen einen um etwa 2 Prozent-punkte höheren Fehleranteil auf orthographischer Ebene erkennen. Im mor-phologischen Bereich weisen beide Probandengruppen einen identischen Feh-lerquotienten von 0,7% auf, der als sehr gering bewertet werden kann. Anteilig betrachtet, machen die Hauptschüler um 1,1 Prozentpunkte weniger Fehler im Bereich der Morphologie. Auf syntaktischer Ebene erreichen die Gymnasiasten jedoch ein deutlich besseres Ergebnis. Sowohl der Fehlerquotient als auch der Fehleranteil zeigen, dass die Hauptschüler doppelt so viele Fehler im syntakti-schen Bereich machen wie ihre Altersgenossen am Gymnasium. Auf semantischer Ebene weisen die Gymnasiasten anteilig betrachtet ebenfalls ein besseres Ergebnis auf als die Hauptschüler. Die Fehlerquotienten weichen jedoch nicht stark voneinander ab (0,6% zu 0,5%).

Vergleicht man die erstsprachlichen Leistungen beider Probandengruppen mit den Mittelwertsergebnissen der monolingual griechischen Schülerschaft, wird deutlich, dass beide zweisprachigen Schülergruppen ein insgesamt sehr schwaches Ergebnis erzielen. Im Hinblick auf den Gesamtfehlerquotienten weisen beide bilingualen Probandengruppen ein fast zehnfach schlechteres Ergebnis auf. Betrachtet man die einzelnen Fehlerquotienten und die jeweiligen Fehleranteile, so lässt sich unschwer erkennen, dass die zweisprachigen Schülerinnen und Schüler insbesondere im Bereich der Orthographie die häufigsten Fehler aufweisen. Die Fehlerquotienten und auch die Fehleranteile in den übrigen sprachlichen Bereichen zeigen, dass beide bilingualen Probandengruppen im morphologischen, syntaktischen und semantischen Bereich keinerlei Auffälligkeiten aufweisen. Der jeweilige Fehlerquotient bewegt sich jeweils unter einem Prozent, was als sehr positiv bewertet werden kann.

Die Gegenüberstellung der Fehleranteile macht deutlich, dass sowohl die zweisprachigen Hauptschüler als auch die Gymnasiasten auf morphologischer, syntaktischer und semantischer Ebene anteilig sogar deutlich weniger Fehler machen als ihre monolingual griechischen Altersgenossen. Das heißt, dass die zweisprachig griechisch-deutschen Probanden an der Hauptschule und am Gymnasium im Vergleich zur monolingualen Schülerschaft auf morphologischer, syntaktischer und semantischer Ebene ein sehr gutes Ergebnis erzielen. Der jeweils hohe Fehlerquotient beider Probandengruppen ergibt sich durch den hohen Anteil (über 90%) orthographischer Fehler und muss daher relativiert betrachtet werden (vgl. hierzu Kap. 5.9).

Die Gegenüberstellung der erstsprachlichen Textergebnisse hat gezeigt, dass das sprachliche Niveau der zweisprachig griechisch-deutschen Schülerschaft an der Hauptschule und am Gymnasium nicht stark voneinander abweicht.

Im Folgenden soll überprüft werden, inwieweit dies auch auf die zweitsprachlichen Leistungen beider Probandengruppen zutrifft und ob es auch hier einen Zusammenhang zwischen den erst- und zweitsprachlichen Fähigkeiten der Schülerinnen und Schüler gibt.

Tabelle 25: Gegenüberstellung der zweitsprachlichen Textergebnisse der griechisch-deutschen Hauptschüler und der Gymnasiasten

	griechisch-deutsche Schülerschaft Hauptschule (N=30)	griechisch-deutsche Schülerschaft Gymnasium (N=31)
Gesamtfehler-quotient in %	**12,5**	**4,0**
Durchschnittliche Wortzahl	179,8	239,1
Fehlerquotient **orthographisch** in %	5,8 (=46,2)	2,0 (=52,6)
Fehlerquotient **morphologisch** in %	3,3 (=28,5)	1,2 (=25,9)
Fehlerquotient **syntaktisch** in %	3,0 (=22,0)	0,6 (=17,8)
Fehlerquotient **semantisch** in %	0,3 (=3,3)	0,1 (=3,7)

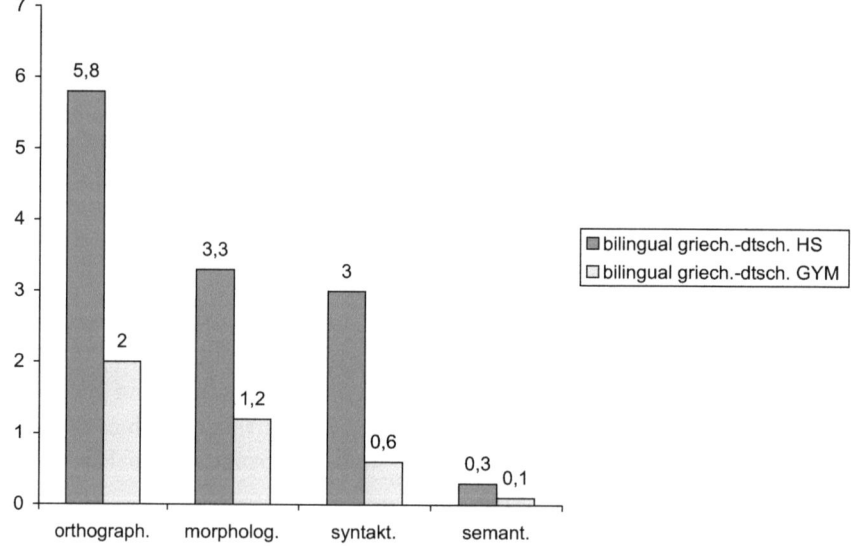

Diagramm 23: Gegenüberstellung der Fehlerquotienten der bilingual griechisch-deutschen Hauptschüler und Gymnasiasten in der Zweitsprache Deutsch

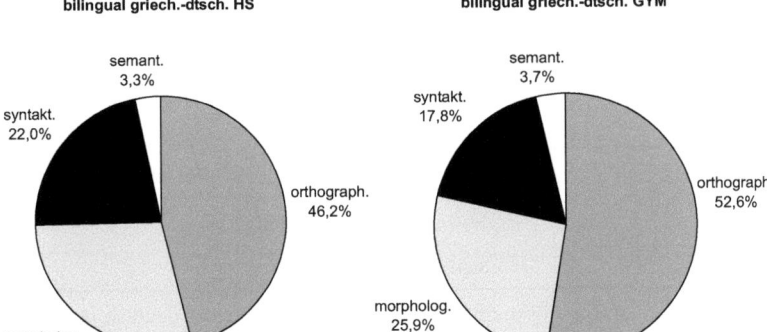

bilingual griech.-dtsch. HS   bilingual griech.-dtsch. GYM

Diagramm 24: Gegenüberstellung der Fehleranteile der bilingual griechisch-deutschen Hauptschüler und der Gymnasiasten in der Zweitsprache Deutsch

Der Vergleich der zweitsprachlichen Leistungen der zweisprachig griechisch-deutschen Hauptschüler und Gymnasiasten zeigt, dass die Probanden am Gymnasium auf allen sprachlichen Ebenen ein deutlich besseres Ergebnis erzielen. Betrachtet man die Mittelwerte der Gesamtfehlerquotienten (Hauptschüler 12,5% vs. Gymnasiasten 4,0%), wird ersichtlich, dass die zweisprachig griechisch-deutschen Hauptschüler einen dreimal so hohen Gesamtfehlerquotienten aufweisen. Im orthographischen Bereich lassen die Probanden an der Hauptschule ebenfalls einen dreimal so hohen Fehlerquotienten (5,8%) erkennen wie ihre Altersgenossen am Gymnasium (2,0%).

Dies trifft auch auf morphologischer Ebene zu (Hauptschüler 3,3% vs. Gymnasiasten 1,2%). Auf syntaktischer Ebene ist der Fehlerquotient fünfmal so hoch (Hauptschüler 3,0% vs. Gymnasiasten 0,6%) und im semantischen Bereich dreimal so hoch (0,3% Hauptschüler vs. 0,1% Gymnasiasten).

Die anteilige Verteilung der Fehler lässt bei beiden Probandengruppen keine großen Unterschiede erkennen (vgl. Diagramm 24). Auf morphologischer und syntaktischer Ebene ist der Fehleranteil bei den zweisprachigen Gymnasiasten etwas geringer, im semantischen und orthographischen Bereich weisen die Hauptschüler anteilig betrachtet weniger Fehler auf.

Zusammenfassend kann somit festgehalten werden, dass die Fähigkeiten der bilingual griechisch-deutschen Probandengruppen in der Erstsprache nicht wesentlich voneinander abweichen, im Hinblick auf die Zweitsprache Deutsch jedoch schulartspezifisch deutliche Unterschiede in den Leistungen der Schülerschaften zu verzeichnen sind.

Inwieweit die Leistungen in der Erst- und Zweitsprache miteinander korrelieren, soll auch hier durch einen Korrelationstest ermittelt werden.

		Fehler_gesamt_prozent_L2
Fehler_gesamt_prozent_L1	Korrelation nach Pearson	,201
	Signifikanz (2-seitig)	,286

Abbildung 13: Korrelationskoeffizienten L1 und L2 griechisch-deutsch Hauptschule

Bei den zweisprachig griechisch-deutschen Hauptschülern liegt zwischen den Leistungen der Erst- und Zweitsprache eine Korrelation von r = .201 vor. Damit zeigt sich ein geringer, nicht signifikanter Zusammenhang zwischen den sprachlichen Fähigkeiten in Erst- und Zweitsprache.

		Fehler_gesamt_prozent_L2
Fehler_gesamt_prozent_L1	Korrelation nach Pearson	,283
	Signifikanz (2-seitig)	,144

Abbildung 14: Korrelationskoeffizienten L1 und L2 griechisch-deutsch Gymnasium

Bei den zweisprachig griechisch-deutschen Gymnasiasten liegt zwischen den Leistungen der Erst- und Zweitsprache eine geringe Korrelation von r = .283 vor. Dieser Wert lässt auf einen eher geringen Zusammenhang zwischen den sprachlichen Fähigkeiten in Erst- und Zweitsprache schließen.

Zusammenfassung der Textanalyseergebnisse der griechisch-deutschen Probanden

Die Textanalyseergebnisse der zweisprachig griechisch-deutschen Probandengruppen sollen im Folgenden nochmals zusammengefasst werden:

1. Die zweisprachig griechisch-deutschen Probanden an der Hauptschule weisen in der Zweitsprache Deutsch insgesamt betrachtet ähnliche Leistungen wie die monolingual deutsche Vergleichsgruppe auf. Auf morphologischer

und syntaktischer Ebene liegen die zweisprachigen Hauptschüler jedoch deutlich hinter den Leistungen der einsprachigen Probanden.

2. Die griechisch-deutschen Gymnasiasten erzielen in der Zweitsprache insgesamt betrachtet sehr gute Leistungen, die nur gering von denen der einsprachigen Altersgenossen abweichen. Unterschiede lassen sich im morphologischen und syntaktischen Bereich erkennen.

3. Das erstsprachliche Niveau der zweisprachig griechisch-deutschen Hauptschüler und Gymnasiasten weicht nicht stark voneinander ab.

4. Die zweitsprachlichen Leistungen der Hauptschüler und Gymnasiasten zeigen auf allen sprachlichen Ebenen große Leistungsdifferenzen.

5. Die erst- und zweitsprachlichen Leistungen sowohl der Hauptschüler als auch der Gymnasiasten lassen auf keine Korrelationen schließen.

5.4 Textanalyseergebnisse in Erst- und Zweitsprache – schulartbezogene Betrachtung

In den vorherigen Kapiteln konnte bereits gezeigt werden, dass bei allen Probandengruppen im Hinblick auf die zweitsprachlichen Fähigkeiten schulartabhängige Unterschiede zu verzeichnen sind. Signifikante schulartabhängige Differenzen in den erstsprachlichen Leistungen konnten jedoch lediglich bei den türkisch-deutschen Probanden festgestellt werden. Bei den kroatisch-deutschen und griechisch-deutschen Schülerschaften scheinen die Fähigkeiten in der Erstsprache schulartunabhängig zu sein. Das heißt, die Ergebnisse zwischen den Probandengruppen sind sehr unterschiedlich und lassen bisher noch keine eindeutigen Aussagen zu. Im Folgenden soll daher ein T-Test für unabhängige Stichproben durchgeführt werden, um herauszufinden, ob es signifikante Leistungsunterschiede in der Erstsprache zwischen den Schularten gibt.

Gruppenstatistiken[a]

	Schulart	N	Mittelwert	Standard-abweichung	Standardfehler des Mittelwertes
Fehler_gesamt_prozent_L1	HS	78	23,7769	13,94302	1,57874
	GYM	71	19,1020	14,06559	1,66928

a. Lingualität = biling.

Test bei unabhängigen Stichproben[a]

		Levene-Test der Varianz-gleichheit		T-Test für die Mittelwertgleichheit					95% Konfidenz-intervall der Differenz	
		F	Signifi-kanz	T	df	Sig. (2-seitig)	Mittlere Diffe-renz	Standard-fehler der Differenz	Untere	Obere
Fehler_gesamt_prozent_L1	Varianzen sind gleich	,045	,832	2,036	147	,044	4,67486	2,29663	,13618	9,21355
	Varianzen sind nicht gleich			2,035	145,444	,044	4,67486	2,29759	,13389	9,21583

a. Lingualität = biling.

Diagramm 25: T-Test für unabhängige Stichproben

Der T-Test für unabhängige Stichproben ergibt keine Signifikanz (p=.832) zwischen den geprüften Probandengruppen. Die erstsprachlichen Leistungen der Probanden sind somit schulartunabhängig.

5.5 Gegenüberstellung der deutschen Textanalyseergebnisse zweisprachiger und einsprachiger Schülerinnen und Schüler an der Hauptschule

Tabelle 26: Gegenüberstellung der deutschen Textanalyseergebnisse der zweisprachig türkisch-deutschen, kroatisch-deutschen, griechisch-deutschen Schülerschaft und der Textanalyseergebnisse der monolingual deutschen Vergleichsgruppe

	türkisch-deutsche Schülerschaft Hauptschule (N=30)	kroatisch-deutsche Schülerschaft Hauptschule (N=28)	griechisch-deutsche Schülerschaft Hauptschule (N=30)	monolingual deutsche Vergleichsgruppe Hauptschule (N=30)
Gesamtfehler-quotient in %	17,2	9,6	12,5	11,5
Durchschnittliche Wortzahl	116,3	162,1	179,8	176,4
Fehlerquotient **orthographisch** in %	8,6 (= 48,3)	5,4 (=57,5)	5,8 (=46,2)	8,0 (=69,7)
Fehlerquotient **morphologisch** in %	5,0 (= 31,7)	2,2 (=20,6)	3,3 (=28,5)	1,8 (=15,3)
Fehlerquotient **syntaktisch** in %	3,3 (= 18,5)	1,7 (=18,7)	3,0 (=22,0)	1,7 (=14,5)
Fehlerquotient **semantisch** in %	0,2 (= 1,4)	0,3 (=3,2)	0,3 (=3,3)	0,1 (=0,5)

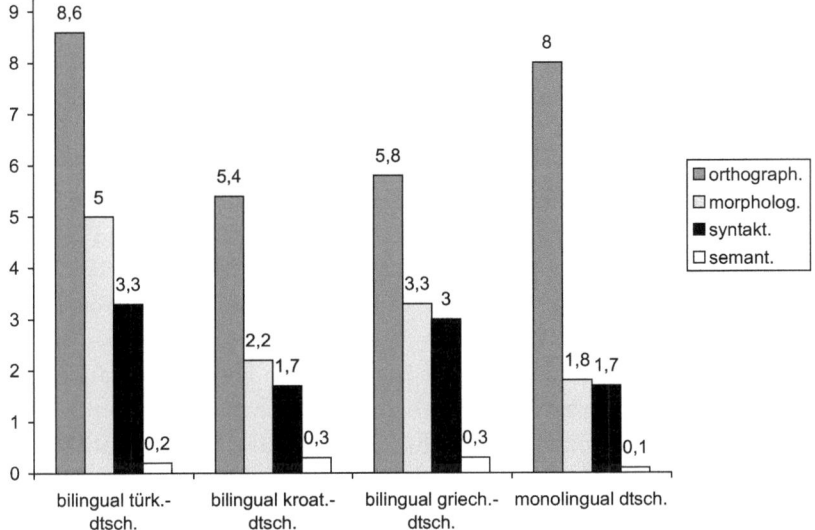

Diagramm 26: Gegenüberstellung der Fehlerquotienten der zweisprachig türkisch deutschen, kroatisch-deutschen, griechisch-deutschen Schülerschaft und der Ergebnisse der monolingualen Vergleichsgruppe an der Hauptschule

183

Gesamtfehlerquotienten

Die Gegenüberstellung der Mittelwerte aller Probandengruppen an der Hauptschule ergibt folgendes Ergebnis: In Bezug auf den Gesamtfehlerquotienten wird deutlich, dass die zweisprachig türkisch-deutschen Hauptschüler mit einem Gesamtfehlerquotienten von 17,2% das schlechteste Ergebnis erzielen. Wie bereits in Kapitel 5.1.1 angeführt, lässt dieses Ergebnis im Vergleich zur monolingualen Vergleichsgruppe an der Hauptschule eine deutliche Leistungsdifferenz erkennen.

Betrachtet man dagegen die kroatisch-deutsche Schülerschaft, wird ersichtlich, dass diese mit einem Gesamtfehlerquotienten von 9,6% sichtlich bessere sprachliche Leistungen erreichen. In Kapitel 5.2.1 konnte bereits gezeigt werden, dass die kroatisch-deutschen Probanden bessere Ergebnisse als die monolinguale Vergleichsgruppe aufweisen. Umso deutlicher wird die Diskrepanz zwischen den Leistungen der kroatisch-deutschen und der türkisch-deutschen Hauptschüler.

Die griechisch-deutschen Probanden erreichen einen Gesamtfehlerquotienten von 12,5% und liegen damit ebenfalls weit über den Leistungen der türkisch-deutschen Altersgenossen, jedoch deutlich hinter denen der kroatisch-deutschen Hauptschüler. Im Vergleich zur monolingualen Schülerschaft weisen die griechisch-deutschen Hauptschüler ein um 1 Prozentpunkt schlechteres Ergebnis auf (vgl. auch Kap. 5.3.1).

Fehlerquotienten

Betrachtet man die Mittelwerte der einzelnen Fehlerquotienten, wird ersichtlich, dass der höchste Fehlerquotient bei allen Probandengruppen auf orthographischer Ebene liegt.

Auch hier weisen die türkisch-deutschen Schülerinnen und Schüler mit einem orthographischen Fehlerquotienten von 8,6% den höchsten Wert auf, gefolgt von der einsprachigen Schülerschaft mit einem Fehlerquotienten von 8,0%.

Deutlich niedriger liegen die Ergebnisse der kroatisch-deutschen (5,4%) und griechisch-deutschen Schülerschaft (5,8%). Der zweithöchste Wert liegt im morphologischen Bereich. Die türkisch-deutschen Probanden machen auch auf morphologischer Ebene deutlich mehr Fehler als die übrigen Probandengruppen. Im Vergleich zur kroatisch-deutschen Schülerschaft ist der Wert mehr als doppelt so hoch (5,0% türkisch-deutsche Schülerschaft zu 2,2% kroatisch-deutsche Schülerschaft). Besonders deutlich wird die Diskrepanz, wenn man die morphologischen Leistungen der türkisch-deutschen Probanden mit denen der einsprachigen Schülerschaft vergleicht (vgl. Kapitel 5.1.1). Die kroatisch-deutschen Schülerinnen und Schüler zeigen mit einem morphologischen Fehler-

quotienten von 2,2% keine große Abweichung von den Leistungen der monolingualen Vergleichsgruppe (1,8%) auf.

Mit einem Fehlerquotienten von 3,3% liegen die griechisch-deutschen Probanden im Hinblick auf ihre morphologischen Leistungen zwischen den türkisch-deutschen und kroatisch-deutschen Schülerinnen und Schülern sowie
hinter den Leistungen der einsprachigen Hauptschüler deutlich zurück.

Auf syntaktischer Ebene weisen ebenfalls die kroatisch-deutschen Probanden das beste Ergebnis auf. So liegt der Fehlerquotient im syntaktischen Bereich bei 1,7% und zeigt ein identisches Ergebnis zur monolingualen Vergleichsgruppe.

Auffällig ist, dass sowohl die griechisch-deutschen als auch die türkisch-
deutschen Schülerinnen und Schüler mit einem Fehlerquotienten von 3,0%
(griechisch-deutsch) und 3,3% (türkisch-deutsch) ein deutlich schlechteres Ergebnis auf syntaktischer Ebene erzielen.

Im semantischen Bereich erreichen alle zweisprachigen Probandengruppen
ein nahezu identisches Ergebnis mit dem ihrer monolingualen Altersgenossen.
Da sich die Fehlerquotienten zwischen 0,2% und 0,3% bewegen, können auf semantischer Ebene keinerlei Auffälligkeiten festgestellt werden. Daher werden
die semantischen Fehlerquotienten auch nicht weiter diskutiert.

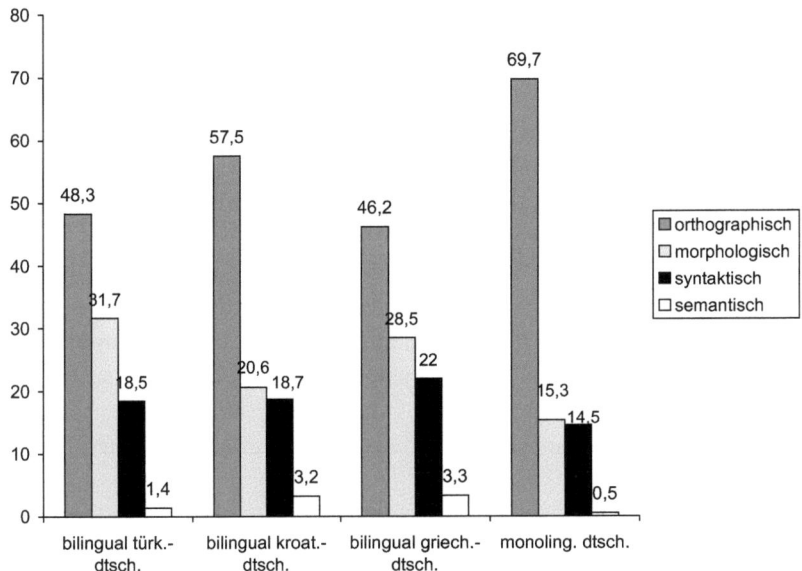

Diagramm 27: Gegenüberstellung der Fehleranteile der zweisprachig türkisch-deutschen,
kroatisch-deutschen, griechisch-deutschen Schülerschaft und der Ergebnisse der monolingualen Vergleichsgruppe an der Hauptschule

Fehleranteile

Wie bereits durch die Fehlerquotienten gezeigt werden konnte, liegen bei allen zweisprachigen Probandengruppen die am häufigsten gemachten Fehler im orthographischen Bereich. Den höchsten Anteil verzeichnen die kroatisch-deutschen Schülerinnen und Schüler (57,5%), gefolgt von den türkisch-deutschen (48,3%) und griechisch-deutschen Probanden (46,2%). Eine signifikante Leistungsdifferenz[103] auf orthographischer Ebene liegt zwischen den kroatisch-deutschen und griechisch-deutschen Schülerinnen und Schüler vor (p = .033).

Auf morphologischer Ebene weisen die türkisch-deutschen Hauptschüler mit 31,7% den höchsten Anteil morphologischer Fehler und somit die größte Leistungsdifferenz zur monolingualen Vergleichsgruppe auf. Die griechisch-deutsche Schülerschaft lässt mit einem Wert von 28,5% einen ebenfalls sehr hohen Anteil morphologischer Fehler erkennen. Ein deutlich besseres Ergebnis auf morphologischer Ebene erreichen die kroatisch-deutschen Schülerinnen und Schüler mit einem Fehleranteil von 20,6%. Sowohl zwischen den türkisch-deutschen und kroatisch-deutschen (p = .023) als auch zwischen den kroatisch-deutschen und den griechisch-deutschen Probanden (p = .034) liegen auf morphologischer Ebene signifikante Leistungsdifferenzen vor. Der Leistungsunterschied zwischen den türkisch-deutschen und griechisch-deutschen Hauptschülern ist nicht signifikant.

Im syntaktischen Bereich zeigen die griechisch-deutschen Probanden den höchsten Anteil syntaktischer Fehler (22,0%) und den signifikantesten Leistungsunterschied zur monolingualen Vergleichsgruppe (14,5%). Bei den kroatisch-deutschen und türkisch-deutschen Hauptschülern weichen die Anteile nicht stark voneinander ab (18,5% türkisch-deutsch zu 18,7% kroatisch-deutsch). Die Leistungsdifferenzen zwischen den Probandengruppen sind im syntaktischen Bereich durchgängig nicht signifikant.

Auf semantischer Ebene kann bei den türkisch-deutschen Schülerinnen und Schülern der geringste Fehleranteil verzeichnet werden. Der Anteil semantischer Fehler liegt bei den kroatisch-deutschen und griechischen-deutschen Probanden etwa doppelt so hoch, wird jedoch aufgrund der jeweils sehr niedrigen Werte (vgl. auch Fehlerquotienten) nicht weiter erörtert. Ebenso wie im syntaktischen Bereich zeigen sich auch hier keine signifikanten Differenzen.

---

103 Ob die für die Mittelwertsvergleiche festgestellten Leistungsdifferenzen innerhalb der einzelnen Fehlerkategorien signifikant sind, wurde durch einen T-Test für unabhängige Stichproben überprüft.

5.6 Gegenüberstellung der deutschen Textanalyseergebnisse zweisprachiger und einsprachiger Schülerinnen und Schüler am Gymnasium

Tabelle 27: Gegenüberstellung der deutschen Textanalyseergebnisse der zweisprachig türkisch-deutschen, kroatisch-deutschen, griechisch-deutschen Schülerschaft und der Ergebnisse der monolingualen Vergleichsgruppe am Gymnasium

	türkisch-deutsche Schülerschaft Gymnasium (N=27)	kroatisch-deutsche Schülerschaft Gymnasium (N=29)	griechisch-deutsche Schülerschaft Gymnasium (N=31)	monolingual deutsche Vergleichsgruppe Gymnasium (N=30)
Gesamtfehler-quotient in %	3,5	3,4	4,0	2,5
Durchschnittliche Wortzahl	187,6	185,7	239,1	202,5
Fehlerquotient **orthographisch** in %	1,9 (=52,0)	1,9 (=51,6)	2,0 (=52,6)	1,8 (=71,8)
Fehlerquotient **morphologisch** in %	1,3 (=36,8)	0,9 (=29,0)	1,2 (=25,9)	0,5 (=20,3)
Fehlerquotient **syntaktisch** in %	0,2 (=8,1)	0,5 (=11,4)	0,6 (=17,8)	0,2 (=7,4)
Fehlerquotient **semantisch** in %	0,1 (=1,9)	0,2 (=7,9)	0,1 (=3,7)	0,02 (=0,4)

Gesamtfehlerquotienten

Der Mittelwertsvergleich der Gesamtfehlerquotienten lässt erkennen, dass alle zweisprachigen Probandengruppen am Gymnasium ein insgesamt betrachtet sehr hohes sprachliches Niveau erreichen. Die Gesamtfehlerquotienten (türk.-dtsch. 3,5%; kroat.-dtsch. 3,4%; griech.-dtsch. 4,0%) weichen nicht stark vom Mittelwert der monolingualen Vergleichsgruppe (2,5%) ab. Den niedrigsten Gesamtfehlerquotienten weisen auch hier die kroatisch-deutschen Gymnasiasten auf (3,4%), gefolgt von den türkisch-deutschen Probanden (3,5%). Mit einem Mittelwert von 4,0% erzielen die griechisch-deutschen Gymnasiasten ein geringfügig schlechteres Ergebnis.

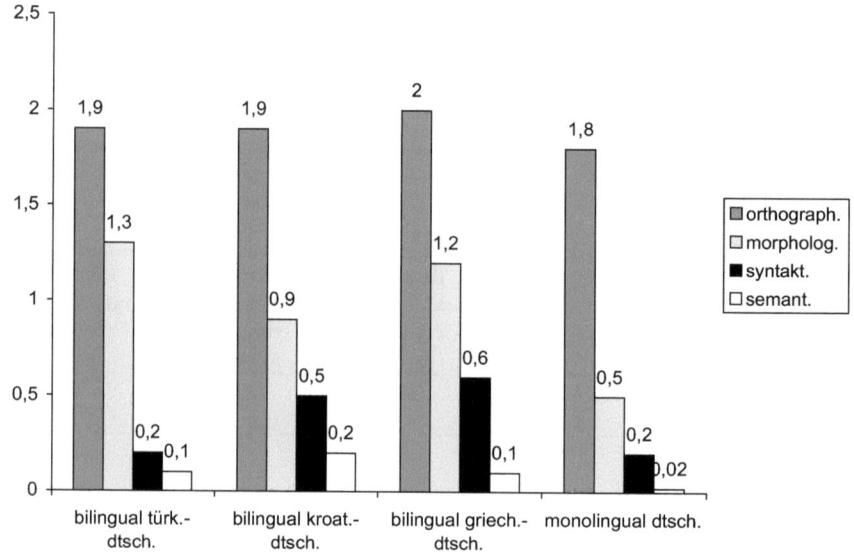

Diagramm 28: Gegenüberstellung der Fehlerquotienten der zweisprachig türkisch-deutschen, kroatisch-deutschen, griechisch-deutschen Schülerschaft und der Ergebnisse der monolingualen Vergleichsgruppe am Gymnasium

Fehlerquotienten

Die Gegenüberstellung der Fehlerquotienten zeigt, dass auch bei den zweisprachigen Gymnasiasten der höchste Fehlerquotient im orthographischen Bereich liegt. Bei allen Probandengruppen am Gymnasium weichen die Werte kaum voneinander ab und sind nahezu identisch zu dem orthographischen Fehlerquotienten der monolingualen Vergleichsgruppe.

Auf morphologischer Ebene weisen die türkisch-deutschen (1,3%) und die griechisch-deutschen Probanden (1,2%) im Vergleich zu den kroatisch-deutschen Gymnasiasten (0,9%) ein etwas schlechteres Ergebnis auf. Der morphologische Fehlerquotient ist bei beiden Probandengruppen mehr als doppelt so hoch wie bei den einsprachigen Probanden (0,5%).

Im syntaktischen Bereich lassen die türkisch-deutschen Gymnasiasten den gleichen Fehlerquotienten erkennen wie ihre monolingualen Altersgenossen (0,2%). Hier zeigen die kroatisch-deutschen und griechisch-deutschen Probanden ein etwas schlechteres Ergebnis (0,5% kroatisch-deutsch; 0,6% griechisch-deutsch).

Auf semantischer Ebene liegen die Fehlerquotienten zwar höher als bei den einsprachigen Gymnasiasten, scheinen aber auch hier im Hinblick auf die niedrigen Werte (0,1% und 0,2%) nicht weiter auffällig zu sein.

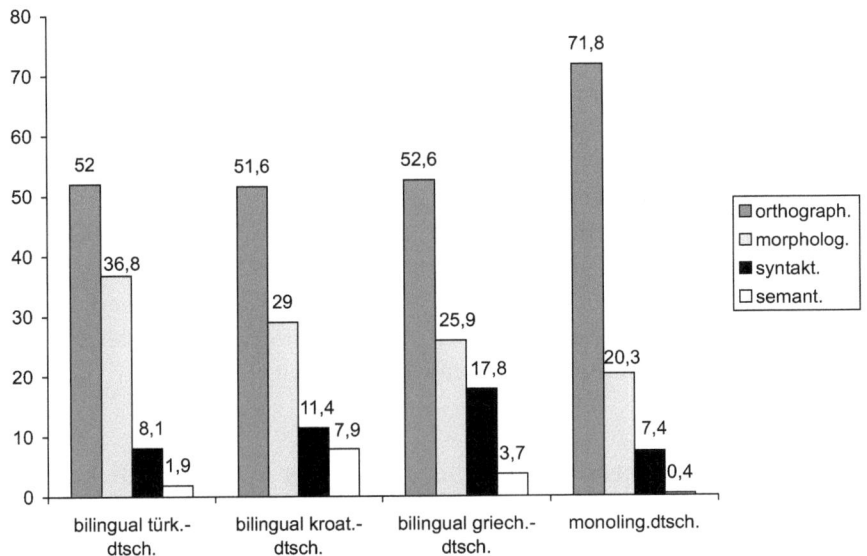

Diagramm 29: Gegenüberstellung der Fehleranteile der zweisprachig türkisch-deutschen, kroatisch-deutschen, griechisch-deutschen Schülerschaft und der Ergebnisse der monolingualen Vergleichsgruppe am Gymnasium

Fehleranteile

Die höchsten Fehleranteile liegen wie auch bei den zweisprachigen Hauptschülern im Bereich der Orthographie. Die Anteile unterscheiden sich innerhalb der zweisprachigen Probandengruppen am Gymnasium kaum voneinander (vgl. Diagramm 29), die Leistungsdifferenzen sind nicht signifikant.

Auf morphologischer Ebene weisen die türkisch-deutschen Schülerinnen und Schüler mit einem Wert von 36,8% den höchsten Fehleranteil auf. Die kroatisch-deutschen Probanden lassen einen deutlich niedrigeren Anteil morphologischer Fehler erkennen (29,0%), und die griechisch-deutschen Gymnasiasten erzielen den niedrigsten Wert (25,9%). Im Vergleich zur monolingual deutschen Vergleichsgruppe zeigen somit die türkisch-deutschen Probanden die größte Leistungsdifferenz (türkisch-deutsch 36,8% zu monolingual deutsch 20,3%).

Im syntaktischen Bereich machen die griechisch-deutschen Probanden anteilig betrachtet die häufigsten Fehler (17,8%) und weisen im Vergleich zu den monolingualen Gymnasiasten den deutlichsten Leistungsunterschied auf. Bei den kroatisch-deutschen Gymnasiasten liegt der Anteil syntaktischer Fehler bei 11,4%, bei den türkisch-deutschen Schülerinnen und Schülern bei 8,1%. Das heißt, die türkisch-deutschen Probanden machen auf syntaktischer Ebene anteilig betrachtet die wenigsten Fehler.

Auffällig erscheint der sehr hohe Anteil semantischer Fehler bei der kroatisch-deutschen Schülerschaft (7,9%), der von den Werten der beiden anderen Probandengruppen deutlich abweicht. Den niedrigsten Anteil semantischer Fehler weisen die türkisch-deutschen Probanden auf (1,9%), gefolgt von den griechisch-deutschen Gymnasiasten (3,7%).

Die Leistungsdifferenzen innerhalb der einzelnen Fehlerkategorien und Probandengruppen sind durchgängig nicht signifikant. Ein deutlicher Leistungsunterschied, der nur knapp das Signifikanzniveau (< .05) verfehlt hat (p = .068), zeigt sich im syntaktischen Bereich zwischen den türkisch-deutschen (8,1%) und griechisch-deutschen Gymnasiasten (17,8%).

5.7 Zusammenfassende Gegenüberstellung der zweitsprachlichen Textanalyseergebnisse der zweisprachigen Probandengruppen an der Hauptschule und am Gymnasium

Leistungen insgesamt betrachtet

Die Gegenüberstellung der Textanalyseergebnisse in beiden Schulformen hat gezeigt, dass die kroatisch-deutschen Probanden sowohl an der Hauptschule als auch am Gymnasium die besten Ergebnisse erreichen. Während die Mittelwertsvergleiche in Bezug auf die Gesamtfehlerquotienten am Gymnasium keine großen Abweichungen zwischen den Probandengruppen erkennen lassen, weichen die Ergebnisse der Hauptschüler deutlich voneinander ab. Im Hinblick auf den Mittelwertsvergleich der Gesamtfehlerquotienten können folgende „Rangordnungen"[104] in Bezug auf die zweitsprachlichen Gesamtleistungen aufgestellt werden:

Hauptschule:
1. kroatisch-deutsche Schülerschaft (Gesamtfehlerquotient 9,6%)
2. griechisch-deutsche Schülerschaft (Gesamtfehlerquotient 12,5%)
3. türkisch-deutsche Schülerschaft (Gesamtfehlerquotient 17,2%)

---

104 Die Rangordnungen folgen dem Prinzip: 1. = niedrigster Gesamtfehlerquotient = beste Leistungen; 3 = höchster Gesamtfehlerquotient = schlechteste Leistungen

Gymnasium:

1. kroatisch-deutsche Schülerschaft (Gesamtfehlerquotient 3,4%)
2. türkisch-deutsche Schülerschaft (Gesamtfehlerquotient 3,5%)
3. griechisch-deutsche Schülerschaft (Gesamtfehlerquotient 4,0%)

Fehleranteile

In Bezug auf die Fehleranteile der Probandengruppen lassen sich die Ergebnisse wie folgt zusammenfassen:

- Sowohl bei den zweisprachigen Hauptschülern als auch bei den Gymnasiasten liegt der höchste Anteil der gemachten Fehler im orthographischen Bereich.
- Alle zweisprachigen Probandengruppen (Hauptschüler und Gymnasiasten) lassen im Vergleich zu den monolingualen Vergleichsgruppen auf orthographischer Ebene anteilig betrachtet deutlich weniger Fehler erkennen.
- Auf morphologischer Ebene weisen in beiden Schulformen die türkisch-deutschen Probanden den höchsten Fehleranteil auf.
- Im syntaktischen Bereich machen die griechisch-deutschen Hauptschüler und Gymnasiasten die häufigsten Fehler.
- Auf semantischer Ebene zeigen die türkisch-deutschen Probanden sowohl an der Hauptschule als auch am Gymnasium den niedrigsten Anteil semantischer Fehler. Die semantischen Fehleranteile der kroatisch-deutschen und griechisch-deutschen Hauptschüler/innen sind nahezu identisch (3,2% kroatisch-deutsch; 3,3% griechisch-deutsch).
- Die kroatisch-deutschen Gymnasiasten weisen im Vergleich zu den beiden anderen Probandengruppen am Gymnasium einen hohen Anteil semantischer Fehler auf.

Die Textanalyseergebnisse der statistischen Auswertung haben gezeigt, dass die Probandengruppen jeweils unterschiedliche Fehlerschwerpunkte aufweisen.

Inwieweit diese Ergebnisse auf die linguistische Struktur der jeweiligen Erstsprache zurückzuführen sind, soll im folgenden Kapitel analysiert werden.

Der Umfang der dieser Arbeit zugrunde liegenden Daten erlaubt es nicht, alle innerhalb der Kategorien auftauchenden sprachlichen Abweichungen einzeln zu diskutieren. Vielmehr soll es darum gehen, die Fehlerhäufigkeiten der Probanden auf den jeweiligen sprachlichen Ebenen (Orthographie, Morphologie, Syntax und Semantik) den Strukturmerkmalen der Erstsprachen gegenüberzustellen.

Hierfür werden in einem zweiten Schritt Textausschnitte der Probanden vorgestellt, um die Fehlerhäufigkeiten innerhalb einer Kategorie exemplarisch zu veranschaulichen und aus diesen Erkenntnissen heraus in einem weiteren Schritt Vorschläge für zielgerichtete Fördermaßnahmen abzuleiten (vgl. Kap. 6).

5.8 Erklärung der Fehleranteile: Einfluss der Erstsprache auf die Zweitsprache

Wie bereits in Kapitel 4.4.3 angeführt, setzt sich die Erklärung von Fehlern zum Ziel, die Ursachen von Fehlern zu erkennen. Im Rahmen dieser Arbeit stehen mögliche Transferfehler aus der Erstsprache auf die Zweitsprache im Zentrum des Interesses.

Im Folgenden werden daher die Fehlerschwerpunkte der zweisprachigen Probanden nochmals aufgeführt und in Relation zu den typologischen Merkmalen der jeweiligen Erstsprache gesetzt. Hierfür werden u. a. die in Kapitel 3 durchgeführten Kontrastivanalysen die Grundlage bilden.

In den vorherigen Kapiteln konnte gezeigt werden, dass die zweisprachigen Probandengruppen anteilig betrachtet deutlich weniger orthographische Fehler aufweisen als die monolingualen Vergleichsgruppen. Obgleich auch bei den zweisprachigen Schülerschaften der höchste Anteil der Fehler im orthographischen Bereich liegt, sind diese mit sehr hoher Wahrscheinlichkeit nicht durch den Einfluss der Erstsprache zu erklären. Dies würde voraussetzen, dass die Schülerinnen und Schüler zum Zeitpunkt des Schriftspracherwerbs in der Zweitsprache Deutsch bereits grundlegende schriftsprachliche Fertigkeiten in ihren Erstsprachen mitbringen.[105] Davon ist weder auszugehen, noch konnten bei der Analyse der Schülertexte Interferenzen auf graphematischer Ebene festgestellt werden (vgl. hierzu auch das Kapitel 4.4.3 zur Erklärung von Fehlern).

Interessant, aber durchaus plausibel erscheint es daher, dass die zweisprachigen Schülerinnen und Schüler in ihren erstsprachlichen Textproduktionen eine Vielzahl graphematischer Interferenzen aus dem Deutschen erkennen lassen (vgl. hierzu exemplarisch Text 2 und die darauffolgende Fehleranalyse). Dies kann mit hoher Wahrscheinlichkeit darauf zurückgeführt werden, dass die Probanden zunächst in ihrer Zweitsprache Deutsch alphabetisiert wurden. Auch wenn ein Teil der Schülerinnen und Schüler u. U. parallel dazu im Rahmen des muttersprachlichen Unterrichts schriftsprachliche Kompetenzen

---

105 Bei den an dieser Studie untersuchten Probanden scheint dies sehr unwahrscheinlich zu sein, zumal alle Probanden in Deutschland geboren und aufgewachsen sind und (wenn überhaupt) nur ein sehr geringer Prozentsatz vor Eintritt in die deutsche Grundschule mit den orthographischen Regelmäßigkeiten der Erstsprache vertraut wurde.

in der Erstsprache erworben hat, kann davon ausgegangen werden, dass die schriftsprachliche Sozialisation in der Zweitsprache Deutsch quantitativ und qualitativ betrachtet deutlich höher zu gewichten ist.[106]

Es wird daher davon ausgegangen, dass bei den zweisprachigen Schülerschaften die Fehleranteile auf orthographischer Ebene weniger auf Einflüsse der Erstsprache(n) zurückzuführen sind, sondern vielmehr durch andere Faktoren bedingt sind.[107]

Die Textanalysen der zweisprachigen Probandengruppen haben zudem gezeigt, dass sich die orthographischen Fehler von den Fehlern der einsprachigen Probandengruppen nicht unterscheiden. Da orthographische Einflüsse aus der Erstsprache auf die Zweitsprache im Wesentlichen ausgeschlossen werden können, wird im Folgenden daher auch von einer näheren Betrachtung der orthographischen Fehleranteile abgesehen.

5.8.1 Türkisch-deutsche Probandengruppen

Die Ergebnisse der statistischen Auswertung lassen erkennen, dass die türkisch-deutschen Probanden sowohl an der Hauptschule als auch am Gymnasium im Hinblick auf ihre zweitsprachlichen Leistungen die höchsten Fehleranteile im morphologischen Bereich aufweisen.

In Kapitel 3.1.1 wurden die morphologischen Strukturmerkmale des Türkischen erläutert. Deutlich wurde dabei auch der große Unterschied zwischen der morphologischen Struktur des Deutschen und des Türkischen: Während das Deutsche einem flektierenden Sprachbau folgt, liegt der türkischen Sprache das agglutinierende Prinzip zugrunde. Es kann somit davon ausgegangen wer-

---

106 Der Einfluss der zweitsprachlichen Orthographie auf die erstsprachlichen Textproduktionen der Probanden wird im Rahmen dieser Arbeit nicht weiter untersucht werden. Die vorliegenden Ergebnisse zeigen jedoch, dass die empirische Prüfung des wechselseitigen Einflusses von Erst- und Zweitsprache (insbesondere auf orthographischer Ebene) in zukünftigen Studien von großer Wichtigkeit ist.

107 Es ist selbstverständlich nicht auszuschließen, dass insbesondere die Lautstruktur der jeweiligen Erstsprache einen Einfluss auf den Schriftspracherwerb in der Zweitsprache Deutsch haben kann und somit unter Umständen auch zu Entwicklungsverzögerungen in der zweitsprachlichen Alphabetisierung führt. Inwieweit sich orthographische Fehler, die sich nicht von den Fehlern der einsprachigen Probanden unterscheiden, auf die Erstsprache zurückführen lassen und welche nicht, kann im Rahmen dieser Untersuchung nicht geklärt werden. Wenn ein/e türkischer/in bspw. „hate" statt „hatte" schreibt, kann dies nicht zwangsläufig auf das Nichtvorhandensein der Vokalquantität bzw. der Doppelkonsonanz im Türkischen zurückgeführt werden. Hier wird es sich mit hoher Wahrscheinlichkeit – wie auch bei einsprachigen Schülerinnen und Schülern – um fehlendes bzw. unzureichend entwickeltes orthographisches Regelwissen handeln.

den, dass der hohe Anteil morphologischer Fehler auf die sehr unterschiedlichen morphologischen Systeme beider Sprachen zurückzuführen ist.

An Text 1 (vgl. Kapitel 4.4.2) konnte bereits aufgezeigt werden, dass die häufigsten Abweichungen innerhalb der Morphologie in den Flexionskategorien auftreten. Im Deutschen werden unterschiedliche Wortarten flektiert: Substantive, Artikel, Adjektive und Pronomen. Diese Wortarten folgen einem sehr komplexen Deklinationsparadigma, das für türkischsprachige Schülerinnen und Schüler nur schwer zu durchdringen ist.[108]

Eine weitere große Hürde stellt die Konjugation der Verben dar. So wird im Deutschen zwischen regelmäßigen (*sagen – sagte – gesagt*), unregelmäßigen (*singen – sang – gesungen*) und Verben mit gemischter Form (*nennen – nannte – genannt*) unterschieden. Im Türkischen erfolgt keine Veränderung des Stammvokals. Die Konjugation der Verben ist regelmäßig und weitaus weniger komplex als im Deutschen (vgl. Tabelle 3 und 4 in Kap. 3.1.3). Das heißt, der/die Schüler/in muss zunächst erkennen, ob es sich um ein bspw. unregelmäßiges Verb handelt und dieses dann in die richtige Vergangenheitsform setzen.[109]

Weitere (große) Schwierigkeiten lassen sich bei den Präpositionen erkennen. Die Verwendung falscher Präpositionen und/oder eine mangelnde Differenzierung der Präpositionalkasus treten bei Schülerinnen und Schülern mit türkischer Erstsprache häufig auf. Dies ist mit großer Wahrscheinlichkeit darauf zurückzuführen, dass es im Türkischen keine Präpositionen gibt und der Erwerb bzw. die Beherrschung der deutschen Präpositionen türkischsprachigen Schülerinnen und Schülern daher besonders schwer fällt.

Im Folgenden werden exemplarisch Schülertextausschnitte der zweisprachig türkisch-deutschen Probanden vorgestellt. Es werden Textausschnitte der Hauptschüler herangezogen, da die Gymnasiasten – obgleich sie anteilig betrachtet unter den zweisprachigen Gymnasiasten ebenfalls den höchsten Anteil morphologischer Fehler aufweisen – aufgrund eines sehr geringen Fehlerquo-

---

108 Wie bereits in Kapitel 4.4.3 an Text 3 eines einsprachig deutschen Schülers gezeigt werden konnte, sind Abweichungen in der Flexion auch bei einsprachigen Schülern möglich. Diese sind mit hoher Wahrscheinlichkeit auf eine mangelnde Differenzierung konzeptioneller Mündlichkeit und Schriftlichkeit zurückzuführen.

109 Auch bei einsprachigen Schülerinnen und Schülern lassen sich Schwierigkeiten bei der Konjugation der unregelmäßigen Verben erkennen (vgl. Text 3), die in der Regel durch Übergeneralisierungen bedingt sind. Das „Problem" der Konjugation unregelmäßiger Verben darf daher nicht nur als „typische" Schwierigkeit der türkisch-deutschen Schülerinnen und Schüler betrachtet werden. Dennoch sollte nicht außer Acht gelassen werden, dass sich die Konjugation der Verben zwischen dem Deutschen und Türkischen grundlegend unterscheidet und für türkischstämmige Schülerinnen und Schüler, die zunächst in ihrer Erstsprache Türkisch sozialisiert werden, keine zu vernachlässigende Hürde darstellt.

tienten (1,3%) auf morphologischer Ebene keiner näheren Betrachtung (und Förderung) bedürfen.

Textausschnitte türkisch-deutscher Hauptschüler
Text 4: türk_bil_HS_5
An einen wunderschönen Morgen ging Herr Müller und sein Sohn in den See [...]
Herr Müller hat auf sein Sohn gehört und war einferstanden und brachten den Fisch wieder zum See.
Herr Müller lasste den Fisch in den Wasser [...]

Text 5: türk_bil_HS_16
Es war einmal Mann er hieß Paul er hatt ein shon er hiß Tom.
An einen schönen Morgen gehen Paul und Tom Angeln [...]
Tom und ihre Vater gingen nach Hause Tom hatt zu ihren Vater gesagt [...]

Text 6: türk_bil_HS_21
Edward und ihr Vater Peter gingen angeln.
Peter hat eine Fisch gefangen.
[...] und legte den Fisch in einer Eimer mit vollem Wasser.
Sie gingen ins See. Peter schmeißte den Fisch ins See.

Text 7: türk_bil_HS_24
[...] Tims Vater hat einen großen Netz und ein Eimer [...]
Der Vater schwingt sein großen Netz in den Teich hinein [...]
Tims Vater holt den Brett [...]. Tim und sein Vater gehen glücklich wieder zu den Teich [...]
Als die beide in den Teich angekommen sind, machte Tims Vater den Fisch in den Teich hinein.

Text 8: türk_bil_HS_25
Der Opa schnappte den Fisch und zog den Angel heraus. Der kleine Kind freute sich. [...]
[...] und der Opa legte den Fisch in den Tisch und wollte den Fisch sein Hals Schneiden [...]
Der Opa war Traurig wegen sein Kind und brang den Fische wieder ans See und der Kind war glücklich. [...]
Plötzlich kam ein grossen Fisch [...] und fresste ihn auf.

Auswertung morphologischer Strukturen

Die Texte 4-8 lassen die sprachlichen Abweichungen der Probanden auf morphologischer Ebene deutlich erkennen. So taucht in Text 4 bspw. die Konstruktion *in den See auf, d.h. der Schüler verwendet hier die falsche Präposition. Betrachtet man die türkische Übersetzung *göle* der rekonstruierten richtigen Version *an den See*, so wird ersichtlich, dass es nur eines Wortes im Türkischen bedarf, um die deutsche Entsprechung bestehend aus Präposition + dekliniertem bestimmten Artikel + Nomen auszudrücken. Die türkische Form *göle* besteht aus dem Nomen *göl* (=See) und der türkischen Dativendung -*e*, die die lokale Funktion der Richtung übernimmt.

Wie bereits in Kapitel 3.1.3 angeführt, gibt es im Türkischen weder Präpositionen noch Artikel, d.h. der Schüler wird gleich mit zwei Hürden konfrontiert: Die richtige Präposition muss gewählt und zugleich der entsprechende Präpositionalkasus gebildet werden.

Diese Konstruktionen stellen für türkisch-deutsche Schülerinnen und Schüler eine große Schwierigkeit dar, da die Funktion der Präpositionen im Türkischen durch entsprechende Kasusendungen ausgedrückt wird (vgl. im Detail Kap. 3.1.3).

Die Schwierigkeiten mit den Präpositionen spiegeln sich im selben Text auch in den folgenden Konstruktionen wider: *und brachten den Fisch wieder zum See* und *in den Wasser*.

Auch in Text 6 bis Text 8 tauchen fehlerhafte präpositionale Konstruktionen auf: *in einer Eimer, *ins See* (Text 6); *zu den Teich, *Als die beide in den Teich angekommen sind* (Text 7); *in den Tisch, *ans See* (Text 8).

Das Nichtvorhandensein des Artikels und des Genus im Türkischen bereitet den Schülerinnen und Schülern ebenfalls sehr große Schwierigkeiten, was sich auch in den Textausschnitten unschwer erkennen lässt, z.B. *Tom und ihre Vater* (Text 5); *Edward und ihr Vater Peter* (Text 6); *Der kleine Kind* (Text 8).

Eine falsche Genusmarkierung zieht in der Regel eine fehlerhafte Artikeldeklination nach sich, was sich in folgenden Beispielen zeigt: *hat einen großen Netz, *holt den Brett* (Text 7), *zog den Angel heraus* (Text 8).

Die Nichtbeherrschung des deutschen Deklinationssystems lässt sich bei türkisch-deutschen Schülerinnen und Schülern sehr häufig beobachten und zeigt sich durchweg auch in den vorliegenden Textausschnitten der Probanden. So ist auch in den folgenden Beispielen eine fehlerhafte Artikeldeklination zu erkennen: *An einen wunderschönen Morgen* (Text 4); *[...] er hatt ein shon er hiß Tom* (Text 5); *Peter hat eine Fisch gefangen* (Text 6).

Die bereits genannten Schwierigkeiten im Bereich der Konjugation unregelmäßiger Verben werden in den Textausschnitten ebenfalls ersichtlich: *Herr

Müller lasste den Fisch (Text 4); **Peter schmeißte den Fisch* (Text 6); **[...] und brang den Fische, und fresste ihn auf* (Text 8).

5.8.2 Kroatisch-deutsche Probandengruppen

In Kapitel 5.5 konnte gezeigt werden, dass die zweisprachig kroatisch-deutschen Hauptschüler auf morphologischer Ebene ein signifikant besseres Ergebnis als die zweisprachig türkisch-deutschen und griechisch-deutschen Probandengruppen erreichen. Auch hat der Mittelwertsvergleich im morphologischen Bereich zwischen den zweisprachig kroatisch-deutschen und einsprachig deutschen Probanden keinen großen Leistungsunterschied erkennen lassen (vgl. Kap. 5.2). Das heißt, die Ergebnisse geben den Grund zur Annahme, dass die kroatisch-deutschen Probanden aufgrund der relativ ähnlichen morphologischen Systeme zwischen ihrer Erstsprache Kroatisch und ihrer Zweitsprache Deutsch deutlich weniger Schwierigkeiten im morphologischen Bereich zu haben scheinen.

Die Ähnlichkeit beider Sprachsysteme zeigt sich zunächst im flektierenden Sprachbau. Die Flexion erfolgt im Kroatischen wie auch im Deutschen nach Kasus, Numerus und Genus (vgl. Kap. 3.2.3). Insgesamt betrachtet, zeichnen sich beide Sprachen durch morphologischen Formenreichtum aus. So fordern beispielsweise auch die kroatischen Präpositionen (die wie auch im Deutschen vor dem Nomen stehen, das sie regieren) einen entsprechenden Kasus. Das heißt, zweisprachig kroatisch-deutsch aufwachsende Schülerinnen und Schüler sind beim Erwerb des Deutschen mit dieser morphologischen Komplexität bereits vertraut und können ihr erstsprachliches Wissen mit hoher Wahrscheinlichkeit mühelos auf die Zweitsprache Deutsch übertragen.

Es kann davon ausgegangen werden, dass es sich so auch beim Erwerb des Deklinationsparadigmas verhält. Das sehr komplexe Deklinationsschema des Kroatischen (vgl. Kap. 3.2.3, hier insbesondere die Tabellen 8 und 9: Deklination der determinierten und indeterminierten Adjektive im Kroatischen) kann zwar nicht 1:1 auf das deutsche Deklinationsprinzip übertragen werden, doch es kann angenommen werden, dass die durch die erstsprachlichen Fähigkeiten bereits vorhandene Vertrautheit mit sehr komplexen Deklinationsprinzipien den Zugang zu den Deklinationsmustern im Deutschen wesentlich erleichtert.

Auch auf syntaktischer Ebene weichen die Ergebnisse der kroatisch-deutschen Probanden nur geringfügig von den Leistungen der monolingualen Vergleichsgruppen ab.

In Kapitel 3.2.4 wurde der kroatische Satzbau dem des Deutschen kontrastiv gegenübergestellt. Dabei wurde deutlich, dass in der syntaktischen Struktur beider Sprachen ebenfalls große Ähnlichkeiten zu verzeichnen sind. So folgt der kroatische Satzbau gleichermaßen der Reihenfolge Subjekt – Prädikat – Objekt und lässt auch beim Umstellen der Satzglieder ein dem deutschen Satzbau sehr ähnliches Muster erkennen.

Das heißt, es kann davon ausgegangen werden, dass sich die von den monolingualen Probanden gering abweichenden Mittelwertergebnisse der kroatisch-deutschen Probanden auf syntaktischer Ebene durch die genannten syntaktischen Gemeinsamkeiten zwischen Erst- und Zweitsprache erklären lassen.

In Kapitel 5.6 konnte aufgezeigt werden, dass die kroatisch-deutschen Gymnasiasten bei der Verteilung der Fehleranteile einen im Vergleich zu den monolingualen Gymnasiasten relativen hohen Anteil an semantischen Fehlern aufweisen. Da der Fehlerquotient jedoch bei einem Wert von 0,2% liegt (vgl. Diagramm 28), kann in diesem Zusammenhang nicht von Schwierigkeiten auf semantischer Ebene ausgegangen werden.

Es tauchen insgesamt betrachtet 12 semantische Abweichungen auf, die sich auf 7 Schülertexte verteilen (1-2 Fehler pro Text bei 7 von 30 Probanden). Aus Gründen der Transparenz und Vollständigkeit sollen im Folgenden dennoch einzelne Textausschnitte vorgestellt und auf einen möglichen semantischen Einfluss der Erstsprache hin überprüft werden:

Textausschnitte kroatisch-deutscher Gymnasiasten
Text 9: kroat_bil_GYM_2
„Was hast du gefunden?", fragte Johannes seinen Vater. „Einen schönen, großen Fisch, der uns ein deftiges Abendessen geben wird."

Text 10: kroat_bil_GYM_14
Auf dem nach Hause Weg schaute sein Sohn die ganze Zeit in den Eimer. In den sein Vater den Fisch gemacht hatte. Der Sohn heulte und betete ihn an den Fisch zu verschonen.

Text 11: kroat_bil_GYM_23
Als sie den Fisch dann gefangen haben, taten sie ihn in ein Topf.

Auswertung semantischer Strukturen

Bei der in Text 9 auftauchenden Konstruktion * *[...], großen Fisch, der uns ein deftiges Abendessen geben wird* handelt es sich um eine semantische Interferenz aus dem Kroatischen. Die Formulierung *Abendessen geben* existiert im Kroatischen (=„dati večeru") und wurde folglich wortwörtlich ins Deutsche übersetzt bzw. übertragen.

In Text 11 wird statt Eimer der Begriff *Topf* verwendet, was bei den kroatisch-deutschen Probanden häufig zu beobachten ist. So taucht interessanterweise auch bei den monolingual kroatischen Vergleichstexten das Wort *Topf* auf, obwohl auf dem zu beschreibenden Bild ein Eimer abgebildet ist (vgl. Abb. 5: Bildervorgaben). Hier handelt es sich weniger um ein sprachliches Phänomen (ein erstsprachlicher Transfer auf semantischer Ebene kann ausgeschlossen werden), sondern vielmehr um eine kulturspezifische Besonderheit: Da es in der kroatischen Küche üblich ist, Fische in einem Topf zuzubereiten, kann eine vage (weniger wissenschaftliche) Erklärung für den Begriff in der direkten Assoziation der Probanden mit dieser Eigenart der Fischzubereitung liegen.

In Text 10 lassen sich ebenfalls zwei sehr interessante sprachliche Abweichungen auf semantischer Ebene erkennen. Der Proband schreibt *und betete ihn an den Fisch zu verschonen.* Im Kroatischen gibt es das Verb „preklinjati", das dem deutschen Verb „anflehen" entspricht. Es kann jedoch nicht mit Sicherheit gesagt werden, ob es sich hier um einen erstsprachlichen Transfer aus dem Kroatischen handelt.

Bei der Konstruktion *In den sein Vater den Fisch gemacht hatte* lässt sich kein erstsprachlicher Einfluss aus dem Kroatischen feststellen. Die Verben „machen" und „tun" werden von Schülerinnen und Schülern häufig (fälschlicherweise) synonym verwendet. So kann bei dieser Konstruktion davon ausgegangen werden, dass der Proband „getan" statt „gemacht" meint.[110]

5.8.3 Griechisch-deutsche Probandengruppen

In Kapitel 5.5 konnte bereits gezeigt werden, dass die Ergebnisse der griechisch-deutschen Hauptschüler auf morphologischer Ebene (sowie die der türkisch-deutschen Probanden) einen signifikanten Leistungsunterschied zu den Mittelwertsergebnissen der kroatisch-deutschen Hauptschüler aufweisen und

---

110 Erwähnenswert ist dennoch, dass viele zweisprachige Schülerinnen und Schüler auf die Verben „machen" und „tun" in ihren zweitsprachlichen Konstruktionen zurückgreifen, was unter Umständen auf einen (noch) nicht differenzierten Wortschatz zurückzuführen ist.

eine deutliche Abweichung zu den Leistungen der monolingualen Vergleichs-gruppe erkennen lassen. Das heißt, die griechisch-deutschen Probanden an der Hauptschule scheinen wie die türkisch-deutschen Schülerinnen und Schüler (große) Schwierigkeiten im morphologischen Bereich zu haben.

Obwohl das Griechische sprachtypologisch mit dem Deutschen verwandt ist, lässt sich keine große Ähnlichkeit zwischen beiden Sprachen erkennen. So ist das Griechische zwar auch eine flektierende Sprache, unterscheidet sich aber insbesondere durch eine Tendenz zu analytischen Konstruktionen deutlich vom deutschen Sprachbau. Die größten Schwierigkeiten auf morphologischer Ebene zeigen sich im Bereich der Genusmarkierung und damit verbunden der Artikelzuweisung, der Deklination und der Konjugation unregelmäßiger Ver-ben.

Wie bereits in Kapitel 3.3.3 aufgeführt, besitzt das Griechische – wie auch das Deutsche – drei Genera (Maskulinum, Femininum, Neutrum). Eine mög-liche Hürde für griechisch-deutsche Schülerinnen und Schüler kann die je-weils unterschiedliche Genuszuweisung in beiden Sprachen darstellen, zumal Übereinstimmungen rein zufällig sind und Abweichungen zu entsprechenden Interferenzen führen können. So wäre es durchaus denkbar, dass ein/e grie-chisch-deutsche/r Schüler/in statt *der Zucker* *die Zucker bildet, da *Zucker* im Griechischen feminin ist (vgl. Tabelle 11).

Viel größer scheinen die Schwierigkeiten jedoch bei der Deklination zu sein (vgl. hierzu auch die Texte 12-16), die sich bei der Textanalyse und -auswer-tung als auffällig erwiesen haben. Das Fehlen des Dativs in der griechischen Sprache[111] kann als eine mögliche Ursachenerklärung angeführt werden. Des Weiteren werden bei der griechischen Deklination durch die Endung des Subs-tantivs bzw. Adjektivs Numerus und Kasus ausgedrückt (vgl. Kap. 3.3.3, insbe-sondere Tabelle 12: Deklination der Substantive im Griechischen), d.h. es be-darf keines deklinierten Artikels wie im Deutschen.

Ferner kommt dem unbestimmten Artikel im Griechischen keine so große Bedeutung zu wie im Deutschen. Der unbestimmte Artikel wird in der Regel nur verwendet, um einem Satz Nachdruck zu verleihen (vgl. Ruge 2002: 134). In Kapitel 3.3.3 konnte bereits gezeigt werden, dass der griechischen Deklina-tion ein komplexes Deklinationsmuster zugrunde liegt, das sich nur schwer mit dem deutschen Deklinationsprinzip nach Genus, Numerus, Kasus in Ein-klang bringen lässt, bei dem eben gerade die jeweils richtige Deklination des bestimmten bzw. unbestimmten Artikels von zentraler Bedeutung ist. Da Schü-

---

111 Der deutsche Dativ entspricht im Griechischen dem Genitiv. Vgl. hierzu im Detail Ruge (2002: 129f.).

lerinnen und Schüler mit griechischer Erstsprache dieses Prinzip nicht kennen, können die Schwierigkeiten in diesem Bereich mit hoher Wahrscheinlichkeit auf die deutlich voneinander abweichenden Deklinationsprinzipien beider Sprachen (Griechisch und Deutsch) zurückgeführt werden (vgl. auch u. Texte 12-16).

Neben sprachlichen Abweichungen in der Deklination konnte bei den Textanalysen ebenfalls eine Vielzahl fehlerhaft konjugierter, unregelmäßiger Verben festgestellt werden. Auffällig dabei erscheint, dass die griechisch-deutschen Schülerinnen und Schüler häufig zu Übergeneralisierungen greifen, worauf bei der Vorstellung der Textausschnitte nochmals eingegangen wird.

Wie bei den türkisch-deutschen Schülerinnen und Schülern werden auch bei den griechisch-deutschen Schülerinnen und Schülern Schwierigkeiten bei den Präpositionen und dem damit verbundenen Präpositionalkasus ersichtlich. Wie bereits in Kapitel 3.3.3 erläutert, besitzt die griechische Sprache weitaus weniger Präpositionen als das Deutsche. Dies hängt damit zusammen, dass die Präpositionen im Griechischen mehrdeutig sind und ihre Interpretation durch den jeweiligen Kontext bestimmt wird. Große Unterschiede sind auch bei den Präpositionalkasus zu verzeichnen (vgl. Kap. 3.3.3). Auch hier scheinen die großen strukturellen Unterschiede beider Sprachen den Probanden Probleme zu bereiten. Im Folgenden sollen einige Textausschnitte exemplarisch vorgestellt und analysiert werden.

Textausschnitte griechisch-deutscher Hauptschüler
Text 12: griech_bil_HS_13
An einen schönen Sommertag ging Fritz und sein Vater angeln. Der Vater tat die Angel rein, in den See und fangte ein Fisch.
Der Vater [...] werfte den Fisch rein.
Kaum war der Fisch drinnen, schon war er in ein anderen Maul drinnen.

Text 13: griech_bil_HS_14
Eines Morgens ist Laki mit seinem Fater im See fischen gegangen. Mit einen großen Fangnezt hat [...].
Im heimweg hat Laki seine Augen nicht vom Eimer gelassen. Sein Vater haltete den Eimer mit dem Fisch.
Gegen Mittags ist Laki und sein Vater wieder am See gegangen.

Text 14: griech_bil_HS_19
[...] Plötzlich fang sein Opa ein Fisch mit einen Fischnetz. Felix war sehr fröhlich und lobte sein Opa.
Plötzlich kam ein großer Fisch und beißte den kleinen Fisch.

Text 15: griech_bil_HS_22
Eines Tages ging ein Opa mit sein enkel fischen. Nach langer zeit fungen sie ein fisch.
Beim weg nach Hause schaute der kleine im Eimer.
Als der Opa den fisch töten wollte schaute er sein enkel an.

Text 16: griech_bil_HS_27
Vater und Sohn gehen zum See, und der Vater hat ein Fisch in sein Netz gefangen.
Der kleine sohn freut sich tierisch auf dem Fisch. [...]
Der Vater lässt den Fisch ganz vorsichtig wieder im Fluß [...].

Auswertung morphologischer Strukturen

Betrachten wir zunächst die auffällig häufig auftauchenden sprachlichen Abweichungen bei der Konjugation der unregelmäßigen Verben. So tauchen die Konstruktionen *fangte, *werfte (Text 12); *haltete (Text 13); *beißte (Text 14); *fungen (Text 15) auf und lassen bei den Textbeispielen 12-14 Übergeneralisierungen erkennen. Das heißt, es wird ersichtlich, dass die Probanden die Regel für die Bildung des Präteritums (Endung -te) erfasst haben, diese jedoch fälschlicherweise auch auf unregelmäßig gebildete Verben übertragen.

Bei der Form *fungen zeigt sich, dass der Proband zu sehr hoher Wahrscheinlichkeit „weiß", dass es sich bei dem Verb *fangen* (*fing – gefangen*) um ein unregelmäßig gebildetes Verb handelt, da er – zwar nicht auf korrekte Weise – einen Stammwechsel vollzieht. Das sprachliche Bewusstsein für die Bildung der unregelmäßigen Form ist vorhanden, wird jedoch (noch) nicht richtig angewandt.

Wirft man einen Blick auf die Vergangenheitsbildung im Griechischen (vgl. auch Kap. 3.3.3), so kann die deutsche Präteritumsform dem griechischen Aóristos bzw. Paratatikós gleichgesetzt werden. Die Bildung dieser Formen weichen jedoch deutlich von der deutschen Präteritumsbildung ab, da zum einen die Bildung regelmäßig ist und durch Anfügung grammatischer Einheiten (Prä- bzw. Suffixe) an den Verbstamm erfolgt und zum anderen die Funktion der griechischen Tempora nicht nur darin besteht, die Zeitstufe anzugeben, sondern auch den jeweiligen Aspekt[112], der in der griechischen Verbkonjugation (in allen Tempora) morphologisch markiert wird.

Zwar sind griechisch-deutsche Schülerinnen und Schüler bei der Konjugation von Verben durch ihre Erstsprache mit einer hohen morphologischen Komplexität vertraut, allerdings lässt sich dieses Wissen bei der Vergangenheitsbildung nicht mühelos auf die Zweitsprache Deutsch transferieren.

Wie bereits oben erwähnt, gibt es auch in Bezug auf die Verwendung der Präpositionen zwischen dem Griechischen und dem Deutschen große Abweichungen. Die angeführten Beispiele deuten darauf hin, dass gerade in diesem Bereich die Probanden große Schwierigkeiten zu haben scheinen, was die genauere Betrachtung dieser Konstruktionen unumgänglich macht, um mögliche Interferenzen zu erklären.

So schreiben die Probanden *[...] schon war er in ein anderen Maul drinnen (Text 12); *Mit einen großen Fangnezt, *[...] am See gegangen (Text 13); *[...] mit einen Fischnetz (Text 14); *[...] mit sein enkel, *schaute der kleine im Eimer (Text 15); *[...] hat ein Fisch in sein Netz gefangen, *[...] freut sich tierisch auf dem Fisch, *[...] lässt den Fisch [...] im Fluß (Text 16).

Die Beispiele zeigen zwei zentrale „Probleme" der Probanden auf: Die Bildung des Dativs und die Verwendung der Präpositionalkasus. Das Nichtvorhandensein des Dativs im Griechischen scheint sich somit auf die Dativbildung (und der damit einhergehenden Deklination) in der Zweitsprache Deutsch auszuwirken.

Die Tatsache, dass im Griechischen zwischen dem präpositionalem Ausdruck der Richtung (wohin?) und des Ortes (wo?) nicht wie im Deutschen unterschieden wird (nach den mehrdeutigen Präpositionen folgt im Griechischen stets der Akkusativ, vgl. Kap. 3.3.3), lässt bei den sprachlichen Konstruktionen der Probanden ebenfalls auf Transferfehler aus der Erstsprache Griechisch schließen.

Eine weitere Auffälligkeit bei den griechisch-deutschen Probandengruppen konnte auf syntaktischer Ebene festgestellt werden. So weisen sowohl die griechisch-deutschen Hauptschüler als auch die Gymnasiasten im syntaktischen Bereich deutlich höhere Mittelwerte auf. Besonders auffällig sind die jeweils großen Leistungsdifferenzen zu den monolingualen Vergleichsgruppen (vgl. Diagramm 27 und 29).

---

112 Die griechische Sprache unterscheidet drei Aspekte: aoristisch, paratatisch und perfektisch. Vgl. hierzu im Detail Ruge (2001: 165).

In Kapitel 3.3.4 konnte gezeigt werden, dass es zwischen dem Deutschen und dem Griechischen auch auf syntaktischer Ebene große Unterschiede gibt. Die Wortstellung übernimmt in der griechischen Sprache keine syntaktische Funktion wie im Deutschen.

Durch das Abweichen von der „neutralen" Wortstellung (Subjekt – Verb – Objekt) wird der im Satz enthaltenen Information eine spezielle Gewichtung gegeben (vgl. Pagonis 2008: 113, vgl. ebenfalls die Beispielsätze in Kap. 3.3.4). Somit ist auch die Wortstellung im Griechischen sehr viel freier als im Deutschen (vgl. Ruge 2002: 115): Das Verb sowie das Objekt können an die erste Stelle im Satz rücken (vgl. auch Kap. 3.3.4).

Ein weiterer zentraler Unterschied liegt in der Abfolge von Subjekt und Verb im griechischen Satzbau. Rückt im Deutschen ein anderes Satzglied (z.B. ein temporales oder lokales Adverbial) an die erste Stelle des Satzes, so werden zur Wahrung der Verbzweitstellung Subjekt und Verb vertauscht (Inversion). Diese Einschränkung gibt es im Griechischen nicht, das Verb kann sowohl vor als auch nach dem Subjekt stehen (vgl. Pagonis 2008: 114, vgl. ebenfalls die Beispielsätze 23/24 in Kap. 3.3.4).

Im Folgenden sollen einzelne Textausschnitte vorgestellt und im Hinblick auf ihre syntaktischen Strukturen hin analysiert werden.

Textausschnitte griechisch-deutscher Hauptschüler

Text 17: griech_bil_HS_1

Er hat erfahren das sie die Fische aufschlitzen.
Das Kind bettelte das die Fische wieder in den Fluss schmeißen.
Er war stolz das er die Fische rettete.

Text 18: griech_bil_HS_9

Ein Alter Opa der Franz mit seinem Enkelkind Maria waren Fischen nach einer weile hatte der Opa Franz einen Fisch gefangen den tuhten sie in einen Eimmer follem Wasser. [...]
Der Opa tat den Fisch ins Vollen Eimmer rein dan brangen den wieder zurück ins Wasser Blums. Der Fisch ist wieder rein alle waren Glücklich doch dann kam ein anderer Fisch und frass ihn Franz und Maria waren sauer und Traurig seitdem aßen sie nie wieder Fisch.

Text 19: griech_bil_HS_11
Alls der Mann beschliss das der Fisch für die Ernäherung der Familie reicht nahm er sein Enkelkind und ging nach Hause.
Alls sie nahhause kammen beschließ der Mann gleich dass es für die Familie zu machen. [...]
Er fragte das Kind was los wär doch merkte er es von selber. [...]
Sein Enkelkind jubbelte vor freude das, der Fisch wieder an seinem Ort ist wo er hingehört.

Text 20: griech_bil_HS_24
Opa und Enkel waren angekommen zu Hause. [...]
Tom wollte nicht dass, der Opa den Fisch töten.
Der Opa hatte mit seinem Enkel geredet dass, er nicht weinen braucht.

Text 21: griech_bil_HS_27
Der Vater Bereitet sich vor auf das Kochen. [...]
Der Sohn vor lauter angst fängt an zu heulen und kann sich nicht mehr stoppen.
Der Vater hält wie immer den Eimer volem Wasser und geht zum Fluß mit seinem Sohn.

Auswertung syntaktischer Strukturen

Bei den vorgestellten Textausschnitten wird deutlich, dass die griechisch-deutschen Probanden viele Abweichungen im Bereich des Satzbaus aufweisen. Zum einen werden die einzelnen Satzbausteine nicht durch Kommata abgetrennt, zum anderen fehlen auch Satzschlusszeichen. Dies lässt auf gewisse Unsicherheiten auf syntaktischer Ebene schließen,[113] die sich insbesondere in den Nebensatzkonstruktionen der Probanden zeigen.

Die freie Wortstellung des Griechischen scheint sich auch auf die syntaktische Struktur im Deutschen auszuwirken. Sprachliche Abweichungen, wie z.B. in Text 18 *Ein Alter Opa der Franz mit seinem Enkelkind Maria waren Fischen [...]* oder *Opa und Enkel waren angekommen zu Hause* (Text 20), tauchen bei den griechisch-deutschen Probanden gehäuft auf. Dies legt die Ver-

---

113 Das Fehlen der Kommas lässt sich auf eine fehlende Doppelperspektive (Leser und Schreiber) auf Metaebene zurückführen und dadurch erklären, dass der/die Schüler/in kognitiv zu sehr mit dem Schreibprozess (d.h. mit den eigenen Gedanken) beschäftigt ist und sich (noch) nah an der konzeptionellen Mündlichkeit bewegt. Die Perspektive des Lesers wird dabei ausgeblendet (vgl. auch Menzel 1999: 41).
Für die wichtigen Anregungen in Bezug auf die Kommasetzung danke ich Dr. Kerstin Metz.

mutung nahe, dass die Probanden die freie Wortstellung des Griechischen auf ihre Zweitsprache Deutsch übertragen.

Ebenfalls auffällig ist die in einer Vielzahl der Schülertexte auftauchende fehlerhafte Bildung der Verbklammer, wie bspw. in Text 21 ersichtlich wird: *Der Vater Bereitet sich vor auf das Kochen, *Der Sohn vor lauter Angst fängt an zu heulen.

Diese Konstruktionen könnten darauf zurückgeführt werden, dass die Bestandteile des Prädikats im Griechischen im Gegensatz zum Deutschen nicht getrennt werden (vgl. Kap. 3.3.4) und die Schülerinnen und Schüler ihr erstsprachliches Wissen auch hier auf das Deutsche übertragen.

Weitere interessante Abweichungen lassen sich im Bereich der Nebensatzkonstruktionen, insbesondere bei der Bildung der *dass*-Sätze erkennen. Auffällig ist, dass die griechisch-deutschen Probanden eine Vielzahl ihrer Nebensätze fälschlicherweise mit der Konjunktion „dass" einleiten, z.B. *Alls sie nahhause kammen beschließ der Mann gleich dass es für die Familie zu machen, *Sein Enkelkind jubbelte vor freude das, der Fisch wieder an seinem Ort ist wo er hingehört (Text 19); *Der Opa hatte mit seinem Enkel geredet dass, er nicht weinen braucht (Text 20).

Zudem fällt auf, dass die Probanden bei der Bildung der *dass*-Sätze häufig den Infinitiv verwenden, z.B.

*Er hat erfahren das sie die Fische aufschlitzen. (Text 17)

*Das Kind bettelte das die Fische wieder in den Fluss schmeißen. (Text 17)

*Tom wollte nicht dass, der Opa den Fisch töten. (Text 20)

Eine mögliche Ursachenerklärung für die Auffälligkeiten bei der Bildung der *dass*-Sätze kann ebenfalls durch einen erstsprachlichen (negativen) Transfer erklärt werden, zumal die griechischen Entsprechungen für die deutsche Konjunktion „dass" sehr vielfältig sein können. So folgen unterschiedlichen Verben auch unterschiedliche Konjunktionen, die jeweils mit „dass" übersetzt werden können, z.B. *pistevo oti* (= glaube, dass), *herome pu* (= ich bin froh, dass) *apofasisa na* (= beschloss, dass).[114]

Während die griechischen Konjunktionen ὅτι, πως und πoυ Behauptungsnebensätze einleiten, leitet να einen Begehrungsnebensatz ein. Der Unterschied zwischen diesen beiden Satztypen ist jedoch nicht immer ganz transparent (Ruge 2002: 181):

---

114 Ich danke Frau Prof. Dr. Artemis Alexiadou für die sehr hilfreichen Beispiele.

Begehrungsnebensatz bezeichnet hier zusammenfassend, was im Neugriechischen mehreren deutschen Erscheinungen entspricht, nämlich der **Infinitivkonstruktion**, dem **finalen Objektsatz** und **gewissen anderen durch** *daß* **eingeleiteten Objektsätzen**. Die Bezeichnung **Begehrungs(neben)satz** soll dabei als Gegensatz zu Behauptungs(neben)satz dienen. Auch wenn manchmal weder ein „Begehren" noch eine „Behauptung" als vorhanden bewiesen werden kann und es Fälle gibt, wo der Unterschied zwischen beiden Satztypen in der außersprachlichen Wirklichkeit ohne Gegenstand zu sein scheint, kann allgemein gesagt werden, daß der Begehrungsnebensatz eine Handlung (oder ein Verhältnis) eher als **vorgestellt**[115], der Behauptungsnebensatz dagegen eher als **faktisch** darstellt. (ebd.: 182)

Die Unterscheidung der *dass*-Sätze (in Begehrungs- und Behauptungsnebensätze) existiert im Deutschen nicht. Für die folgenden deutschen Sätze gibt es jeweils unterschiedliche Übersetzungsmöglichkeiten im Griechischen, je nachdem, ob der Sachverhalt eher als faktisch oder als gewünscht dargestellt werden soll:[116]

(1) Ich nehme an, dass er schläft.
1. Πιστευω **πως** κοιμαται
2. Πιστευω **να** κοιμαται

(2) Er verspricht, dass jemand anderes uns helfen wird.
1. Υπόσχεται **ότι** καποιος αλλος θα μας βοηθησει
2. Υπόσχεται μας βοηθησει καποιος αλλος

Die Wahl der Konjunktion ist im Griechischen somit vom Bedeutungsgehalt des Verbs abhängig, das auch den Aspekt angibt. So folgt beispielsweise im Griechischen nach Verben, die das Wahrnehmen einer sich im Gange befindlichen Handlung ausdrücken, ein **Akkusativ + να**-Satz oder **Akkusativ + που**-Satz (jedoch nicht πως oder ότι), während im Deutschen ein *dass*-Satz, *wie*-Satz oder die Konstruktion **Akkusativ + Infinitiv** gebildet wird.

Nach Verben, die eine Gemütsbewegung angeben, entspricht dem deutschen *dass* im Griechischen ein kausales που und dem deutschen Infinitiv in der Regel ein να-Satz (ebd.: 186).

---

115 Der Begehrungsnebensatz drückt eine vorgestellte oder gewünschte Handlung aus (vgl. Ruge 2001: 184).
116 Die Beispielsätze sind entnommen aus Ruge 2002: 185.

Ein weiterer Unterschied lässt sich ebenfalls bei der Verwendung des Konjunktivs feststellen. So findet der in deutschen Frage- und Behauptungssätzen verwendete Konjunktiv der indirekten Rede im Griechischen keine Entsprechung:

> Wenn der regierende Satz ein Tempus der Vergangenheit hat, hat der Nebensatz entweder dasselbe Tempus wie in der entsprechenden direkten Rede, oder es findet die folgende Verschiebung statt: Präsens > Paratatikós, Perfekt > Aóristos, Futur > Konditionalis. (Ruge 2002: 180)

Ferner steht im Gegensatz zum Deutschen im Griechischen immer eine einleitende Konjunktion (ebd.).

Der griechische Konjunktiv drückt im Gegensatz zum Deutschen nicht die Zeitstufe, sondern den jeweiligen Aspekt aus und bleibt somit auch von der Zeitstufe des regierenden Satzes unabhängig. So findet bspw. auch der Unterschied zwischen *soll* und *sollte* in einem *dass*-Satz des Begehrens im Griechischen keine Entsprechung, zumal jeweils dieselbe Form verwendet wird (vgl. ebd.: 178 und 182).

Insgesamt kann somit festgehalten werden, dass die auffällig häufig auftauchenden Schwierigkeiten der griechisch-deutschen Probanden bei der Bildung der *dass-Sätze* mit hoher Wahrscheinlichkeit auf die sehr unterschiedliche Bildung und Verwendung dieser Nebensatzkonstruktion in beiden Sprachen zurückzuführen ist. Die sehr vielfältige und differenzierte Verwendung der *dass*-Sätze im Griechischen erklärt sowohl die zahlreich auftauchenden *dass*-Nebensätze in den zweisprachlichen Texten der Probanden als auch die fehlerhaften Konstruktionen in diesem Bereich, da sich die erstsprachlichen Konstruktionen nicht ohne Weiteres (s.o.) auf das Deutsche übertragen lassen.

5.9 Zusammenfassung und Überprüfung der Hypothesen

Diese Arbeit hatte zum einen das Ziel, den Einfluss erstsprachlicher Strukturen auf den Zweitspracherwerb zu untersuchen und zum anderen das Abhängigkeitsverhältnis zwischen den Fähigkeiten in Erst- und Zweitsprache zu überprüfen. Dabei sollte auch der Frage nachgegangen werden, inwieweit die erst- und zweitsprachlichen Kompetenzen der Probanden schulartabhängig sind.

Im Einzelnen sollten folgende Hypothesen überprüft werden:
1. Es wird angenommen, dass die linguistische Struktur der Erstsprache den Erwerb der Zweitsprache beeinflusst und dass die sprachlichen Abweichun-

gen in der Zweitsprache in einem Zusammenhang mit den typologischen Merkmalen der Erstsprache stehen.

2. Es wird angenommen, dass sprachstrukturelle Gemeinsamkeiten in Erst- und Zweitsprache den Zweitspracherwerb begünstigen, größere sprachtypologische Unterschiede hingegen zu deutlich stärkeren sprachlichen Abweichungen in der Zweitsprache führen.

3. Es wird vermutet, dass sich die Fähigkeiten in Erst- und Zweitsprache gegenseitig beeinflussen.

4. Es wird angenommen, dass sich gute erstsprachliche Fähigkeiten positiv auf den Zweitspracherwerb und folglich auch auf schulischen Erfolg auswirken.

Die bisher gewonnenen Ergebnisse der vorliegenden Studie sollen nun zur Überprüfung dieser Hypothesen nochmals zusammengetragen werden.

In Bezug auf die erste Hypothese lässt sich festhalten, dass bei allen betrachteten zweisprachigen Probandengruppen im Vergleich zu den entsprechenden monolingualen Vergleichsgruppen deutliche Abweichungen in der Verteilung der Fehleranteile zu erkennen sind. Während die einsprachigen Altersgenossen anteilig betrachtet deutlich mehr Fehler im Bereich der Orthographie aufweisen, zeigen sich bei den zweisprachigen Probanden höhere Fehleranteile im morphologischen, syntaktischen und semantischen Bereich.

Der Mittelwertsvergleich der zweisprachigen Probandengruppen hat zudem ergeben, dass deutliche Unterschiede in der anteiligen Verteilung der Fehler bei den unterschiedlichen Probandengruppen zu verzeichnen sind. Die kontrastive Betrachtung der Strukturmerkmale zwischen der jeweiligen (türkischen, kroatischen und griechischen) Erstsprache und der Zweitsprache Deutsch hat gezeigt, dass die Fehleranteile in einem Zusammenhang zu den sprachtypologischen Merkmalen der Erstsprache stehen, was bereits zur Überprüfung der zweiten Hypothese führt.

Es konnte gezeigt werden, dass die kroatisch-deutschen Probanden sowohl an der Hauptschule als auch am Gymnasium auf morphologischer Ebene deutlich bessere Ergebnisse erzielen als die türkisch-deutschen und griechisch-deutschen Probandengruppen.

Die Ergebnisse lassen somit die Hypothese 2 dahingehend bestätigen, dass die kroatisch-deutschen Probanden aufgrund der relativ ähnlichen morphologischen Systeme zwischen ihrer Erstsprache Kroatisch und ihrer Zweitsprache Deutsch (vgl. Kapitel 3.2.3 und Kap. 5.8.2) günstigere Voraussetzungen beim Erwerb der morphologischen Struktur in der Zweitsprache Deutsch haben.

Die Mittelwertsvergleiche im morphologischen Bereich haben zudem ergeben, dass die türkisch-deutschen und griechisch-deutschen Probandengruppen an der Hauptschule große Abweichungen im Vergleich zur kroatisch-deutschen Schülerschaft aufweisen. Obwohl das Griechische sprachtypologisch mit dem Deutschen verwandt ist, lassen sich auf morphologischer Ebene große Unterschiede erkennen, was – Hypothese 2 belegend – auch die starken Mittelwertsabweichungen der griechisch-deutschen Hauptschüler im morphologischen Bereich erklärt.

Die Mittelwertsergebnisse auf syntaktischer Ebene sind bei den griechisch-deutschen Probandengruppen (insbesondere am Gymnasium) ebenfalls höher und lassen sich mit hoher Wahrscheinlichkeit auf die stark voneinander abweichenden syntaktischen Strukturen zwischen der griechischen und deutschen Sprache zurückführen (vgl. Kap. 3.3.4 und Kap. 5.8.3).

Die zweite Hypothese findet ihre deutlichste Bestätigung bei der Betrachtung der türkisch-deutschen Hauptschüler, die im morphologischen Bereich signifikante Leistungsunterschiede zu den kroatisch-deutschen Hauptschülern aufweisen.

Sowohl in Kapitel 3.1.3 als auch in Kapitel 5.8.1 konnten durch eine detaillierte Kontrastivanalyse zwischen dem Türkischen und dem Deutschen die sehr unterschiedlichen morphologischen Systeme beider Sprachen aufgezeigt werden. Türkischsprachige Schülerinnen und Schüler scheinen aufgrund des agglutinierenden Sprachbaus ihrer Erstsprache große Schwierigkeiten mit dem morphologischen Prinzip und den Flexionskategorien des Deutschen zu haben, was durch den hohen Anteil morphologischer Fehler bestätigt wird (vgl. Kap. 5.8.1).

Hinsichtlich der dritten Hypothese, dass sich die Fähigkeiten in Erst- und Zweitsprache gegenseitig beeinflussen, bedarf es einer genaueren Betrachtung und weiterführenden Interpretation, da die Ergebnisse keine eindeutigen Aussagen zulassen.

So konnte sowohl bei den türkisch-deutschen Probanden an der Hauptschule als auch am Gymnasium ein deutliches Abhängigkeitsverhältnis zwischen den Leistungen in der Erstsprache Türkisch und in der Zweitsprache Deutsch festgestellt werden (vgl. Abb. 9 und Abb. 10). Auch bei den kroatisch-deutschen Hauptschülern lässt sich ein klarer Zusammenhang zwischen den erst- und zweitsprachlichen Fähigkeiten erkennen (vgl. Abb. 11). Bei den kroatisch-deutschen Gymnasiasten sind die sprachlichen Fähigkeiten in Erst- und Zweitsprache jedoch weitgehend unabhängig voneinander (vgl. Abb. 12).

Die erst- und zweitsprachlichen Leistungen der griechisch-deutschen Probandengruppen weisen wiederum an beiden Schulformen (Hauptschule und Gymnasium) keinerlei Korrelationen auf (vgl. Abb. 13 und Abb. 14).

Das bedeutet, dass Hypothese 3 nur teilweise – für die oben genannten Probandengruppen – bestätigt werden kann.

Im Folgenden wird der Versuch unternommen, diese unterschiedlichen Ergebnisse zu erklären.

Der Mittelwertsvergleich der Hauptschüler hat gezeigt, dass die türkisch-deutschen Probanden im Vergleich zur monolingualen Vergleichsgruppe die deutlichsten Leistungsunterschiede aufweisen. Das heißt, die türkisch-deutschen Hauptschüler lassen im Hinblick auf ihre zweitsprachlichen Leistungen große Defizite erkennen.

Betrachtet man die erstsprachlichen Textergebnisse (vgl. Tab. 16) derselben Probandengruppe, so zeigen sich auch hier enorme Schwächen in Bezug auf die Fähigkeiten in der Erstsprache Türkisch (Mittelwert Gesamtfehlerquotient 32,9%!). Es kann somit festgehalten werden, dass die türkisch-deutschen Hauptschüler ein sehr niedriges Niveau in ihrer Erstsprache Türkisch und auch in ihrer Zweitsprache Deutsch aufweisen und dass die sprachlichen Leistungen in beiden Sprachen in einem Abhängigkeitsverhältnis zueinander stehen.

Der im Rahmen dieser Arbeit unternommene Versuch, Cummins' Interdependenzhypothese zu verifizieren, kann im Hinblick auf die türkisch-deutschen Probanden an der Hauptschule als bestätigt betrachtet werden. Die starken Leistungsunterschiede zu den monolingualen (einsprachig deutschen und einsprachig türkischen) Vergleichsgruppen legen zudem die Vermutung nahe, dass die türkisch-deutschen Hauptschüler das von Cummins als „unteres Schwellenniveau bilingualer Kompetenz" definierte sprachliche Niveau in Erst- und Zweitsprache nicht überschritten haben und diese sich Cummins' Schwellenmodell zufolge im Bereich des „Semilingualismus" bewegen (vgl. Kap. 2.5.4).

Cummins geht zudem davon aus, dass dieser sprachlich „verarmte" Zustand in beiden Sprachen negative kognitive Auswirkungen nach sich zieht und zu großen Schwierigkeiten im Bereich der schulischen Leistungen führt.

Wie schwerwiegend die schulischen Leistungen der betrachteten türkisch-deutschen Probandengruppe durch diesen sprachlich eingeschränkten Zustand beeinträchtigt werden, kann im Rahmen dieser Arbeit nicht überprüft werden. Eines kann jedoch mit großer Sicherheit festgehalten werden: Das sprachliche Niveau dieser Probandengruppe in Erst- und Zweitsprache liegt weit entfernt von der Fähigkeit, Sprache als kognitives Werkzeug zu gebrauchen (*cognitive academic language proficiency* (CALP)[117]), was letztendlich maßgeblich für schulischen Erfolg ist.

---

117 Vgl. hierzu im Detail Kap. 2.5.4.

Der Mittelwertsvergleich zwischen den Textergebnissen der türkisch-deutschen Hauptschüler und Gymnasiasten hat gezeigt, dass es eine deutliche Leistungsdifferenz in Bezug auf die erst- und zweitsprachlichen Fähigkeiten der Probandengruppen gibt. Letzteres scheint nicht zu überraschen, zumal davon auszugehen ist, dass die Fähigkeiten in der Zweitsprache Deutsch in einem Zusammenhang zu der von den Probanden jeweils besuchten Schulform stehen. Mit anderen Worten: Je höher bzw. niedriger das zweitsprachliche Niveau, desto wahrscheinlicher ist es, dass die Schülerinnen und Schüler das Gymnasium bzw. die Hauptschule besuchen.

Bei den türkisch-deutschen Gymnasiasten konnte ebenfalls ein Zusammenhang zwischen den erst- und zweitsprachlichen Leistungen festgestellt werden, was die Vermutung nahelegt, dass sich die (verhältnismäßig) guten erstsprachlichen Fähigkeiten der Gymnasiasten positiv auf die Leistungen in der Zweitsprache auswirken. Die Tatsache, dass auch die türkisch-deutschen Gymnasiasten im Hinblick auf ihre Fähigkeiten in der Erstsprache Türkisch dennoch weit von den Leistungen der monolingualen Altersgenossen entfernt liegen (vgl. Tabelle 16), lässt annehmen, dass sich die betrachtete türkisch-deutsche Probandengruppe am Gymnasium im Bereich des „Dominanzbilingualismus" bewegt, d.h. im Gegensatz zu den türkisch-deutschen Hauptschülern die erste untere Schwelle bilingualer Kompetenz überschritten hat und eine hohe bzw. muttersprachliche Kompetenz in einer Sprache, konkret in der Zweitsprache Deutsch, besitzt.
Diese Vermutung wird ebenfalls durch den Mittelwertsvergleich der Textanalyseergebnisse zwischen den zweisprachig türkisch-deutschen und einsprachig deutschen Gymnasiasten bestätigt, zumal die zweisprachig türkisch-deutschen Gymnasiasten ein ähnlich hohes Niveau in ihren zweitsprachlichen Texten aufweisen wie ihre monolingualen Altersgenossen (vgl. Kap. 5.1.2).

Bei den kroatisch-deutschen Hauptschülern lässt das starke Abhängigkeitsverhältnis zwischen den erst- und zweitsprachlichen Leistungen (vgl. Abb. 11) wie bei den türkisch-deutschen Hauptschülern ebenfalls die Vermutung aufstellen, dass sich die betrachtete Probandengruppe im unteren Bereich der bilingualen Kompetenz bewegt und weder in der Erstsprache Kroatisch noch in der Zweitsprache Deutsch bildungssprachliche Fähigkeiten (CALP-Niveau) vorhanden sind.
Bei den kroatisch-deutschen Gymnasiasten konnte kein Zusammenhang zwischen den Leistungen in der Erst- und Zweitsprache festgestellt werden (vgl. Abb. 12), d.h. die erst- und zweitsprachlichen Fähigkeiten der kroatischstämmigen Gymnasiasten sind weitestgehend unabhängig voneinander. Dies lässt

sich darauf zurückführen, dass die erstsprachlichen Leistungen der Probanden in einer großen Diskrepanz zu den zweitsprachlichen Ergebnissen stehen: Die kroatisch-deutschen Gymnasiasten weisen in ihren erstsprachlichen Textproduktionen ein schlechteres Ergebnis als die kroatisch-deutschen Hauptschüler auf, wohingegen sie jedoch im Hinblick auf ihre zweitsprachlichen Leistungen unter den zweisprachigen Probandengruppen das beste Ergebnis erzielen (vgl. Kap. 5.6).

Konsequenterweise kann auch bei den kroatisch-deutschen Gymnasiasten (wie bei den türkisch-deutschen Gymnasiasten) davon ausgegangen werden, dass die Probanden sich im Bereich des „Dominanzbilingualismus" bewegen, d.h. über muttersprachliche Kompetenzen in der Zweitsprache Deutsch verfügen, wohingegen sich die Fähigkeiten in ihrer Erstsprache Kroatisch auf einem sehr niedrigen Niveau bewegen.

Die griechisch-deutschen Probandengruppen unterscheiden sich im Hinblick auf das Korrelationsverhältnis zwischen Erst- und Zweitsprache von den übrigen zweisprachigen Probandengruppen, da es sowohl bei den Hauptschülern als auch bei den Gymnasiasten keinerlei Zusammenhang zwischen den erst- und zweitsprachlichen Leistungen der Schülerinnen und Schüler zu geben scheint.

Wie bei den kroatisch-deutschen Gymnasiasten konnte auch bei den griechisch-deutschen Probandengruppen festgestellt werden, dass die Gymnasiasten ein etwas schlechteres Ergebnis (Gesamtfehlerquotient: 24,1%) als die Hauptschüler (Gesamtfehlerquotient: 23,3%) in ihren erstsprachlichen Textproduktionen erzielen. Allerdings müssen die Ergebnisse der griechisch-deutschen Probandengruppen sowie auch die Korrelationstests in Anbetracht der Tatsache, dass sich die Fehleranteile im orthographischen Bereich sowohl bei den Hauptschülern (90,1%) als auch bei den Gymnasiasten (92,3%) bei über 90% bewegen, relativiert betrachtet werden.

Die Mittelwertsergebnisse der Textanalysen zeigen nämlich, dass beide Probandengruppen im Hinblick auf ihre erstsprachlichen Leistungen – außer im Bereich der Orthographie – auf allen sprachlichen Ebenen über ein muttersprachliches Niveau verfügen (vgl. Tabelle 24 und Diagramm 22).

Der hohe Anteil orthographischer Fehler hängt damit zusammen, dass die griechisch-deutschen Probanden unter allen zweisprachigen Probandengruppen in Anbetracht der Tatsache, dass die Alphabete in Erst- und Zweitsprache am stärksten voneinander abweichen[118], den größten Spagat zwischen ih-

---

118 Vgl. hierzu im Detail Kap. 3.3.2

rem erst- und zweitsprachlichen orthographischen Regelwissen zu bewältigen haben.

Dadurch lässt sich zum einen die starke Diskrepanz zwischen den Mittelwertsergebnissen in der Erstsprache Griechisch und der Zweitsprache Deutsch erklären, zum anderen müssen aber auch die Korrelationstests zur Ermittlung des Zusammenhangs zwischen erst- und zweitsprachlichen Leistungen in ein anderes Licht gerückt werden.

Die sehr hohen Gesamtfehlerquotienten in L1 korrelieren verständlicherweise nicht mit den deutlich niedrigeren Mittelwerten in L2. Somit kann ein Zusammenhang zwischen den Fähigkeiten in der Erst- und Zweitsprache auch bei den griechisch-deutschen Probandengruppen nicht gänzlich ausgeschlossen werden. Es wird vielmehr die Vermutung aufgestellt, dass es sich bei den griechisch-deutschen Schülerinnen und Schülern ähnlich wie bei den kroatisch-deutschen Schülerschaften verhält.

Die Vergleichbarkeit der Mittelwerte im Hinblick auf die erstsprachlichen Textproduktionen und die große Leistungsdifferenz in Bezug auf die zweitsprachlichen Leistungen lässt schlussfolgern, dass auch bei den griechisch-deutschen Probanden die zweitsprachlichen Leistungen schulartabhängig, die Fähigkeiten in der Erstsprache jedoch weitestgehend schulartunabhängig sind.

Bei den griechisch-deutschen Probandengruppen lässt sich jedoch im Vergleich zu den übrigen zweisprachigen Probandengruppen nicht ohne Weiteres die These aufstellen, dass sich die griechisch-deutschen Hauptschüler im Bereich des „Semilingualismus" bewegen, da – wie bereits oben erwähnt – die griechisch-deutschen Hauptschüler in allen betrachteten sprachlichen Ebenen – außer im Bereich der Orthographie – ein mit den Muttersprachlern vergleichbares sprachliches Niveau aufweisen.

Bei den griechisch-deutschen Gymnasiasten legen die Ergebnisse in Erst- und Zweitsprache (abzüglich des hohen orthographischen Fehleranteils in den griechischen Textproduktionen) die Vermutung nahe, dass bei dieser Probandengruppe keine einseitige Zweisprachigkeit („Dominanzbilingualismus") vorliegt, sondern vielmehr eine hohe bzw. muttersprachliche Kompetenz in beiden Sprachen („Additiver Bilingualismus") zu vermuten ist.

Die vierte und letzte Hypothese, bei der die Annahme aufgestellt wird, dass sich gute erstsprachliche Fähigkeiten positiv auf den Zweitspracherwerb auswirken, ist eng verbunden mit der dritten Hypothese, die davon ausgeht, dass sich die beiden beteiligten Sprachen gegenseitig beeinflussen. Allerdings soll die Überprüfung von Hypothese (4) auch Aussagen über den Zusammenhang zwischen guten bzw. schlechten erstsprachlichen Fähigkeiten und schulischem Erfolg ermöglichen.

In Kapitel 5.4 konnte gezeigt werden, dass es keine signifikanten Leistungsunterschiede in den erstsprachlichen Fähigkeiten der Schülerinnen und Schüler zwischen den Schularten gibt. Die erstsprachlichen Leistungen der Probanden haben folglich keinen Einfluss auf den schulischen Bildungsweg. Es kann somit nicht davon ausgegangen werden, dass gute erstsprachliche Fähigkeiten „automatisch" zu schulischem Erfolg führen. Genauso verhält es sich konsequenterweise umgekehrt: Ein niedriges Niveau in der Erstsprache zieht nicht zwangsläufig einen niedrigeren Bildungsweg nach sich.

Dennoch lassen die Ergebnisse dieser Studie erkennen, dass insbesondere die zweisprachigen Probandengruppen an der Hauptschule sowohl in der Erst- als auch in der Zweitsprache ein niedriges Niveau aufweisen, die Probandengruppen am Gymnasium wiederum ausnahmslos – trotz schlechter erstsprachlicher Fähigkeiten – ein sehr hohes Niveau in der Zweitsprache besitzen. Bezugnehmend auf Cummins' Schwellenmodell, das von zwei Schwellen bilingualer Kompetenz ausgeht (unteres und oberes Schwellenniveau), kann somit die These aufgestellt werden, dass die Hauptschüler das untere Schwellenniveau bilingualer Kompetenz nicht erreicht haben.

Dies ist mit sehr hoher Wahrscheinlichkeit darauf zurückzuführen, dass die Schülerinnen und Schüler zum Zeitpunkt des ersten Kontakts mit der Zweitsprache über unzureichende Kenntnisse in der Erstsprache verfügten. Bei den Gymnasiasten liegt die Vermutung nahe, dass sich die erstsprachlichen Fähigkeiten der Schülerinnen und Schüler beim ersten Kontakt mit der Zweitsprache zwischen den beiden Schwellen bewegt haben, was zur muttersprachlichen Kompetenz in einer der beiden Sprachen, nämlich in der Zweitsprache, geführt hat.

Im Rahmen dieser Arbeit ist es jedoch nicht möglich, die betrachteten zweisprachigen Probandengruppen in Cummins' Schwellenmodell eindeutig zuzuordnen, da keine Aussagen über die Erwerbsverläufe der Erst- und Zweitsprache bei den Probanden gemacht werden können. Es wird lediglich der sprachliche Ist-Zustand der Schülerinnen und Schüler erfasst, der konsequenterweise keinen Einblick in die Erwerbsbedingungen erlaubt. Darüber hinaus macht Cummins selbst keine konkreten Angaben über die Bedingungen für das Erreichen der Schwellenniveaus (vgl. Kap. 2.5.4).

5.9.1 Beantwortung der Fragestellungen und Ausblick

In Anlehnung an die aus den Hypothesen gewonnenen Erkenntnisse sollen im Folgenden nun die dieser Untersuchung zugrundeliegenden, eingangs formulierten Fragestellungen (vgl. Kap. 1.1) beantwortet werden.

Zunächst sollte der Frage nachgegangen werden, welchen Einfluss die linguistische Struktur der Erstsprache auf den Erwerb der Zweitsprache hat. Durch die Ergebnisse der statistischen Auswertung konnte gezeigt werden, dass die strukturellen Merkmale der betrachteten Erstsprachen Türkisch, Kroatisch und Griechisch den Erwerb des Deutschen auf unterschiedliche Weise beeinflussen.

Es konnte herausgefunden werden, dass sprachstrukturelle Gemeinsamkeiten in Erst- und Zweitsprache den Zweitspracherwerb begünstigen, größere sprachtypologische Unterschiede hingegen zu deutlich stärkeren sprachlichen Abweichungen in der Zweitsprache führen. So konnte gezeigt werden, dass die kroatisch-deutschen Schülerinnen und Schüler beider Schularten (Hauptschule und Gymnasium) die besten Ergebnisse in ihren zweitsprachlichen Textproduktionen erzielen, was auf die sprachtypologischen Ähnlichkeiten zwischen dem Kroatischen und dem Deutschen zurückgeführt wird (vgl. Kap. 5.8.2).

Die zweite Frage setzte sich zum Ziel, den Zusammenhang zwischen den sprachlichen Fehlerphänomenen in der Zweitsprache Deutsch und den verschiedenen typologischen Merkmalen der Erstsprachen zu untersuchen.

Hierfür wurde in Kapitel 5.8 der Versuch unternommen, die auf den jeweiligen sprachlichen Ebenen auftretenden Fehlerschwerpunkte der Probanden durch eine detaillierte Betrachtung der erstsprachlichen Strukturmuster zu erklären. Es konnte gezeigt werden, dass die in der Zweitsprache Deutsch auftauchenden sprachlichen Abweichungen in enger Beziehung zu den erstsprachlichen Konstruktionen stehen und größtenteils durch einen negativen Transfer von der Erstsprache auf die Zweitsprache bedingt sind (Interferenzfehler).

Inwieweit schlechte bzw. gute erstsprachliche Kompetenzen den Zweitspracherwerb positiv beeinflussen und zu schulischem Erfolg führen, sollte im Rahmen der dritten Fragestellung geklärt werden. Es hat sich gezeigt, dass die erstsprachlichen Fähigkeiten der Probanden insgesamt betrachtet schulartunabhängig sind und in keinem Zusammenhang zu der jeweils besuchten Schulart (Hauptschule oder Gymnasium) stehen. Es konnte jedoch festgestellt werden, dass alle Probanden an der Hauptschule ein niedriges Niveau in Erst- und Zweitsprache aufweisen, die Gymnasiasten hingegen – unabhängig davon, auf welchem Niveau sich ihre erstsprachlichen Kenntnisse bewegen – in ihrer Zweitsprache Deutsch über ein sehr hohes bzw. (nahezu) muttersprachliches Niveau verfügen.

In Anlehnung an Cummins' Schwellenmodell bilingualer Kompetenz wird die Vermutung aufgestellt, dass das niedrige Niveau in beiden Sprachen bei den Hauptschülern nicht rein zufällig ist, sondern vielmehr aus einer mangelnden Förderung sowohl der erst- als auch zweitsprachlichen Fähigkeiten resultiert.

Ob und in welcher Form die zweisprachigen Gymnasiasten zum Zeitpunkt des Erwerbs der Zweitsprache über ausgeprägtere erstsprachliche Kompetenzen verfügt haben, die den Zweitspracherwerb begünstigt haben, kann im Rahmen dieser Untersuchung nicht geklärt werden, da lediglich eine sprachliche Momentaufnahme (der Ist-Zustand) erfasst wurde.[119]

Ferner können auch keine Aussagen darüber getroffen werden, inwieweit die weitere Entwicklung der Erstsprache der Probanden ab einem bestimmten Zeitpunkt zugunsten der Zweitsprache in den Hintergrund gerückt ist und die Ausbildung muttersprachlicher Kompetenzen in nur einer der beiden Sprachen nach sich gezogen hat ("Dominanzbilingualismus").

Wie bereits in Kapitel 2.7 ausführlich diskutiert, können unterschiedlichste Faktoren den Zweitspracherwerb begünstigen bzw. erschweren. Das Sprachvermögen in der Erstsprache stellt somit nur einen Einflussfaktor von vielen dar. Im Rahmen dieser Arbeit konnte gezeigt werden, dass schlechte erstsprachliche Fähigkeiten nicht zwangsläufig zu schulischem Misserfolg führen müssen und dass das Korrelationsverhältnis zwischen erst- und zweitsprachlichen Kompetenzen bei den betrachteten Probandengruppen keine eindeutigen Aussagen zulassen.

Des Weiteren handelt es sich bei den erstsprachlichen Textproduktionen der Probanden in weiten Teilen um die *basic interpersonal communicative skills* (BICS), da der Erwerb der Erstsprache in weiten Teilen ungesteuert erfolgt[120] und die schriftsprachlichen Kompetenzen daher häufig sehr eingeschränkt sind. So überrascht es auch nicht, dass die Textproduktionen in der Erstsprache in einer großen Diskrepanz zu den zweitsprachlichen Textergeb-

---

119 Die dieser Arbeit zugrunde liegende kontrastiv-linguistische Analyse vermittelt wichtige Einsichten hinsichtlich der sprachlichen Abweichungen der Probanden (vgl. hierzu auch Kuhberg 1990: 42). Da es sich um eine statische Vorgehensweise handelt, wird auch nicht der Anspruch erhoben, Lernprozesse zu erklären.

120 In der Regel wird von türkischen, kroatischen und griechischen Schülerinnen und Schülern der muttersprachliche Ergänzungsunterricht immer noch (wenn auch unregelmäßig) in Anspruch genommen. Das heißt, eine "Steuerung" findet im weiten Sinne zwar statt, inwieweit die inhaltliche Konzeption (die bis heute den jeweiligen Konsulaten überlassen wird) der komplexen sprachlichen Erwerbssituation der zweisprachig aufwachsenden Schülerschaft gerecht wird und der Entwicklung von CALP-Kompetenzen in der Erstsprache beiträgt, scheint fragwürdig zu sein. Vgl. hierzu auch Kap. 6.

nissen der Probanden stehen. Es kann davon ausgegangen werden, dass sich die sprachlichen Kompetenzen der Probanden mit zunehmendem Alter zu Gunsten der Zweitsprache Deutsch entwickelt haben, da der sprachliche Input in der Zweitsprache Deutsch sowohl auf quantitativer als auch auf qualitativer Ebene (insbesondere durch die höhere Inanspruchnahme der Schülerinnen und Schüler durch die deutsche Schule) dem erstsprachlichen Input weitaus überlegen ist (vgl. hierzu auch die in Kap. 1.2 angeführten Forschungsergebnisse von Rapti, 2004).

Während die zweisprachigen Hauptschüler sowohl in ihrer Erst- als auch in ihrer Zweitsprache größtenteils nur über *basic interpersonal communicative skills* verfügen, so zeigen sich bei den Gymnasiasten sehr ausgeprägte schrift- und fachsprachliche Kompetenzen in der Zweitsprache (*cognitive academic language proficiency*).

Die Bedeutsamkeit der von Cummins vorgenommenen Unterscheidung dieser zwei Formen der Sprachbeherrschung (vgl. Kap. 2.5.4) findet im Rahmen dieser Arbeit große Bestätigung, da die Gegenüberstellung von Schülerschaften unterschiedlicher Schulniveaus nochmals deutlich gezeigt hat, wie erheblich der Unterschied zwischen den zweitsprachlichen Leistungen der betrachteten Probandengruppen zwischen den Schularten ist.

Umso höher scheint die Wahrscheinlichkeit zu sein, dass die Bedingungen, die für die Entwicklung einer angemessenen CALP-Kompetenz nötig sind, bei den zweisprachigen Hauptschülern als nicht gegeben betrachtet werden können.

In Kapitel 2.5.4 konnte gezeigt werden, dass die Entwicklung einer altersangemessenen CALP-Kompetenz durchschnittlich fünf bis sieben Jahre umfasst, die Erwerbsdauer bei Schülerinnen und Schülern mit nicht gefestigten Kompetenzen in der Erstsprache wesentlich längere Zeit in Anspruch nimmt und deutlich über den Zeitpunkt hinausgeht, in dem Schullaufbahnentscheidungen (nämlich bereits im Alter von 10 Jahren!) erfolgen.

Es kann somit die Vermutung aufgestellt werden, dass bei den Hauptschülern die Ausbildung schrift- und fachsprachlicher Kompetenzen aufgrund mangelnder erstsprachlicher Fähigkeiten ein deutlich längerer Zeitraum notwendig gewesen wäre.

Während die zweisprachigen Gymnasiasten diesen nachteiligen Faktor entweder durch stabilere erstsprachliche Kompetenzen (Sprachvermögen) oder durch einen vorteilhaften Zugang oder eine stärker ausgeprägte Motivation kompensiert haben, hat sich diese „unvorteilhafte" sprachliche Ausgangssituation und die damit verbundene, längere Entwicklungszeit von CALP auf die Hauptschüler negativ ausgewirkt.

Die Wechselwirkung von Antrieb bzw. Motivation, Sprachvermögen und Zugang wurde bereits in Kapitel 2.7.4 dargestellt. Die unterschiedlichen Einflussgrößen auf den Zweitspracherwerb stehen in enger Beziehung zueinander, und das Fehlen eines Faktors kann sich nachteilig auf die übrigen Einflussgrößen auswirken. Das Sprachvermögen in der Erstsprache stellt eine Einflussgröße dar, die sich durchaus positiv auf den Zweitspracherwerb auswirken, jedoch nicht als alleiniger Faktor betrachtet werden kann. Voraussetzung muss nämlich sein, dass zweisprachigen Schülerinnen und Schülern bei der schulsprachlichen Sozialisation der Zweitsprache Deutsch die Möglichkeit gegeben wird, auch auf ihre erstsprachlichen Fähigkeiten zurückzugreifen, diese sozusagen als „Denkbasis" beim Erwerb der Zweitsprache nutzen zu können. Ist dies nicht der Fall und sind die erstsprachlichen Strukturen nicht ausreichend ausgebildet, ist die Gefahr für die Schülerinnen und Schüler, in einem „circulus vitiosus" zu enden, sehr groß (vgl. hierzu im Detail Kap. 2.7.4 und 2.7.5).

Bezugnehmend auf Fragestellung 3 kann abschließend festgehalten werden, dass ein niedriges Niveau in der Erstsprache nicht zwangsläufig den Zweitspracherwerb negativ beeinträchtigt und zu schulischem Misserfolg führt (vgl. die Mittelwertsergebnisse der zweisprachigen Gymnasiasten), dass aber nicht gefestigte erstsprachliche Kompetenzen die Entwicklung einer angemessenen, für die schulischen Anforderungen notwendigen Bildungssprache verzögern (können), wenn die Wissensvermittlung in den ersten Schuljahren – bei gleichzeitiger Vernachlässigung der Erstsprache – nur in der Zweitsprache erfolgt.

Die Ergebnisse dieser Arbeit bestätigen die im ersten theoretischen Teil diskutierten Aspekte hinsichtlich der Bildungsbenachteiligung zweisprachig aufwachsender Schülerinnen und Schüler mit Migrationshintergrund, was nicht zuletzt auf die sehr frühe Selektion in unserem Schulsystem zurückzuführen ist. Die Diskrepanz zwischen den zweitsprachlichen Fähigkeiten der Hauptschüler und Gymnasiasten gibt allen Grund zur Beunruhigung. Da die Gründe für das Scheitern der zweisprachigen Schülerschaft bereits ausführlich diskutiert wurden (vgl. hierzu Kap. 2 und insbesondere Kap. 2.1), werden sie hier nicht nochmals aufgeführt.

Im Folgenden werden einzelne zentrale Aspekte nochmals aufgegriffen, um in Anlehnung an die Ergebnisse der vorliegenden Studie Vorschläge für eine angemessene sprachliche Förderung sprachlich benachteiligter Schülerinnen und Schüler zu unterbreiten.

Die vierte und abschließende Frage dieser Arbeit, inwieweit das kontrastive Wissen über strukturelle Ähnlichkeiten und Unterschiede zwischen Erst- und Zweitsprache im Schulunterricht umgesetzt werden kann, soll daher im nächsten Kapitel ihre Beantwortung finden.

Teil C   ZUSAMMENFÜHRUNG VON THEORIE, EMPIRIE UND PRAXIS

6.   Möglichkeiten der Förderung zweitsprachlicher Kompetenzen unter Berücksichtigung herkunftssprachlicher Fähigkeiten – ein Ausblick

Die kontrastive Vorgehensweise bei der zweitsprachlichen Förderung wird von einigen Forschern[121] seit Jahren gefordert, findet jedoch in der Lehrerausbildung und folglich in der schulischen Praxis immer noch keine angemessene Beachtung. Sprachförderkonzepte, die die erstsprachlichen Fähigkeiten der Schülerinnen und Schüler unter Submersionsbedingungen (vgl. hierzu auch Kap. 2.2) gänzlich ausblenden, sind weder erfolgversprechend noch entsprechen sie einem zeitgemäßen Umgang mit Mehrsprachigkeit.[122] Der Tatsache, dass für die Mehrheit der zweisprachig aufwachsenden Schülerschaft der klassische (Deutsch-)Unterricht zugleich Zweitsprachenunterricht ist, wird bisher nicht Rechnung getragen. Die Schwierigkeit des schulischen Lernens in einer (noch) nicht ausgebildeten Zweitsprache wurde bereits in Kapitel 2.7.5 erläutert.

Das Zurückgreifen auf die herkunftssprachlichen Fähigkeiten der Schülerinnen und Schüler stellt einen entscheidenden Faktor für den weiteren schulischen Erfolg dar und darf nicht länger ignoriert werden. Bereits 1953 forderte die „linguistic human rights"-Bewegung in Anlehnung an den von der UNESCO formulierten Grundsatz „that the best medium for teaching is the mother tongue of the pupil" (zitiert in Romaine 2009: 382) die Bewahrung der Muttersprache als *universelles Menschenrecht*. Romaine (2009) kritisiert daher zu Recht die immer noch (nach rund 60 Jahren) vorherrschende Intoleranz gegenüber diesem Grundsatz:

> Nevertheless, this declaration did not lead to any widespread adoption and development of vernacular languages as media of education. Despite some encouraging developments in some countries, in most parts of the world

---

121   Vgl. hierzu insbes. Gogolin, I. (1994); Reich, H. (2000); Rösch, H. (2007); Reich, H./Roth, H. J./Neumann, U. (2007).

122   Vgl. hierzu den Gemeinsamen Europäischen Referenzrahmen für Sprachen: *Sprachenpolitische Ziele des Europarats* (Kap. 1.2, S. 15), worin festgeschrieben wird, „dass das reiche Erbe der Vielfalt der Sprachen und Kulturen in Europa ein wertvoller gemeinsamer Schatz ist, den es zu schützen und zu entwickeln gilt [...]."

schooling is still virtually synonymous with learning a second language. (Romaine 2009: 382)

Konsequenzen für den muttersprachlichen Unterricht

Die Einführung des muttersprachlichen Unterrichts geschah zu einer Zeit, in der man in Deutschland noch davon ausging, dass die angeworbenen „Gastarbeiter" und damit ihre Kinder eines Tages wieder in die Heimat zurückgehen würden. Daher wurden bei seiner Konzeption schon damals vorliegende Forschungsergebnisse nicht berücksichtigt, da der Unterricht für eine Schülerschaft ausgerichtet war, von der man ausging, dass ihre Schulzeit im deutschen Bildungssystem nur einen begrenzten Zeitraum einnehmen würde.

Dass sich dies als „Fehleinschätzung" herausgestellt hat, steht außer Frage. Ebenfalls außer Frage steht auch der Tatbestand, dass der muttersprachliche Unterricht in seiner ursprünglichen Form schon lange nicht mehr an die Ausgangsbedingungen seiner Schülerschaft angepasst ist. Die inhaltliche Gestaltung des muttersprachlichen Unterrichts und folglich die Förderung der erstsprachlichen Kompetenzen der Schülerinnen und Schüler wird bis heute in weiten Teilen den Konsulaten überlassen, bei deren Durchführung keinerlei Bezüge zu den Inhalten der deutschen Schulwirklichkeit hergestellt werden.

Die Realisierung einer kombinierten Spracherziehung erfordert jedoch, dass auch die Inhalte des muttersprachlichen Unterrichts langfristig überdacht und neu organisiert werden. Eine inhaltliche Neukonzeption müsste sprachwissenschaftliche Erkenntnisse, wonach sich Erst- und Zweitspracherwerb idealerweise unterstützen (vgl. hierzu auch Kap. 2.7.5)[123], berücksichtigen und auch die inhaltliche Gestaltung des muttersprachlichen Unterrichts auf die Richtlinien und die schulinternen Curricula des Regelunterrichts abstimmen.

Bereits 1992 wurde darauf hingewiesen, dass der muttersprachliche Unterricht einer grundlegenden Veränderung bedarf:

> Die Sprachentwicklung in L1 [Erstsprache] [...] ist ungenügend, wenn sie schlecht unterrichtet wird, wie in den meisten Segregationsprogrammen (und dies sollte nicht den LehrerInnen angelastet werden!) oder wenn sie überhaupt nicht unterrichtet wird [...].
> Es sollte auch erwähnt werden, dass ein paar Stunden muttersprachlicher Unterricht in der Woche für ein Migrantenkind eher therapeutische Kosmetik darstellen als Sprachunterricht [...]. Wenn das Kind lernt,

---

123 In diesem Zusammenhang sei nochmals auf Cummins' Interdependenzhypothese (Kap. 2.5.4) hingewiesen, wonach nur bei der gleichmäßigen Förderung beider Sprachen die Interdependenz gewährleistet ist (vgl. hierzu auch die Arbeiten von Caprez-Krompàk 2007 und Allemann-Ghionda 2006).

eine Sprache als effektives Instrument zum Denken und Problemlösen zu verwenden (in dem es viel relevantes Wissen erwirbt und anwendet), kann diese Fähigkeit auch in andere Sprachen übertragen werden [...].
(Skutnabb-Kangas 1992: 55f.)

Die Ergebnisse dieser Arbeit haben gezeigt, dass die erstsprachlichen Fähigkeiten der Probanden (im schriftsprachlichen) Bereich in weiten Teilen eingeschränkt sind. Umso dringlicher erscheint es in diesem Zusammenhang, die Herkunftssprachen der Schülerinnen und Schüler nicht länger in einem von Konsulaten organisierten „Zusatzunterricht" am Nachmittag zu fördern, sondern systematisch in den regulären Vormittagsunterricht zu integrieren.[124] Auch sollten die Lehrinhalte nicht – wie bisher – völlig isoliert voneinander vermittelt werden, sondern vielmehr durch Absprachen der Lehrkräfte miteinander verknüpft werden. Auf diese Weise könnte auch gewährleistet werden, dass bestimmte – durch die Erstsprachen der Schülerinnen und Schüler hervorgerufene sprachliche Fehlerphänomene – sowohl im muttersprachlichen als auch im regulären Unterricht angemessene Berücksichtigung fänden.

In Anlehnung an die Erkenntnisse dieser Arbeit werden im Folgenden Vorschläge für die sprachliche Förderung zweisprachig aufwachsender Schülerinnen und Schüler unterbreitet. Dabei soll zunächst auf die Wichtigkeit einer angemessenen Sprachstandsdiagnostik und einer differenzierten Erklärung von Fehlern im Rahmen der Fehleranalyse eingegangen werden, um dann in einem weiteren Schritt (exemplarisch veranschaulicht an den Probanden dieser Untersuchung) Möglichkeiten einer zweisprachlichen Förderung unter Berücksichtigung herkunftssprachlicher Kompetenzen vorzustellen.

6.1   Sprachstandsdiagnostik

Eine angemessene und nachhaltige zweisprachliche Förderung setzt zunächst voraus, dass der jeweilige Sprachstand der Schülerinnen und Schüler differenziert erfasst und auf mögliche Transferfehler aus der Erstsprache hin untersucht wird. Das heißt, es muss zunächst ermittelt werden, was der/die Schüler/in kann und in welchen Bereichen u.U. Entwicklungsverzögerungen vorherrschen und worauf diese zurückzuführen sind. Für die Datengewinnung soll-

---

124 Wenn von Seiten der Zweitsprachenlerner/innen keine differenzierte Beherrschung der Erstsprache vorhanden ist, kann auch keine systematische kontrastive Sprachbetrachtung mit dem entsprechenden meta-kommunikativen Vokabular erfolgen.

ten freie Schülerschreibungen herangezogen werden, da diese sowohl einen differenzierten Einblick in die fehlerhaften orthographischen und grammatischen Phänomene als auch Aussagen über die schriftsprachlichen Fähigkeiten der Schülerinnen und Schüler ermöglichen (Tunç 2009: 22). Zudem lassen sich mögliche Interferenzen aus den Erstsprachen der Schülerinnen und Schüler erkennen. Dies wiederum setzt voraus, dass nach der Datengewinnung eine differenzierte Fehleranalyse erfolgt.

Es konnte gezeigt werden, dass die Fehleranalyse nach Corder (1973) ein geeignetes Verfahren ist, da die Klassifikation der Fehler gewisse Freiräume bietet, Modifikationen erlaubt und somit auch schulartübergreifend eingesetzt werden kann. Ferner sollte jede Fehleranalyse den von Corder geforderten Dreischritt der Fehleranalyse (Ermittlung von Fehlern, Beschreibung von Fehlern und Erklärung von Fehlern) umfassen, um gezielte Fördermaßnahmen ableiten zu können.

Da die Vorgehensweise bereits in Kapitel 4.4 detailliert erläutert und an Schülertexten exemplarisch durchgeführt wurde, wird im Folgenden darauf verzichtet, weitere Schülerschreibungen heranzuziehen. Es soll vielmehr auf die Bedeutung der einzelnen Schritte und deren mögliche Umsetzung eingegangen werden.

6.2 Erklärung von Fehlern unter Berücksichtigung der Erstsprache

Neben der Ermittlung und Beschreibung von Fehlern kommt der Erklärung von Fehlern für die Ableitung von Fördermöglichkeiten eine zentrale Bedeutung zu, da Transferfehler aus der Erstsprache in diesem Zusammenhang ihre Berücksichtigung finden (vgl. hierzu auch Kap. 4.4.3). Gerade hier bedarf es jedoch noch einiger Entwicklungen in der schulischen Praxis, zumal der Umgang mit Fehlern immer noch stark quantitativ und weniger qualitativ ausgerichtet ist. Das heißt, im Mittelpunkt der schulischen Fehleranalyse steht in der Regel die reine Fehlerermittlung und deren „Bewertung". Der Beschreibung sprachlicher Abweichungen und deren Erklärung wird in der Regel keine große Aufmerksamkeit geschenkt. Gerade diese zwei Schritte bilden jedoch die Grundlage für die Entwicklung zielgerichteter und auf die individuellen sprachlichen Bedürfnisse der Schülerinnen und Schüler ausgerichteten Fördermaßnahmen.

Durch die Ergebnisse der vorliegenden empirischen Untersuchung konnte gezeigt werden, dass die Probanden signifikante Abweichungen in den anteiligen Fehlerverteilungen aufweisen und diese in einem engen Zusammenhang mit den Strukturmerkmalen ihrer jeweiligen Erstsprache stehen.

Das Erkennen solcher Interferenzen setzt zunächst voraus, dass Lehrerinnen und Lehrer (zumindest) mit den grundlegenden Strukturmerkmalen der Herkunftssprachen ihrer Schülerinnen und Schüler vertraut sind, um diese erstens erkennen und zweitens im Rahmen der sprachlichen Förderung angemessen und vor allem rechtzeitig darauf reagieren zu können.

6.3 Sprachförderung unter Berücksichtigung herkunftssprachlicher Fähigkeiten

Neben einer qualitativen Betrachtung der Fehlerschwerpunkte, d.h. der Kategorisierung der Fehlerschwerpunkte (z.B. im Bereich der Orthographie: Groß- und Kleinschreibung oder im morphologischen Bereich: Deklination etc.), sollte im Rahmen einer jeden Fehleranalyse der Ursachenerklärung eine stärkere Gewichtung beigemessen werden: Handelt es sich bei den sprachlichen Abweichungen um Übergeneralisierungen? Liegen mögliche Transferfehler aus der Erstsprache vor? Oder handelt es sich u. U. um Fehler, die durch den Unterricht hervorgerufen wurden? (vgl. hierzu auch Kap. 4.4).

Die Frage, ob es sich bei einer sprachlichen Abweichung um einen Transferfehler handelt, kann nur durch eine kontrastive Vorgehensweise beantwortet werden. Dabei wird nicht vorausgesetzt, dass Lehrerinnen und Lehrer über ein fundiertes Wissen in den (sehr unterschiedlichen) Herkunftssprachen ihrer Schülerinnen und Schüler verfügen, sondern vertraut sind mit den grundlegenden Strukturmustern: Wie groß bzw. wie gering sind die strukturellen Unterschiede in Erst- und Zweitsprache? Tauchen bestimmte sprachliche Abweichungen gehäuft auf? Wenn ja, in welchen Bereichen und wie sehen die entsprechenden erstsprachlichen Konstruktionen aus? (vgl. hierzu auch Kap. 5.8).[125]

---

125 In diesem Zusammenhang sollen auch ein paar Worte zur „klassischen" Notenvergabe im regulären Deutschunterricht angeführt werden. Die bisherige Vorgehensweise bei der Notengebung (sowohl bei den mündlichen als auch bei den schriftlichen Leistungen) der zweisprachigen Schülerschaft berücksichtigt weder die Tatsache, dass sich ein Großteil der Schülerinnen und Schüler noch inmitten des Zweitspracherwerbsprozesses befindet, noch ist vorgesehen, bestimmte „Fehlerphänomene", die gehäuft auftauchen, „gebündelt" zu bewerten. Das heißt, wenn Schüler X beispielsweise im Bereich der Deklination große Defizite aufweist, wird in der Regel jede einzelne sprachliche Abweichung als „Fehler" markiert und in der Gesamtbeurteilung zulasten des Schülers aufgrund einer rein quantitativen Betrachtungsweise negativ bewertet. Die Durchführung einer angemessenen Fehleranalyse mit einer differenzierten Erklärung der Fehler sollte sich zum Ziel setzen, bestimmte Fehlerphänomene der Schülerinnen und Schüler, die durch einen erstsprachlichen Transfer bedingt sind, bei der Notenvergabe weniger stark ins Gewicht fallen zu lassen und positive zweisprachige Entwicklungen bei der Bewertung

Eine differenzierte Ursachenerklärung könnte durch die Zusammenarbeit mit den muttersprachlichen Lehrkräften gesichert werden. Durch solch eine Vorgehensweise könnte zudem gewährleistet werden, dass die im Regelunterricht durch sprachliche Hürden entstandenen Verständnisprobleme der Schülerinnen und Schüler im muttersprachlichen Unterricht im Medium der jeweiligen Herkunftssprache erklärt werden könnten (vgl. o.g. UNESCO-Zitat). Im Folgenden wird der Versuch unternommen, die für eine angemessene zweitsprachliche Förderung nötige Vorgehensweise darzustellen und diese in Bezug zu den aus dieser Arbeit gewonnenen Untersuchungsergebnissen zu setzen:

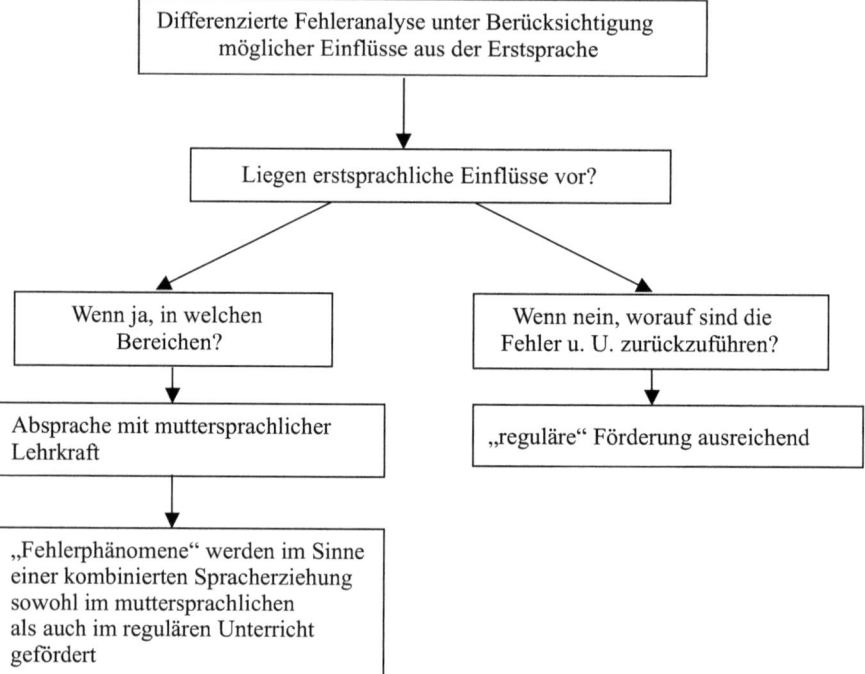

Abbildung 15: Fehleranalyse und Sprachförderung unter Berücksichtigung möglicher Einflüsse aus der Erstsprache

---

dafür stärker in den Mittelpunkt zu rücken. Auch dieser (häufig vernachlässigte) Aspekt ist ein wichtiger Bestandteil einer jeden angemessenen und <u>positiv</u> behafteten Form der sprachlichen Förderung.

Die einzelnen Bausteine obiger Abbildung sollen nun exemplarisch auf die griechisch-deutschen und türkisch-deutschen Probanden dieser Studie im Hinblick auf eine mögliche Förderung der Fehlerschwerpunkte übertragen werden.

Die durchgeführte Fehleranalyse hat bei den türkisch-deutschen Hauptschülern einen sehr hohen Anteil morphologischer Fehler erkennen lassen. Bei der Erklärung der Fehleranteile wurde zudem deutlich, dass einige der sprachlichen Abweichungen mit hoher Wahrscheinlichkeit auf die stark voneinander abweichenden Strukturmerkmale beider Sprachsysteme zurückzuführen sind (vgl. Kap. 5.8.1). Dabei handelt es sich um folgende Bereiche: Genusmarkierung (Artikel), Artikel- und Adjektivdeklination, Präpositionen und Präpositionalkasus, Konjugation unregelmäßiger Verben.

Die festgestellten fehlerhaften sprachlichen Konstruktionen sollten dann in einem weiteren Schritt – wenn möglich – mit der muttersprachlichen Lehrkraft thematisiert und diskutiert werden (an welchen Stellen wird der erstsprachliche Transfer besonders deutlich?). Diese könnte dann beispielsweise im muttersprachlichen Unterricht die Fehlerphänomene des/der Schülers/in aufgreifen und den türkischen Konstruktionen gegenüberstellen und die Unterschiede thematisieren. Der/Die Schüler/in würde damit die Möglichkeit bekommen, erstens sowohl die Strukturmerkmale seiner/ihrer Erstsprache Türkisch zu reflektieren als auch die eigenen, fehlerhaften zweitsprachlichen Konstruktionen zu überdenken und zweitens die richtige Bildung durch die Gegenüberstellung beider Sprachsysteme besser zu verinnerlichen. Die Lehrperson des regulären (Deutsch-)Unterrichts könnte die von der muttersprachlichen Lehrkraft entwickelten kontrastiven Beispiele wiederum in ihren Unterricht miteinfließen lassen[126] und sich dann in einem weiteren Schritt gezielt der Förderung der zweitsprachlichen Konstruktionen widmen.

Bei den griechisch-deutschen Hauptschülern hat sich neben einem hohen Anteil morphologischer Fehler ein ebenfalls hoher Anteil syntaktischer Fehler gezeigt. Beide Fehlerschwerpunkte scheinen in einem engen Zusammenhang zu den deutlich voneinander abweichenden typologischen Merkmalen in diesen Bereichen zu stehen. Herausgegriffen werden soll in diesem Zusammenhang der Bereich der Syntax, konkret die Bildung der „dass"-Sätze. In Kapitel 5.8.3 konnte gezeigt werden, dass die griechisch-deutschen Probanden eine Vielzahl ihrer Nebensätze fälschlicherweise mit der Konjunktion „dass" einleiten, was

---

126 So weist auch Tracy (2002) darauf hin, dass Kinder bereits sehr früh über metasprachliche Fähigkeiten verfügen und sich auch explizit mit Sprache auseinandersetzen können. „Man kann ihnen daher auch früh erklären, dass Mehrsprachigkeit ein Gewinn ist und nicht bedeutet, etwas aufgeben zu müssen" (Tracy 2002: 15).

darauf zurückgeführt wird, dass die griechischen Entsprechungen für die deutsche Konjunktion „dass" sehr vielfältig sein können und dies bei den Schülerinnen und Schülern zu einigen „Verwirrungen" (negativer Transfer) in den zweisprachlichen Nebensatzkonstruktionen führt (vgl. Schülertextausschnitte in Kap. 5.8.3 und anschließende Auswertung). Diese sprachlichen Abweichungen verdeutlichen die Wichtigkeit einer differenzierten, kontrastiven Betrachtungsweise und der Kooperation der Lehrkräfte. Wenn sich beispielsweise die Lehrkraft des regulären Unterrichts der syntaktischen Unterschiede zwischen dem Deutschen und dem Griechischen bewusst ist (sehr freie Wortstellung im Griechischen im Gegensatz zum Deutschen), wird sie zwar nachvollziehen können, weshalb u. U. einige oder einzelne ihrer griechischen Schülerinnen und Schüler im Bereich des Satzbaus gewisse Schwierigkeiten aufweisen. Die fehlerhaften „dass"-Konstruktionen ließen sich jedoch nicht ohne Weiteres[127] ableiten. Umso dringlicher erscheint die enge Zusammenarbeit zwischen den Lehrkräften, da die Lehrenden des regulären Unterrichts auf die erstsprachlichen Kenntnisse der muttersprachlichen Lehrkräfte zurückgreifen und angemessen reagieren könnten.

Die vielfältige Verwendung der „dass"-Konstruktionen im Griechischen könnte von der griechischen Lehrkraft auf sehr hilfreiche Weise kontrastiv zum Deutschen veranschaulicht werden. Hierfür könnten auch die fehlerhaften zweisprachlichen Konstruktionen der Schülerinnen und Schüler als Grundlage herangezogen werden, um den Lernenden ihre Transferfehler aufzuzeigen. Dadurch würde nicht nur ein „Nachdenken" über die eigenen sprachlichen Konstruktionen, sondern gleichzeitig ein besseres Verständnis der unterschiedlichen Sprachsysteme erreicht werden, was wiederum in einem reflektierteren und mit hoher Wahrscheinlichkeit sichereren Umgang mit der Zweitsprache resultieren würde.

Ausblick

Auch wenn es (in naher Zukunft) nicht immer möglich sein wird, den deutschen Regelunterricht mit dem muttersprachlichen Unterricht zu verzahnen oder komplexere Strukturen kontrastiv zu behandeln, stellt bereits die Anerkennung vorhandener erstsprachlicher Kompetenzen einen wichtigen Bestandteil bei der sprachlichen Ausbildung der zweisprachigen Schülerschaft dar:

---

127 Dies würde voraussetzen, dass die Lehrkraft des regulären Unterrichts sich sehr vertieft mit der griechischen Grammatik auseinandersetzt, was mit hoher Wahrscheinlichkeit nicht zuletzt aufgrund des Zeitfaktors nicht realisierbar sein wird.

Es ist wichtig, Kindern zu vermitteln, dass ihre bereits vorhandene L1-Kompetenz (egal, um welche Erstsprache es sich dabei handelt) auf **Anerkennung** stößt. Die L1 kann z.b. durch die interessierte Nachfrage, wie Gegenstände in der einen oder anderen Sprache bezeichnet werden, einbezogen werden. Dies eröffnet auch Gelegenheiten zum **Sprechen über Sprache** und damit Chancen zur **Förderung sprachlichen Bewusstseins.** (Tracy 2002: 15)

Studien belegen[128], dass sich bereits junge Kinder mit dem Vergleich von Sprachen beschäftigen und „Sprach*differenz*bewusstheit" und „Sprach*lern*bewusstheit" deutlich zeigen (Oomen-Welke 2008: 34):

Über Sprachen zu sprechen, Sprachen zu vergleichen und daraus Schlüsse zu ziehen ist für Kinder natürlich, wenn ihre Äußerungen willkommen sind. Falls erwachsene Gesprächspartner diese Mitteilungen gering schätzen, verstummen Kinder.

---

128 Vgl. hierzu auch die Studien von Kutsch (1988) und Oomen-Welke/Schumacher (2005), auf die Oomen-Welke 2008: 33f. hinweist.

7. Schlusswort

Die vorliegende Forschungsarbeit hatte zum Ziel, den Einfluss erstsprachlicher Strukturen auf den Erwerb der Zweitsprache zu überprüfen. Im Mittelpunkt des Interesses stand dabei die Frage, inwieweit die typologischen Merkmale der jeweiligen Erstsprache den Erwerb bestimmter Strukturen in der Zweitsprache Deutsch erleichtern bzw. erschweren und welche Konsequenzen sich daraus für die Zweitsprachdidaktik ableiten lassen.

Es konnte herausgefunden werden, dass die Probanden dieser Untersuchung in ihren zweitsprachlichen Textproduktionen unterschiedliche Fehleranteile aufweisen und diese in einem Zusammenhang mit der linguistischen Struktur ihrer Erstsprache stehen.

Es kann davon ausgegangen werden, dass die strukturelle Nähe zwischen Erst- und Zweitsprache den Erwerb der Zweitsprache (insbesondere im morphosyntaktischen Bereich) erleichtert, größere sprachtypologische Unterschiede zwischen den Sprachen zu Schwierigkeiten führen (können).[129]

Viele interessante Aspekte und weitere Forschungsfragen, die aus der Analyse der Schülertexte resultieren, können im Rahmen dieser Arbeit leider nicht weiter ausgeführt werden.

Eine zentrale Beobachtung soll als Ausblick für weitere Untersuchungen in diesem Bereich jedoch genannt werden: Besonders auffällig erscheint die außerordentliche Diskrepanz zwischen den sprachlichen Leistungen der monolingual deutschen Hauptschüler (Gesamtfehlerquotient MW = 11,5% !) und der monolingualen Vergleichsgruppen im jeweiligen Ausland (monolingual türkisch MW = 0,5%; monolingual kroatisch MW = 2,3%; monolingual griechisch MW = 2,5%). Worauf ist es zurückzuführen, dass einsprachige Hauptschüler in Deutschland grundlegende Sprachdefizite in ihrer Muttersprache aufweisen?[130] Inwieweit sind diese beachtlichen sprachlichen Leistungsdifferenzen auf die frühe Selektion des deutschen Schulsystems zurückzuführen, die (wie in den vorliegenden Fällen) im Ausland nicht erfolgt? Welche weiteren Faktoren sind für diese Leistungsunterschiede verantwortlich?

Auch wenn die vorliegende Arbeit den Fokus primär auf zweisprachige Schülerinnen und Schüler richtet, die unter dieser Beschulungsform eine besondere Benachteiligung erfahren (vgl. hierzu auch Kap. 2 und 5.9), dürfen je-

---

129 Da die Ergebnisse bereits in Kap. 5.9 detailliert im Rahmen der Überprüfung der Hypothesen diskutiert wurden, wird hier nicht mehr auf die Ergebnisse der einzelnen Probandengruppen eingegangen.
130 Vgl. hierzu auch die große Diskrepanz zwischen den sprachlichen Leistungen der Hauptschüler/innen und Gymnasiasten-/innen (Kap. 5).

doch auch die besorgniserregenden Ergebnisse der einsprachigen Hauptschüler/innen nicht gänzlich ausgeblendet werden.

Das sprachliche und schulische Scheitern der Hauptschüler lässt sich somit nicht (wie häufig geschieht) nur auf die „Zweisprachigkeit" zurückführen, sondern scheint mitunter auch in einem engen Zusammenhang zu der Beschulungsform zu stehen. Hier bedarf es weiterer Studien, die Lehr- und Lernformen (bereits im Primarbereich) untersuchen unter der Fragestellung, inwieweit die sprachlichen Ausgangsbedingungen und Bedürfnisse unserer ein- *und* zweisprachigen Schülerschaft im täglichen Unterrichtsgeschehen ihre notwendige, zu schulischem Erfolg maßgeblich beitragende Berücksichtigung finden.

Durch die Ergebnisse dieser Arbeit konnte aufgezeigt werden, dass (insbesondere bei sprachlich benachteiligten Schülerinnen und Schülern) eine stärkere Berücksichtigung und Einbindung erstsprachlicher Fähigkeiten für eine angemessene zweitsprachliche Förderung unumgänglich ist und bereits bestehende Ressourcen des muttersprachlichen Unterrichts genutzt und mit dem Regelunterricht verzahnt werden müssen.

Die vorliegende Studie und die daraus resultierenden Ergebnisse erheben nicht den Anspruch, allgemein gültige Aussagen für einen erfolgreichen Zweitspracherwerb und schulischen Erfolg zu machen. Die aus dieser Arbeit gewonnenen Erkenntnisse sollen vielmehr als Beitrag und Ausblick für die stärkere Berücksichtigung der herkunftssprachlichen Fähigkeiten der zweisprachigen Schülerschaft verstanden werden, um einen maßgeblichen Faktor beim Zweitspracherwerb, nämlich den *Einfluss der Erstsprache auf den Erwerb der Zweitsprache*, stärker ins Bewusstsein zu rücken.

Die in Kapitel sechs aufgeführten Möglichkeiten der zweitsprachlichen Förderung sollen zudem als Beitrag zur (längst fälligen) Entwicklung kontrastiver Lehr- und Lernmaterialien verstanden werden.

Die wichtigsten Strukturmuster gängiger Herkunftssprachen müssen DaZ-Lehrenden bewusst gemacht werden, um ihnen die Möglichkeit zu geben, v.a. wichtige und kritische Stellen im Lernprozess ihrer Schülerinnen und Schüler rechtzeitig zu erkennen und ihren Unterricht sowohl didaktisch als auch methodisch darauf abzustimmen.

In diesem Kontext soll darauf hingewiesen werden, dass Sprachvergleiche nicht nur von den Lehrenden, sondern auch im Unterricht selbst, von den Lernenden, geleistet werden sollten. Schülerinnen und Schüler sollen sich über die zentralen strukturellen Unterschiede zwischen ihrer Erstsprache und dem Deutschen bewusst werden und die entsprechenden Muster nach Möglichkeit durch geeignete DaZ-Lernmaterialien so weit verinnerlichen, dass Interferenzfehler vermieden werden können. Auf solch eine Weise erhöht sich auch die Selbstständigkeit der Lernenden: Eigene Lernschwierigkeiten sollten rekonstruiert werden, um individuelle Fehler besser verstehen und zielgerichtet üben zu können (vgl. Aktaş 2005: 251 und Cimilli/Harkort 1980: 120).

Zur Erreichung dieses Ziels müssen DaZ-Lehr- und Lernmaterialien eine kontrastive Betrachtungsweise deutscher und herkunftssprachlicher Konstruktionen bieten, die durch einschlägige Beispiele die Lernenden relevante Unterschiede auf induktivem Wege selbst entdecken und erkennen lässt (ebd.).

Um eine systematische und nachhaltige sprachliche Förderung der zweisprachigen Schülerschaft zu erreichen, bedarf es somit zum einen struktureller Veränderungen im Bildungswesen und zum anderen der Entwicklung „neuer" – auf die sprachlichen Bedürfnisse der zweisprachigen Schülerschaft angepassten – Lehr- und Lernformen.

Die bereits seit Jahrzehnten bestehenden theoretischen Erkenntnisse zum Zweitspracherwerb (vgl. Kapitel 2) haben bisher nur ansatzweise ihren Weg der praktischen Umsetzung in die Schulen gefunden. So wird auch die Bildungsbenachteiligung der zweisprachigen Schülerschaft immer wieder konstatiert, die „große Reform" mit den nötigen, dieser Benachteiligung entgegenwirkenden Maßnahmen, scheint jedoch noch einen langen Weg vor sich zu haben.

Der demographische Wandel in Deutschland wird zur Folge haben, dass in einigen Jahren jedes zweite Kind an unseren Schulen einen Migrationshintergrund aufzuweisen hat und mit bereits (mehr oder weniger) vorhandenen erstsprachlichen Kenntnissen Deutsch als zweite Sprache erwerben wird. Die Auseinandersetzung mit Fragen der Förderung unserer zweisprachigen Schülerschaft darf daher nicht länger als „Randproblem" betrachtet werden, sondern muss zur zentralen Fragestellung *aller* Schulen werden.

Dies wiederum bedeutet, dass der kompetente Umgang mit Mehrsprachigkeit zum Selbstverständnis einer fachlich und pädagogisch wertvollen Erziehung wird.

Die pädagogische Grundeinsicht *Man muss die Kinder da abholen, wo sie sind* kann nur dann auf effektive Weise in die Praxis umgesetzt werden, wenn unsere Bildungspolitik die notwendigen, wenn auch erheblichen finanziellen Mittel für die erforderlichen schulischen Lernformen für zweisprachig aufwachsende Schülerinnen und Schüler bewilligt, dauerhaft bereitstellt und diese folglich auch fester Bestandteil der Schulcurricula werden.

Solange vor allem unsere angehenden Lehrerinnen und Lehrer die Hochschulen immer noch (in weiten Teilen) ohne fundierte Ausbildung im Bereich

„Deutsch als Zweitsprache" verlassen, gar noch schlimmer „Deutsch als Zweitsprache" für viele ein inhaltsleerer Ausdruck zu sein scheint, wird auch der nächste PISA-„Schock" nur eine von vielen zwangsläufigen Folgen sein!

Literatur

Ahrenholz, B. (2010): Zum Zweitspracherwerb bei Kindern und Jugendlichen mit Migrationshintergrund – Forschungsstand und Desiderate. In: Allemann-Ghionda, C./Pfeiffer, S. (Hrsg.): Bildungserfolg, Migration und Zweisprachigkeit. Perspektiven für Forschung und Entwicklung. Berlin: Frank & Timme, S. 45-56.

Ahrenholz, B. (2010): Die Lernen-Erwerben-Debatte. In: Barkowski, H./Krumm, H.J. (Hrsg.): Fachlexikon Deutsch als Fremd- und Zweitsprache. Tübingen: Narr, S. 191.

Ahrenholz, B./Oomen-Welke, I. (2010): Deutsch als Zweitsprache. (Deutschunterricht in Theorie und Praxis, Handbuch in XI Bänden, hrsg. v. Winfried Ulrich, Bd. 9) Baltmannsweiler: Schneider Hohengehren.

Aktaş, T. (2005): Schwierigkeiten türkischer Deutschlerner/-innen beim Erwerb grammatischer Strukturen. In: Muttersprache. H. 3, S. 242-252.

Allemann-Ghionda, C. (2006): Klasse, Gender oder Ethnie? Zum Bildungserfolg von Schüler/innen mit Migrationshintergrund. In: Zeitschrift für Pädagogik, 52 (3), S. 350-362.

Apeltauer, E. (2001): Bilingualismus – Mehrsprachigkeit. In: Helbig, G./Götze, L./Henrici, G./Krumm, H.J. (Hrsg.) (2001): Deutsch als Fremdsprache. Ein internationales Handbuch. Band 1. Berlin; New York: de Gruyter, S. 628-638.

Auernheimer, G. (2003): Schieflagen im Bildungssystem. Die Benachteiligung der Migrantenkinder. Opladen: Leske & Budrich.

Aytemiz, A. (1990): Zur Sprachkompetenz türkischer Schüler in Türkisch und Deutsch: sprachliche Abweichungen und soziale Einflußgrößen. Frankfurt a. M. u. a.: Lang.

Babić, S./Finka, B./Moguš, M. (2004): Hrvatski pravopis, VIII izdanje. Zagreb: Školska knjiga.

Bailey, N./Madden, C./Krashen, S. (1974): Is there a "Natural Sequence" in Adult Second Language Learning? In: Language Learning 24, S. 235-243.

Barkowski, H./Krumm, H.-J. (2010): Fachlexikon Deutsch als Fremd- und Zweitsprache. Tübingen: Narr Francke Attempto.

Baur, R.S./Meder, G. (1989): Die Rolle der Muttersprache bei der schulischen Sozialisation ausländischer Kinder. In: Diskussion Deutsch 20, S. 119-135.

Baur, R.S./Meder, G. (1992): Zur Interdependenz von Muttersprache und Zweitsprache bei jugoslawischen Migrantenkindern. In: Baur, R.S./Meder, G./Previšić (1992): Interkulturelle Erziehung in Praxis und Theorie. Band 15: Interkulturelle Erziehung und Zweisprachigkeit. Baltmannsweiler: Schneider Hohengehren, S. 109-140.

Bausch, K.R./Kasper, G. (1979): Der Zweitsprachenerwerb. Möglichkeiten und Grenzen der „großen" Hypothesen. In: Linguistische Berichte 64, S. 3-35.

Bausch, K.R./ Raabe, H. (1978): Zur Frage der Relevanz von kontrastiver Analyse, Fehleranalyse und Interimsprachenanalyse für den Fremdsprachenunterricht. In: Wierlacher, A. et al. (Eds.): Jahrbuch Deutsch als Fremdsprache Bd. 4. Heidelberg, S. 56-75.

Belke, G. (2008): Mehrsprachigkeit im Deutschunterricht. Sprachspiele, Spracherwerb und Sprachvermittlung. 4., unveränderte Auflage. Hohengehren: Schneider.

Beykont, Z.F. (1994): Academic progress of a nondominant group: A longitudinal study of Puerto Ricans in New York City's late-exit bilingual programs. Doctoral dissertation presented to the Graduate School of Education, Harvard University.

Bialystok, E. (1987a): Influences of bilingualism on metalinguistic development. In: Second Language Research 3 (2), S. 112-125.

Bialystok, E. (1987b): Words as things: Development of word concept by bilingual children. In: Studies in Second Language Learning 9, S. 133-140.

Bialystok, E. (1988): Levels of bilingualism and levels of linguistic awareness. In: Developmental Psychology 24, S. 560-567.

Bialystok, E. (2001): Bilingualism in development. Language, literacy, and cognition. Cambridge: Cambridge University Press.

Bloomfield, L. (1933): Language. New York: Holt, Rinehart & Winston.

Boeckmann, K.-B. (1997): Zweisprachigkeit und Schulerfolg. Frankfurt a. M.: Peter Lang.

Böttle, Y./Jeuk, S. (2008): Türkisch. In: Colombo-Scheffold, S./Fenn, P./Jeuk, S./ Schäfer, J. (Hrsg.): Ausländisch für Deutsche. Sprachen der Kinder – Sprachen im Klassenzimmer. Freiburg i.B.: Fillibach, S. 187-197.

Boos-Nünning, U./Gogolin, I./Vollerthun, M. (1985): Sind Tests der richtige Weg zur Sprachstandsfeststellung bei ausländischen Schülern? In: Ausländerkinder, 22, S. 37-58.

Braun, M. (1937): Beobachtungen zur Frage der Mehrsprachigkeit. Göttingische Gelehrte Anzeigen 119, S. 115-130.

Bußmann, H. (2002): Lexikon der Sprachwissenschaft. Stuttgart: Kröner.

Butterworth, G./Hatch, E. (1978): A Spanish-Speaking Adolescent's Acquisition of English Syntax. In: Marcussen-Hatch 1978, S. 231-245.

Caprez-Krompàk (2007): Die Bedeutung der Erstsprache im Integrationsprozess. terra cognita – Schweizer Zeitschrift zu Integration und Migration, 10, S. 72-75.

Caprez-Krompàk (2010): Entwicklung der Erst- und Zweitsprache im interkulturellen Kontext. Eine empirische Untersuchung über den Einfluss des Unterrichts in heimatlicher Sprache und Kultur (HSK) auf die Sprachentwicklung. Münster u. a.: Waxmann.

Carroll, J.B. (1970): Kieli ja ajattelu. Jyväskylä: Gummerus.

Christ, H. (2009): Über Mehrsprachigkeit. In: Gogolin, I./Neumann, U. (2009): Streitfall Zweisprachigkeit – The Bilingualism Controversy. Wiesbaden: VS Verl. für Sozialwissenschaften, S. 31-49.

Cimilli, N./Liebe-Harkort, K. (1980): Sprachvergleich Türkisch – Deutsch. 3. Auflage. Düsseldorf: Pädagogischer Verlag Schwamm.

Clahsen, H./Meisel, J./Pienemann, M. (1983): Deutsch als Zweitsprache. Der Spracherwerb ausländischer Arbeiter. Tübingen: Gunter Narr.

Colombo-Scheffold, S./Fenn, P./Jeuk, S./Schäfer, J. (Hrsg.) (2008): Ausländisch für Deutsche. Sprachen der Kinder – Sprachen im Klassenzimmer. Freiburg i.B.: Fillibach.

Cook, V.J. (1973): The Comparison of Language Development in Native Children and Foreign Adults. In: IRAL 11, S. 13-28.

Corder, S.P. (1967): The significance of learners' errors. In: International Review of Applied Linguistics in Language Teaching, 5 (4), S. 161-170.

Corder, S.P. (1971): Idiosyncratic Dialects and Error Analysis. In: IRAL 9, S. 147-159.

Corder, S.P. (1972): Die Rolle der Interpretation bei der Untersuchung von Schülerfehlern. In: Nickel, G. (Hrsg.): Fehlerkunde. Beiträge zur Fehleranalyse, Fehlerbewertung und Fehlertherapie. Berlin: Cornelsen-Velhagen & Klasing, S. 38-50.

Corder, S.P. (1973): Introducing Applied Linguistics. Harmondsworth: Pelican.

Corder, S.P. (1974): Error Analysis. In J.P.B. Allen and S.P. Corder (Eds.): Techniques in Applied Linguistics. Edinburgh: Edinburgh University Press.

Corder, S.P. (1977): Language Continua and the Interlanguage Hypothesis. In: Corder/Roulet 1977, S. 11-17.

Cummins, J. (1978a): Educational Implications of Mother Tongue Maintenance in Minority-Language Groups. In: The Canadian Modern Language Review 34, 3, 1977-1978, S. 395-416.

Cummins, J. (1979a): Linguistic Interdependence and the Educational Development of Bilingual Children. In: Review of Educational Research. 49/2, S. 222-251.

Cummins, J. (1979b): Cognitive-Academic Language Profiency, Linguistic Interdependence, the Optimal Age Question and Some Other Matters. In: Working Papers on Bilingualism 19, S. 197-205.

Cummins, J. (1984): Bilingualism and Special Education: Issues in Assessment and Pedagogy. Multilingual Matters 6.

Cummins, J. (1984): Zweisprachigkeit und Schulerfolg. Zum Zusammenwirken von linguistischen, soziokulturellen und schulischen Faktoren auf das zweisprachige Kind. In: Die Deutsche Schule. Heft 3, S. 187-198.

Cummins, J. (2000): Language, Power and Pedagogy. Bilingual Children in the Crossfire. Great Britain: Cromwell Press Ltd.

de Angelis, G. (2005): Interlanguage transfer of function words. In: Language Learning, 55 (3), S. 379-414.

Diebold, A.R. (1964): Incipient Bilingualism. Language 37, S. 97-112.

Diehl, E./Christen, H./Leuenberger, S./Pelvat, I./Studer, T. (2000): Grammatikunterricht: Alles für die Katz? Tübingen: Niemeyer.

Dulay, H.C./Burt, M.K. (1974): Natural sequences in child second language acquisition. In: Language Learning, 24 (1), S. 37-53.

Dulay, H.C./Burt, M.K. (1977): Remarks on Creativity in Language Acquisition. In: Burt/Dulay/Finocchiaro 1977, S. 95-126.

Dulay, H./Burt, M. (1977): Viewpoints on English as a second language in honor of James E. Alatis. New York: Regents Publ. Co.

Durgunoğlu, A.Y./Verhoeven, L. (Eds.) (1998): Literacy Development in a Multilingual Context: Cross-Cultural Perspectives. Mahwah, NJ: Lawrence Erlbaum Associates.

Eckhardt, A.G. (2008): Sprache als Barriere für den schulischen Erfolg. Potentielle Schwierigkeiten beim Erwerb schulbezogener Sprache für Kinder mit Migrationshintergrund. Münster u. a.: Waxmann.

Eideneier, H./Ruge, H. (1976): Sprachvergleich Griechisch-Deutsch. Düsseldorf: Schwann.

Ellis, R. (2008): The Study of Second Language Acqusition. Second Edition. Oxford: University Press.

Engin, H./Müller-Boehm, E./Steinmüller, U./Terhechte-Mermeroğlu, F. (2004): Kinder lernen Deutsch als zweite Sprache. Prinzipien, Sequenzen, Planungsraster. Berlin: Cornelsen.

European Commission (2006): Europeans and their Languages. Special Eurobarometer 243/Wave 64.3.

Fathman, A. (1975): Language Background, Age and the Order of Acquisition of English Structures. In: Burt/Dulay 1975, S. 33-44.

Fathman, A. (1977): Similarities and Simplification in the Interlanguage of Second Language Learners. In: Corder/Roulet 1977, S. 30-38.

Felix, S.W. (1977): Natürlicher Zweitspracherwerb. Ein Überblick. In: Studium Linguistik. Frankfurt a. M.: Hain, S. 25-40.

Felix, S.W. (1982): Psycholinguistische Aspekte des Zweitsprachenerwerbs. Tübingen: Narr.

Filipović, R. (1972): A Compromise System. A Link between Linguistic Borrowing and Foreign Language Learning. In: The Yugoslaw-Serbo-Croatian-English Contrastive Project. B. Studies 5, S. 19-29.

Fries, C.C. (1945): Teaching and learning English as a second language. Ann Arbor, MI: The University of Michigan Press.

Fritsche, M. (1982): Mehrsprachigkeit in Gastarbeiterfamilien. „Deutsch" auf der Basis der türkischen Syntax. In: Bausch, K.-H. (Hrsg.): Mehrsprachigkeit in der Stadtregion. Düsseldorf: Schwann, S. 160-170.

Fthenakis, W.E./Sonner, A./Thrul, R./Walbinger, W. (1985): Bilingual-bikulturelle Entwicklung des Kindes. Ein Handbuch für Psychologen, Pädagogen und Linguisten. München: Hueber.

Galambos, S.J./Hakuta, K. (1988): Subject-specific and task-specific characteristics of metalinguistic awareness in bilingual children. In: Applied Psycholinguistics 9 (2), S. 141-162.

Gass, S./Selinker, L. (2001): Second language acquisition. An introductory course. Mahwah, NJ: Lawrence Erlbaum.

Genesee, F. (1984): On Cummins' theoretical framework. In C. Rivera (Ed.): Language profiency and academic achievement (S. 20-27). Clevedon, Avon: Multilingual Matters.

Genesee, F. (1994): Educating second language children. The whole child, the whole curriculum, the whole community. Cambridge: Cambridge Univ. Press.

Genesee, F./Polich, E./Stanley, M.H. (1977): An Experimental French Immersion Program at the Secondary School Level – 1969 to 1974. The Canadian Modern Language Review 33, S. 318-332.

George, H.V. (1972): Common Errors in Language Learning. Insights from English. Rowley, Mass.

Glück, H. (1985): Zweisprachigkeit und Zweitspracherwerb. Ökonomische, politische und linguistische Argumente zu einer aktuellen sprachpolitischen Grundsatzdebatte. In: Deutsch lernen 3, S. 15-42.

Gogolin, I. (1988): Erziehungsziel Zweisprachigkeit. Konturen eines sprachpädagogischen Konzepts für die multikulturelle Schule. Hamburg: Bergmann und Helbig.

Gogolin, I. (1994): Der monolinguale Habitus der multilingualen Schule. Münster/New York: Waxmann.

Gogolin, I./Neumann, U. (2009): Streitfall Zweisprachigkeit – The Bilingualism Controversy. Wiesbaden: VS Verl. für Sozialwissenschaften.

González-Mena Lococo, V. (1976): A Cross-Sectional Study on L3-Acquistion. In: Working Papers on Bilingualism 9, S. 44-72.

Gökçe, O.: Begegnung des Türkischen mit dem Deutschen in der Bundesrepublik. Zeitschrift der Deutschen Morgenländischen Gesellschaft 1/40, S. 68-79.

Graf, P. (1987): Frühe Zweisprachigkeit und Schule. Empirische Grundlagen zur Erziehung von Minderheitenkindern. München: Hueber.

Grießhaber, W. (2002): Erwerb und Vermittlung des Deutschen als Zweitsprache. Deutsch in Armenien, Teil 1: 2001/1, S. 17-24; Teil 2: 2001/2, S. 5-15.

Hakuta, K./McLaughlin, B. (1996): Bilingualism and second language learning. Seven tensions that define the research. In D.C. Berliner and R.C. Calfee (Eds.): Handbook of educational psychology, S. 603-621. New York: Macmillian Library Reference USA.

Hall, R.A. (1952): Bilingualism and Applied Linguistics. Zeitschrift für Phonetik und allgemeine Sprachwissenschaft 6, S. 13-30.

Hansen, B. (1995): Die deutschen Artikel und ihre Wiedergabe im Türkischen. Hamburg: Universität Hamburg, Germanisches Seminar.

Haugen, E. (1953): The Norwegian Language in America: A Study in Bilingual Behaviour. Philadelphia: University of Pennsylvania Press.

Haugen, E. (1956): Bilingualism in the Americas: A Bibliography and Research Guide. Alabama: University of Alabama Press.

Heidelberger Forschungsprojekt (1976) „Pidgin-Deutsch spanischer und italienischer Arbeiter in der Bundesrepublik: Untersuchungen zur Erlernung des Deutschen durch ausländische Arbeiter". Arbeitsbericht III des Heidelberger DFG-Projektes. Germanistisches Seminar der Universität Heidelberg.

Helbig, G./Götze, L./Henrici, G./Krumm, H.J. (Hrsg.) (2001): Deutsch als Fremdsprache. Ein internationales Handbuch. Band 1 und 2. Berlin; New York: de Gruyter.

Henrici, G./Riemer, C. (2003): Zweitsprachenerwerbsforschung. In: Bausch, K.-R./Christ, H./Krumm, H.-J. (Hrsg.): Handbuch Fremdsprachenunterricht. Tübingen: A. Francke, S. 38-43.

Hernández-Chávez, E. (1977): The Acquisition of Grammatical Structures by a Mexican American Child Learning English. Ph.D. dissertation, University of California, Berkeley, Cal.

Huang, J. (1971): A Chinese Child's Acquisition of English Syntax. MA Thesis UCLA.

Ingwersen, J./Neumann, R./Kummer, M. (1981): Zur Sprachentwicklung türkischer Schüler in der Bundesrepublik. Band 1., 2. Auflage. Königstein/Ts.: Scriptor.

Jeuk, S. (2000): Psycholinguistische Theorien zum Zweitspracherwerb. Ihre Relevanz für die Frühförderung zweisprachiger Migrantenkinder. Deutsch lernen, 25 (3), S. 195-212.

Jeuk, S. (2003): Erste Schritte in der Zweitsprache Deutsch. Freiburg: Fillibach.

Jeuk, S. (2010): Deutsch als Zweitsprache in der Schule. Grundlagen – Diagnose – Förderung. Stuttgart: Kohlhammer.

Johanson, L. (1985): Ensteht ein Deutschland-Türkisch? Vortrag auf der Tagung Türken und Deutsche – Kulturkontakt und kulturelle Interferenz, vom 28./29. Oktober 1985 des Akademischen Auslandsamtes der Justus-Liebig-Universität Gießen (unveröffentlicht).

Johnson, J.S./Newport, E.L. (1989): Critical period effect in second language learning. The influence of maturational state on the acquisition of English as a second language. In: Cognitive Psychology, 21 (1), S. 60-99.

Jung, E.H.S. (2004): Topic and subject prominence in interlanguage development. In: Language Learning, 54 (4), S. 713-738.

Keim, I. (1984): Untersuchungen zum Deutsch türkischer Arbeiter. Tübingen: Narr.

Kellermann, E. (1977): Towards a Characterisation of the Strategy of Transfer in Second Language Learning. In: Interlanguage Studies Bulletin 2, No. 1, S. 58-145.

Kielhöfer, B./Börner, W. (1979): Lernersprache Französisch. Psycholinguistische Analyse des Fremdsprachenunterrichts. Tübingen.

Klein, W. (1992): Zweitspracherwerb. Eine Einführung. Frankfurt a. M.: Anton Hain.

Knapp, W. (1997): Schriftliches Erzählen in der Zweitsprache. Tübingen: Niemeyer.

Kniffka, G./Siebert-Ott, G. (2007): Deutsch als Zweitsprache. Lehren und lernen. Paderborn: Schöningh.

Kniffka, G. (2010): Fehleranalyse. In: Stiftung Mercator (Hrsg.): Der Mercator-Förderunterricht. Sprachförderung für Schüler mit Migrationshintergrund durch Studierende. Münster u. a.: Waxmann. S. 215-228.

Kracht, A. (2000): Migration und kindliche Zweisprachigkeit: Interdisziplinarität und Professionalität sprachpädagogischer und sprachbehindertenpädagogischer Praxis. Münster u. a.: Waxmann.

Krashen, S.D. (1973): Lateralization, language learning and the critical period. Some evidence. Language Learning.

Krashen, S.D. (1988): Second Language Acquisition and Second Language Learning. New York, NY (u. a.): Prentice Hall.

Krumm, H.J. (2000): Einsprachigkeit ist heilbar. In: Deutsch lernen. Bd. 25. H. 2, S. 99-111.

Kuhberg, H. (1990): Zum L2-Erwerb zweier elfjähriger Kinder mit Türkisch und Polnisch als Ausgangssprachen: Eine Longitudinalstudie unter besonderer Berücksichtigung kontrastiv-linguistischer Gesichtspunkte. In: Deutsch lernen. H. 1, S. 25-43 .

Kuhs, K. (1989): Sozialpsychologische Faktoren im Zweitspracherwerb. Eine Untersuchung bei griechischen Migrantenkindern in der Bundesrepublik Deutschland. Tübingen: Narr.

Kunzmann-Müller (2002): Grammatikhandbuch des Kroatischen unter Einschluß des Serbischen. Frankfurt a. M. u. a.: Lang.

Kutsch, S. (1988): Kinder über Sprache. Reflexion und Metakommunikation im Zweit- und Erstspracherwerb. Eine vergleichende Untersuchung. Frankfurt/M. u. a.: Lang.

Lado, R. (1957). Linguistics across cultures: Applied linguistics for language teachers. University of Michigan Press: Ann Arbor.

Lambert, W.E. (1977): The Effects of Bilingualism on the Individual: Cognitive and Sociocultural Consequences. In: Hornby, P.A. (Hrsg.): Bilingualism: Psychological, Social and Educational Implications. New York: Academic Press, S. 15-27.

Larsen-Freeman, D. (1975): The Acquisition of Grammatical Morphemes by Adult ESL Students. TESOL Quaterly 9, S. 409-420.

Larsen-Freeman, D. (1976): An Explanation for the Morpheme Acquisition Order of Second Language Learners. In: Language Learning 26, S. 125-134.

Lasagabaster, D. (1998): The threshold hypothesis applied to three languages in contact at school. In: International Journal of Bilingual Education and Bilingualism 1 (2), S. 119-133.

Lauerbach, G. (1977): Lernersprache: Ein theoretisches Konzept und seine praktische Relevanz. In: Neusprachliche Mitteilungen 30, S. 208-214.

Lenneberg, E.H. (1972): Biologische Grundlagen der Sprache. Frankfurt a.M.: Suhrkamp.

Lin, Y.-H. (2003): Interphonology variability. Sociolinguistic factors affecting L2 simplification strategies. In: Applied Linguistics, 24 (4), S. 439-464.

List, G. (2003): Sprachpsychologie. In: Bausch, K.-R./Christ, H./Krumm, H.-J. (Hrsg.): Handbuch Fremdsprachenunterricht. Tübingen: A. Francke, S. 25-31.

Lüdi, G. (1996): Migration und Mehrsprachigkeit. In: Goebl, H./Nelde, P.H./ Starý, Z./Wölck, W. (Hrsg.): Kontaktlinguistik. Bd. 1. Berlin u. a.: de Gruyter, S. 321-327.

MacIntyre, P. (1995): How does anxiety affect second language learning? A reply to Sparks and Ganschow. Modern Language Journal 79/1, S. 90-99.

Mackey, W.F. (1956): Toward a Redefinition of Bilingualism. Journal of the Canadian Linguistic Association 2, S. 8.

Mackey, W.F. (1968): The Description of Bilingualism. In: Fishman, J.A. (Hrsg.): Readings in the Sociology of Language. Den Haag.

Mackridge, P. (1992): The modern Greek language: a descriptive analysis of standard modern Greek. Oxford: Clarendon.

MacNamara, J. (1967): The Bilingual's Linguistic Performance – A Psychological Overview. Journal of Social Issues 23, S. 58-77.

Malmberg, B. (1973): Förutsättningarna för invandrarbarnens tvåspråkhet (The Prerequisites of Bilingualism in Migrant Children). Föredrag vid seminariet „De finskspråkiga invandrarbarnens u bildningsmöjligheter i Sverige". Mattby, Finland, 31.8.-2.9.

Mathes, P. (2009): Sprachförderung von Schülerinnen und Schülern mit Migrationshintergrund in der Sekundarstufe I. Projektarbeit im Rahmen des Studiengangs Bildungswissenschaften. Pädagogische Hochschule Schwäbisch Gmünd.

Mayer, L. (2008): Kroatisch. In: Colombo-Scheffold, S./Fenn, P./Jeuk, S./Schäfer, J. (Hrsg.): Ausländisch für Deutsche. Sprachen der Kinder – Sprachen im Klassenzimmer. Freiburg i. B.: Fillibach, S. 133-142.

McLaughlin, B. (1984): Second Language Acquisition in Childhood. Vol. 1: Preschool Children (2nd ed.). Hillsdale/NJ: Lawrence Erlbaum Associates.

Meese, H./Fröhlich, I./Panju, G./Pinnow, H./Runggaldier, G./Stathopoulos, P./ Vuduroglu-Langenfaß, F. (1980) (Hrsg.: Initiativgruppe zur Betreuung ausländischer Kinder e.V. München): Muttersprachlich bedingte Fehlerquellen ausländischer Arbeiterkinder: Ein Vergleich ausgewählter Kapitel der deutschen Sprache mit den jeweiligen Entsprechungen im Griechischen, Italienischen und Serbokroatischen. In: Deutsch lernen, 5 (2/3). Zeitschrift für den Sprachunterricht mit ausländischen Arbeitnehmern, S. 7-131.

Menzel, W. (1999): Grammatik-Werkstatt. Theorie und Praxis eines prozessorientierten Grammatikunterrichts für die Primar- und Sekundarstufe. Selze-Velber: Kallmayer.

Meyer-Ingwersen, J. et al. (1977): Zur Sprachentwicklung türkischer Schüler in der Bundesrepublik. Regensburg: Scriptor Verlag GmbH.

Meyer-Ingwersen, J. et al. (1981): Zur Sprachentwicklung türkischer Schüler in der Bundesrepublik. Regensburg: Scriptor Verlag GmbH.

Milon, J.P. (1974): The Development of Negation in English by a Second Language Learner. TESOL Quaterly 8. S. 137-143.

Mohanty, A.K. (1994): Bilingualism in a Multilingual Society: Psychological and Pedagogical Implications. Mysore: Central Institute of Indian Languages.

Müller, R. (1998): Ist das Schulversagen von zweisprachigen Migrantenkindern selbstverständlich? In: Lanfranchi, A./Hagmann, T. (Hrsg.): Migrantenkinder. Plädoyer für eine Pädagogik der Vielfalt. Luzern: Ed. SZH/SPC, S. 47-66.

Müller, N./Kupisch, T./Schmitz, K./Cantone, K.F. (2007): Einführung in die Mehrsprachigkeitsforschung: deutsch, französisch, italienisch. 2. Auflage. Tübingen: Narr.

Nemser, W. (1971): Approximative Systems of Foreign Language Learner. In: IRAL 9, S. 115-123.

Noack, B. (1987): Erwerb einer Zweitsprache. Je früher, desto besser? – Über die Chancen sprachlicher Integration von türkischen Gastarbeiterkindern. In: Deutsch lernen 3, S. 3-33.

Oksaar, E. (1971): Språkpolitiken och minoriteterna. In: Schwarz, D. (Hrsg.): Identitet och minoritet. Stockholm: Almqvist & Wiksell, S. 164-175.

Oksaar, E. (1984): „Spracherwerb – Sprachkontakt – Sprachkonflikt" im Lichte individuumzentrierter Forschung. In: Oksaar, E. (Hrsg.): Spracherwerb – Sprachkontakt – Sprachkonflikt. Berlin u. a.: de Gruyter, S. 243-266.

Oksaar, E. (2003): Zweitspracherwerb. Wege zur Mehrsprachigkeit und zur interkulturellen Verständigung. Stuttgart u. a.: Kohlhammer.

Oomen-Welke, I. (2000): Umgang mit Vielsprachigkeit im Deutschunterricht – Sprachen wahrnehmen und sichtbar machen. In: Deutsch lernen, H. 2, S. 143-163.

Oomen-Welke, I. (2008): Deutsch und andere Sprachen im Vergleich. In: Ahrenholz, B./Oomen-Welke, I. (2008): Deutsch als Zweitsprache. (Deutschunterricht in Theorie und Praxis, Handbuch in XI Bänden, hrsg. v. Winfried Ulrich, Bd. 9) Baltmannsweiler: Schneider Hohengehren, S. 33-48.

Oomen-Welke, I./Peña Schumacher, T. (2005): Sprachenlernen – Biographische Rekonstruktionen zweisprachiger Schulkinder. In: Hinnenkamp, V./Meng, K. (Hrsg.): Sprachgrenzen überspringen. Sprachliche Hybridität und polykulturelles Selbstverständnis. Tübingen: Narr, S. 289-323.

Ott, M. (2006): Sprachkritische Beobachtungen im Bereich Deutsch als Zweitsprache – Sprachkompetenzkritik. In: Der Deutschunterricht 58, H. 2, S. 87-94.

Pagonis, G. (2008): Griechisch. In: Colombo-Scheffold, S./Fenn, P./Jeuk, S./Schäfer, J. (Hrsg.): Ausländisch für Deutsche. Sprachen der Kinder – Sprachen im Klassenzimmer. Freiburg i.B.: Fillibach, S. 105-117.

Pfaff, C.W./Portz, R. (1989): Foreign Children's Acquisition of German: Universals and Interference. In: Linguistische Arbeiten und Berichte. Heft 16, S. 138-170.

Pinker, S. (1994): The language instinct. The new science of language and mind. New York, NY: Penguin.

PISA-Konsortium Deutschland (Hrsg.) (2003). Ergebnisse des zweiten internationalen Vergleichs.

Plauen, E.O. (1982): Vater und Sohn. 50 Streiche und Abenteuer. Band I. Konstanz: Südverlag.

Pohl, J. (1965): Bilinguismes. Revue Roumaine de Linguistique 10, S. 343-349.

PONS (2003): Kompaktwörterbuch für alle Fälle. Türkisch – Deutsch. Deutsch – Türkisch. Stuttgart: Klett.

Raabe, H. (1974): Interimsprache und kontrastive Analyse. In: ders. (Ed.), Trends in kontrastiver Linguistik I. Mannheim 1974, S. 1-50.

Rapti, A. (2004): Entwicklung der Textkompetenz griechischer, in Deutschland aufwachsender Kinder. Untersucht anhand von schriftlichen, argumentativen Texten in der Muttersprache Griechisch und in der Zweitsprache Deutsch. In: Augst, G. u. a.: Theorie und Vermittlung der Sprache. Band 40. Frankfurt am Main: Peter Lang.

Ravem, R. (1974a): Language Acquisition in a Second Language Environment. In: Richards 1974a, S. 124-133.

Ravem, R. (1978): Two Norwegian Children's Acquisition of English Syntax. In: Marcussen-Hatch 1978, S. 148-154.

Rehbein, J. (1982): Zu begrifflichen Prozeduren in der zweiten Sprache Deutsch. Die Wiedergabe eines Fernsehausschnitts bei türkischen und deutschen Kindern. In: Bausch, K.-H. (Hrsg.): Mehrsprachigkeit in der Stadtregion. Düsseldorf: Schwann, S. 225-281.

Rehbein, J. (1982a): Worterklärungen türkischer Kinder. OBST 22, S. 122-157.

Rehbein, J. (1982b): Biographisches Erzählen. In: Lämmert, E. (Hrsg.): Erzählforschung. Ein Symposium. Stuttgart: Metzler, S. 51-73.

Reich, H. (2000): Einsprachigkeit und Deutschunterricht. In: Reich, H./Holzbrecher, A./Roth, H.J. (Hrsg.): Fachdidaktik Interkulturell. Ein Handbuch. Opladen: Leske + Budrich, S. 236-256.

Reich, H./ Roth, H.-J./ Neumann, U. (Hrsg.) (2007): Sprachdiagnostik im Lernprozess. Verfahren zur Analyse von Sprachständen im Kontext von Zweisprachigkeit. Münster u. a.: Waxmannn.

Reinfried, M. (1998): Transfer beim Erwerb einer weiteren romanischen Fremdsprache. Prinzipielle Relevanz und methodische Integration in den Fremdsprachenunterricht. In F.-J. Meißner & M. Reinfried (Hrsg.): Mehrsprachigkeitsdidaktik. Konzepte, Analysen, Lehrerfahrung mit romanischen Fremdsprachen (S. 23-44). Tübingen: Narr.

Ricciardelli, L.A. (1992): Bilingualism and cognitive development in relation to threshold theory. In: Journal of Psycholinguistic Research 21, S. 301-316.

Ricciardelli, L.A. (1993): An investigation of the cognitive development of Italian-English bilinguals and Italian monolinguals from Rome. In: Journal of Multilingual and Multicultural Development 14 (4), S. 345-346.

Richards, J.C. (1974b): A Non-Contrastive Approach to Error Analysis. In: ders. 1974a, S. 172-188.

Richards, J.C./Sampson, G. (1974): The Study of Learner English. In: Richards 1974a, S. 3-18.

Ringbom, H./Palmberg, R. (Eds.) (1976): Errors Made by Finns and Swedish-Speaking Finns in the Learning of English. AFTIL 5 Abo, Finnland.

Romaine, S. (1995): Bilingualism. Second Edition. Oxford u. a.: Blackwell.

Romaine, S. (2009): Language, culture, and identity issues across nations. In: Banks, J. (Ed.): Routledge International Companion to Multicultural Education. London: Routledge. Chapter 27, S. 373-384.

Rösch, H. (2007): Deutsch als Zweitsprache. Sprachförderung in der Sekundarstufe I. Grundlagen. Übungsideen. Kopiervorlagen. Mitsprache. Braunschweig: Schroedel.

Ruge, H. (2002): Grammatik des Neugriechischen. Lautlehre. Formenlehre. Syntax. Köln: Romiosini.

Rückert, G. (1985): Untersuchungen zum Sprachverhalten türkischer Jugendlicher in der BRD. Pfaffenweiler: Centaurus-Verlagsgesellschaft.

Schlemmer, H. (1993): Zum Einfluß der Erstsprache auf den Erwerb der Zweitsprache am Beispiel von Fehleranalysen – Griechisch-Deutsch und Türkisch-Deutsch. In: Zielsprache Deutsch: Eine internationale Zeitschrift für Deutsch als Fremdsprache/Deutsch als Zweitsprache 24/3, S. 149-157.

Schrader, A./Nikles, B.W./Griese, H.M. (1976): Die Zweite Generation. Sozialisation und Akkulturation ausländischer Kinder in der Bundesrepublik. Kronberg: Athenäum.

Schweitzer, H. (2009): Wi(e)der deutsche Einsprachigkeit – Kommunale Sprachförderung zwischen Assimilation und Mehrsprachigkeit. In: Gesemann, F./ Roth, R. (Hrsg.): Lokale Integrationspolitik in der Einwanderungsgesellschaft. Migration und Integration als Herausforderung von Kommunen. Wiesbaden: VS Verlag, S. 429-447.

Schwenk, H. (1980): Türkisch-Deutsch. Kulturelle und sprachliche Unterschiede. In: Praxis Deutsch, Sonderheft 31, S. 31-35.

Schwenk, H. (1988): Das Sprachvermögen zweisprachiger türkischer Schüler. Tübingen: Narr.

Selinker, L. (1969): Language Transfer. General Linguistics 9, S. 67-92.

Selinker, L. (1972): Interlanguage. In: International Review of Applied Linguistics in Language Teaching (IRAL). Bd. 10, H. 3, S. 209-231.

Selinker, L./Swain, M./Dumas, G. (1975): The Interlanguage Hypothesis Extended to Children. In: Language Learning 25, pp. 139-151.

Shapira, R.G. (1978): The Non-Learning of English: Case Study of an Adult. In: Marcussen-Hatch 1978, S. 246-253.

Siebert-Ott, G.M. (2001): Frühe Mehrsprachigkeit. Probleme des Grammatikerwerbs in multikulturellen Kontexten. Tübingen: Max Niemeyer.

Silić, J./Pranjković, I. (2007): Gramatika hrvatskoga jezika za gimnazije i visoka učilišta, 2 izdanje. Zagreb: Školska knjiga.

Skutnabb-Kangas, T. (1981): Bilingualism or Not. The Education of Minorities. Clevedon: Multilingual Matters.

Skutnabb-Kangas, T. (1992): Mehrsprachigkeit und die Erziehung von Minderheitenkindern. In: Deutsch lernen. Zeitschrift für den Sprachunterricht mit ausländischen Arbeitnehmern. 17. Jahrgang, S. 38-67.

Skutnabb-Kangas, T./Toukomaa, P. (1976): Teaching Migrant Children's Mother Tongue and Learning the Language of the Host Country in the Context of the Sociocultural Situation of the Migrant Family. Helsinki: The Finnish National Commission for UNESCO.

Steinmüller, U. (1981): Begriffsbildung und Zweitsprachenerwerb. Ein Argument für den muttersprachlichen Unterricht. In: Essinger, H./Hellmich, A./ Hoff, G. (Hrsg.): Ausländerkinder im Konflikt. Zur interkulturellen Arbeit in Schule und Gemeinwesen. Königstein/Ts.: Athenäum.

Steinmüller, U. (1987): Sprachentwicklung und Sprachunterricht türkischer Schüler (Türkisch und Deutsch) im Modellversuch „Integration ausländischer Schüler in Gesamtschulen". In: Thomas, H. (Hrsg.): Modellversuch „Integration ausländischer Schüler in Gesamtschulen". Abschlußbericht der Wissenschaftlichen Begleitung. Bd. I. Berlin: Pädagogisches Zentrum, S. 207-315.

Stenson, N. (1975): Induced Errors. In: Schumann/Stenson 1976, S. 54-70.

Tarone, E. (1974): A Discussion of the Dulay and Burt Studies. In: Working Papers on Bilingualism 4, S. 57-70.

Tarone, E./Frauenfelder, U./Selinker, L. (1976): Systematicity/Variability and Stability/Instability in Interlanguage Systems. In: Brown 1976, S. 93-134.

Taylor, B.P. (1975a): Adult Learning Strategies and Their Pedagogical Implications. In: TESOL Quaterly 9, S. 391-407.

Taylor, B.P. (1975b): The Use of Overgeneralization and Transfer Learning Strategies by Elementary and Intermediate Students of ESL. In: Language Learning 25, S. 73-107.

Tekinay, A. (1982): Deutsche Einflüsse im Türkischen von Arbeitsmigranten. In: Deutsch lernen 82, S. 72-79.

Tekinay, A. (1987): Sprachvergleich Deutsch – Türkisch. Grenzen und Möglichkeiten einer kontrastiven Analyse. Wiesbaden: Reichert.

Thoma, D. & Tracy, R. (2006). Deutsch als frühe Zeitsprache: zweite Erstsprache? In: Ahrenholz, Bernt (Hrsg.). Kinder mit Migrationshintergrund: Spracherwerb und Fördermöglichkeiten. Freiburg: Fillibach, S. 58-79.

Tracy, R. (1996): Vom Ganzen und seinen Teilen. Überlegungen zum doppelten Erstspracherwerb. In: Sprache und Kognition 15, S. 70-92.

Tracy, R. (2007). Linguistische Grundlagen der Sprachförderung: Wieviel Theorie braucht (und verlangt) die Praxis? In: Ahrenholz, B. (Hrsg.). Deutsch als Zweitsprache. Voraussetzungen und Konzepte für die Förderung von Kindern und Jugendlichen mit Migrationshintergrund. Baltmannsweiler: Schneider Verlag Hohengehren, 17-29.

Tracy, R. (2009): Multitasking: Mehrsprachigkeit jenseits des „Streitfalls". In: Gogolin, I./Neumann, U. (Hrsg.): Streitfall Zweisprachigkeit – The Bilingualism Controversy. Wiesbaden: VS Verl. für Sozialwissenschaften, S. 163-196.

Trim, J./North,B./Coste, D. (2001): Gemeinsamer europäischer Referenzrahmen für Sprachen: Lernen, Lehren, Beurteilen. Hrsg. vom Goethe-Institut, der Ständigen Konferenz der Kultusminister der Länder in der Bundesrepublik Deutschland (KMK), der Schweizerischen Konferenz der Kantonalen Erziehungsdirektoren (EDK) und dem österreichischen Bundesministerium für Bildung, Wissenschaft und Kultur (BMBWK). Berlin u.a.: Langenscheidt.

Tunç, S. (2004): Die Sprachkompetenz zweisprachiger Schüler mit Migrationshintergrund – Sprache als Schlüssel für schulischen Erfolg. Wissenschaftliche Zulassungsarbeit. Universität Stuttgart. Institut für Linguistik: Anglistik.

Tunç, S. (2009): Wortschatzarbeit im SPRAWI-Unterricht. In: Deutschmagazin. H. 4, S. 21-26.

Turgut, A. (1996): Untersuchungen zur Entwicklung der sprachlichen Kompetenz in der Erst- und Zweitsprache bei türkischen Gymnasiasten. Köln: Önel.

UNESCO (1953): The Use of Vernacular Languages in Education. Paris: UNESCO.

UNESCO (2003): Education in a multilingual world. Paris: UNESCO.

Verhoeven, L.T. (1991): Acquisition of biliteracy. In J.H. Hulsijn and J.F. Matter (Eds): Reading in Two Languages, S. 61-74. Amsterdam: AILA.

Verhoeven, L.T. (1994): Transfer in Bilingual Development: The Linguistic Interdependence Hypothesis Revisited. In: Language Learning 44, S. 381-415.

Verhoeven, L.T./Aarts, R. (1998): Attaining functional literacy in the Netherlands. In A.Y. Durgunoğlu and L. Verhoeven (Eds.): Literacy Development in a Multilingual Context: Cross-Cultural Perspectives, S. 111-134. Mahwah, NJ: Lawrence Erlbaum Associates.

Vogel, K. (1990): Lernersprache. Linguistische und psycholinguistische Grundfragen zu ihrer Erforschung. Tübingen: Narr.

Wagner, D.A. (1998): Putting second language first: Language and literacy learning in Marocco. In L. Verhoeven and A.Y. Durgunoğlu (Eds.): Literacy Development in a Multilingual Context, S. 169-183. Mahwah, NJ: Lawrence Erlbaum Associates.

Weinreich, U. (1953): Languages in Contact. Findings and Problems. New York: Humanities Press.

Weinreich, U. (1966): Languages in Contact. Findings and Problems. The Hague: Mouton.

Wode, H. (1988): Einführung in die Psycholinguistik. Theorien, Methoden, Ergebnisse. München: Hueber.

Wode, H. (1974): Natürliche Zweisprachigkeit: Probleme, Aufgaben, Perspektiven. Linguistische Berichte 32, S. 15-36.

Wode, H. (1993): Psycholinguistik: Eine Einführung in die Lehr- und Lernbarkeit von Sprachen.: Theorien, Methoden, Ergebnisse. Ismaning: Hueber.

Wode, H./Bahns, J./Bedey, H./Frank, W. (1977): An Alternative Approach to Morpheme Order. In: Interlanguage Studies Bulletin 2, No. 3, S. 39-63.

Yakut, A. (1981): Sprache der Familie: Eine Untersuchung des Zweitspracherwerbs der türkischen Gastarbeiterfamilien in der Bundesrepublik Deutschland. Tübingen: Narr.

Zydatiß, W. (1990): „Vorsicht vor den vielen Vereinfachungen": Zur Theoriebildung über den Zweit- und Fremdspracherwerb. In: Kühlwein, W./Raasch, A. (Hrsg.): Angewandte Linguistik heute: Zu einem Jubiläum der Gesellschaft für Angewandte Linguistik. Band 20. Frankfurt am Main/Bern/New York/Paris.: Lang, S. 49-63.

Internetquellen

http://www.scribd.com/doc/17698763/OECDPISA-2000-Studie-im-Uberblick-BRD. Stand: 12.08.2011.

http://home.edo.uni-dortmund.de/~hoffmann/ABC/Tuerkisch.html

Landeszentrale für politische Bildung Baden-Württemberg: PISA, IGLU, OECD-Jahresberichte und Ländervergleich der KMK-Bildungsstandards. http://www.lpb-bw.de/pisa.html. Stand: 12.08.2011.

Muñoz, V. (2006): Bericht des Sonderberichterstatters für das Recht auf Bildung. Deutschlandbesuch 13.-21. Februar. Vereinte Nationen Generalversammlung. http://www.netzwerk-bildungsfreiheit.de/pdf/Mission_on_Germany_DE.pdf. Stand: 6.12.2010.

Reich, H./Roth, H.-J. in Zusammenarbeit mit Dirim, I./Jørgensen, J.N./List, Gudula/List, Günther/Neumann, U./Siebert-Ott, G./Steinmüller, U./Teunissen, F./Vallen, T./Wurnig, V.: Spracherwerb zweisprachig aufwachsender Kinder und Jugendlicher. Ein Überblick über den Stand der nationalen und internationalen Forschung. http://www.hamburg.de/contentblob/69654/data/bbs-hr-spracherwerb-zweisprachigkeit-11-02.pdf. Stand: 20.07.2011.

Rösch, H. (2001): Handreichung Deutsch als Zweitsprache. Senatsverwaltung für Schule, Jugend und Sport, Berlin. http://www.berlin.de/imperia/md/content/senbildung/foerderung/sprachfoerderung/daz_handreichung.pdf?start&ts=1234875610&file=daz_handreichung.pdf. Stand: 10.01.2011.

Statististisches Bundesamt http://www.destatis.de/jetspeed/portal/cms/Sites/destatis/Inter-net/DE/Content/Statistiken/Sozialleistungen/Sozialberichterstattung/Begriffserlaeuterungen/Migrationshintergrund.psml. Stand: 16.05.2011

Tracy, R. (2002): Themenschwerpunkt „Spracherwerb". Deutsch als Erstsprache: Was wissen wir über die wichtigsten Meilensteine des Erwerbs? Universität Mannheim. Informationsbroschüre 1/2002 der Forschungs- und Kontaktstelle *Mehrsprachigkeit*. http://www.schule-bw.de/unterricht/paedagogik/sprachfoerderung/wissenschaft/unimannheim.pdf. Stand: 14.7.2011

Diagrammverzeichnis

Abbildungsverzeichnis

Tabellenverzeichnis

Zusammenfassung

Der Einfluss bereits erworbener bzw. gelernter Sprachen auf den Erwerbsprozess einer zweiten Sprache wird heute als offensichtlich betrachtet. Einigkeit herrscht jedoch immer noch nicht darüber, wie weit der Zweitspracherwerbsprozess vom jeweiligen Sprachkontrast der beteiligten Sprachen abhängig ist.

Bereits Ende der fünfziger Jahre wurde angenommen, dass gleiche Strukturen und Regeln in den beiden Sprachen den Zweitspracherwerb begünstigen (positiver Transfer), wohingegen unterschiedliche Elemente und Regeln Lernschwierigkeiten verursachen (negativer Transfer) (Lado 1957). Diese im Rahmen der Zweitspracherwerbsforschung entstandene „Kontrastivhypothese" zur Erklärung des Erwerbs und der Entwicklung einer zweiten Sprache erfuhr große Kritik und konnte in ihrer starken Version empirisch nicht belegt werden. Es entstand eine „schwache" Variante des Kontrastivansatzes, die nicht mehr den Anspruch erhebt, Lernschwierigkeiten von Zweitsprachenlernern aufgrund großer struktureller Unterschiede zwischen den beteiligten Sprachen vorauszusagen, sondern die kontrastive Gegenüberstellung der Sprachen zur nachträglichen Erklärung negativer bzw. positiver sprachlicher Übertragungen von der einen in die andere Sprache zu nutzen (Bausch/Kasper 1979: 7f.).

Diese Vorgehensweise ist insbesondere für die schulische Arbeit mit zweisprachig aufwachsenden Schülerinnen und Schülern von großem Interesse, zumal die Fachliteratur in der Verzahnung von sprachwissenschaftlichen Erkenntnissen aus der Zweitspracherwerbsforschung und der Ableitung konkreter didaktischer Umsetzungsmöglichkeiten für einen Deutsch als Zweitsprache-Unterricht immer noch eine große Lücke aufweist.

Das vorliegende Forschungsvorhaben geht zum einen der Frage nach, inwieweit die strukturellen Merkmale dreier sprachtypologisch betrachtet unterschiedlicher Sprachen (Türkisch, Kroatisch, Griechisch) den Erwerb des Deutschen als Zweitsprache förderlich bzw. hinderlich beeinflussen. Zum anderen setzt sich diese Studie zum Ziel, die sprachliche Kompetenz zweisprachig türkisch-deutscher, kroatisch-deutscher und griechisch-deutscher Schülerinnen und Schüler in der jeweiligen Erst- und Zweitsprache zu erfassen, um einen möglichen Zusammenhang zwischen den erstsprachlichen Fähigkeiten und dem Grad der Beherrschung der Zweitsprache Deutsch zu untersuchen. Folgende Fragestellungen stehen dabei im Zentrum der Untersuchung:

1. Welchen Einfluss hat die linguistische Struktur der jeweiligen Herkunftssprache auf den Erwerb der Zweitsprache Deutsch?

2. In welchem Zusammenhang stehen die sprachlichen Fehlerphänomene in der Zweitsprache zu den verschiedenen typologischen Merkmalen der Erstsprache?
3. Welchen Einfluss haben schlechte bzw. gute erstsprachliche Kompetenzen auf den Zweitspracherwerb und folglich auf schulischen Erfolg?
4. Wie kann dieses kontrastive Wissen um strukturelle Ähnlichkeiten und Unterschiede zwischen Erst- und Zweitsprache im Schulunterricht effizient umgesetzt werden?

In einem ersten Schritt werden in Form einer Kontrastivanalyse die typologischen Merkmale des Türkischen, Kroatischen und Griechischen der Struktur des Deutschen gegenübergestellt. Dabei sollen sprachtypische Ähnlichkeiten bzw. Unterschiede im Bereich der Orthographie, Morphologie, Syntax und Semantik analysiert werden.

Zur Erfassung der Schülerdaten werden jeweils rund 30 zweisprachige Schülerinnen und Schüler ausgewählt, die unterschiedliche Schuleinrichtungen besuchen. Dabei handelt es sich um folgende zweisprachige Probandengruppen:

30 türkisch-deutsche, 28 kroatisch-deutsche und 30 griechisch-deutsche Hauptschüler/innen und 27 türkisch-deutsche, 30 kroatisch-deutsche, 31 griechisch-deutsche Gymnasiasten-/innen, die alle zum Zeitpunkt der Erhebung die Klassenstufen 6-8 besuchen.

Das Heranziehen von Schülerschaften unterschiedlicher Schulniveaus soll der Beantwortung von Frage 3 (s.o.) gerecht werden und Aufschluss darüber geben, in welchem Zusammenhang gute bzw. schlechte erstsprachliche Kompetenzen und schulischer Erfolg bzw. Misserfolg stehen.

Grundlage zur Erfassung der sprachlichen Kompetenz wird die Vorgabe einer Bildergeschichte sein, zu der alle Schülerinnen und Schüler einen Text verfassen sollen. Um einen Maßstab für das Sprachniveau in der Zweitsprache zu erhalten, wird monolingual deutschen Schülerinnen und Schülern in beiden Schultypen die gleiche Aufgabe gestellt.

Die erstsprachlichen Kompetenzen der zweisprachigen Schülerschaft werden durch einen Vergleich der Texte mit einsprachigen Schülerinnen und Schülern aus dem jeweiligen Herkunftsland erfasst werden, die ebenfalls den gleichen Schreibauftrag erhalten.

Die Schülertexte werden auf orthographische, morphologische, syntaktische und semantische Aspekte hin analysiert und statistisch ausgewertet.

Die analysierten sprachlichen Fehlerphänomene werden den typologischen Merkmalen der jeweiligen Erstsprache der Schülerinnen und Schüler gegenübergestellt und auf einen möglichen Zusammenhang hin überprüft (vgl. Frage 2).

Ausgehend von den Ergebnissen dieser Untersuchung, primär der Beantwortung der Frage, welchen Einfluss die Erstsprache auf den Zweitspracherwerb hat, sollen Vorschläge für die sprachliche Förderung zweisprachiger Schülerinnen und Schüler unter Berücksichtigung der Herkunftssprachen vorgestellt werden (vgl. Frage 4).

Diese Studie konzentriert sich vorrangig auf den Ist-Zustand der sprachlichen Kompetenz. Entwicklungsverläufe des Zweitspracherwerbs werden im Rahmen dieser Arbeit nicht analysiert. Die Erfassung des Einflusses sozialpsychologischer und kultureller Faktoren auf den Zweitspracherwerbsprozess wird ebenfalls nicht angestrebt. Mögliche nichtlinguistische Einflussgrößen werden im ersten theoretischen Teil diskutiert, finden jedoch im Rahmen der dieser Arbeit zugrunde liegenden empirischen Untersuchung keine weitere Berücksichtigung.

Die vorliegende Arbeit erhebt nicht den Anspruch, der Komplexität des Zweitspracherwerbs allein aufgrund der Erklärung möglicher Einflüsse der jeweiligen Herkunftssprache gerecht zu werden. Vielmehr sollen die Ergebnisse dieser Forschungsarbeit dazu dienen, Aussagen darüber treffen zu können, ob und inwieweit das erstsprachliche Wissen zweisprachiger Schülerinnen und Schüler im Rahmen einer angemessenen zweitsprachlichen Förderung Berücksichtigung finden sollte.

Abstract

Today, it is regarded as obvious that languages already acquired or learned have an influence on second language acquisition. However, there is still no agreement on how far the process of second language acquisition depends on the linguistic contrast between the two languages involved.

Already at the end of the 1950s it was assumed that similar structures and rules promote the second language learning (positive transfer) whereas different elements and rules can cause difficulties in learning (negative transfer) (Lado 1957). The "contrastive hypothesis" explaining the process of second language acquisition and its development was strongly criticized and in its "strong" version it could not be proved correct empirically. Therefore a "weak" version of the contrastive approach was developed which does not claim to predict the problems learners of a second language may have by pointing out the strong structural differences between the languages involved. This approach rather uses the contrastive comparison for explaining positive and negative transfer from one language to the other retrospectively (Bausch/Kasper 1979: 7f.). This is particularly useful for working with bilingual students at school since the specialist literature still lacks the application of linguistic findings to the derivation of concrete didactic implementation for second language teaching.

On the one hand this study tries to answer the question in how far the characteristics of three typologically very different languages (Turkish, Croatian and Greek) have a positive or negative influence on the acquisition of German as a second language. On the other hand the study aims at capturing the linguistic competence of bilingual Turkish-German, Croatian-German and Greek-German students in both their first and second language in order to examine a possible connection between their first language skills and the degree of mastering German, their second language.

This study focuses on the following questions:
1. What influence has the linguistic structure of the first language on the acquisition of the second language?
2. Is there a correlation between the linguistic mistakes made in the second language and the different typological characteristics of the first language?
3. Do poor or high skills in the first language have an influence on the success of second language acquisition and consequently on academic success?

4. How can we translate theoretical linguistic knowledge on structural similarities and differences between first and second language efficiently into practice?

At first, the typological characteristics of Turkish, Croatian and Greek will be compared with the linguistic structure of German. Linguistic similarities and differences concerning orthography, morphology, syntax and semantics will be analyzed.

For the data collection about thirty bilingual students of different school types are selected. The following subject groups will be considered: 30 Turkish-German, 28 Croatian-German and 30 Greek-German students of the "Hauptschule" and 27 Turkish-German, 30 Croatian-German, 31 Greek-German students of the "Gymnasium" – attending grade six to eight.[1]

The selection of two different school types aims to answer question 3 (above) whether poor or high skills in the first language have an influence on the success of second language acquisition and in consequence on academic success.

The basis for measuring the linguistic competence of the students is a picture story which all students are requested to write an essay on. To be able to judge the level of the bilingual students' second language competence in German, monolingual German students of both school types are given the same task. The level of the bilingual students' first language competence (Turkish, Croatian and Greek) is measured by comparing them with monolingual students from the countries of origin (Turkey, Croatia and Greece).

The essays are analyzed for aspects of orthography, morphology, syntax and semantics and are all evaluated on a statistical basis. Aspects concerning the content of the essays and text linguistics (coherence and cohesion) are not examined.

The analyzed linguistic mistakes are compared with the typological elements of the students' respective first languages to see whether there is a correlation (see question 2 above). The results of this study are supposed to contribute to the development of concepts of second language teaching which also consider the students' competence of their first language.

This study focuses on the current state of the students' language competence. Developmental processes of second language acquisition are not investigated. Socio-psychological and cultural influences on second language ac-

---

1 At the time of the data collection the students are aged twelve to fourteen to make sure that they have already completed their language acquisition process to a high extent.

quisition are also not considered. Non-linguistic factors are discussed in the theoretical part of this work (part A), but are not further examined empirically.

This work does not claim to fulfill the complexity of second language acquisition by merely explaining possible influences on the second language caused by the structure of the respective first language. The results of the study are rather meant as a contribution to the question whether and to which extent concepts of second language teaching should consider bilingual students' linguistic competence of their first language.